高等职业教育药学类与食品药品类专业第四轮教材

沟通技巧

（供药学类、药品与医疗器械类专业用）

主　编　王　青

副主编　谢雨君　杨　荣　李毅彩

编　者　（以姓氏笔画为序）

卫军锋（山西药科职业学院）

王　青（山东医药技师学院）

王　菡（山东体育学院）

方良彦（山东医药技师学院）

李毅彩（广东食品药品职业学院）

刘艳瑞（哈尔滨医科大学大庆校区）

何　蔚（重庆三峡医药高等专科学校）

杨　荣（江苏省常州技师学院）

谢雨君（重庆三峡医药高等专科学校）

董艳艳（山东中医药高等专科学校）

中国健康传媒集团
中国医药科技出版社

内容提要

本教材是高等职业教育药学类与食品药品类专业第四轮教材之一，是为适应当代医药与食品行业的人才需求，根据《沟通技巧》教学大纲的基本要求和课程特点编写而成。本教材内容上涵盖语言沟通、非语言沟通、职场沟通、个人沟通魅力培养、茶文化和茶的沟通艺术等内容。本教材具有贴近职场需求和教学实际需要，注重理论性与实操性相结合的特点。本教材为书网融合教材，即纸质教材有机融合电子教材、教学配套资源（PPT、微课、音频等）、题库系统、数字化教学服务（在线教学、在线作业、在线考试），使教学资源更多样化、立体化。

本教材供全国高等职业院校药学类、药品与医疗器械类相关专业师生使用，也可供职工培训及需提高沟通能力和个人素养者参考使用。

图书在版编目（CIP）数据

沟通技巧/王青主编 .—北京：中国医药科技出版社，2021. 8（2024.12 重印）

高等职业教育药学类与食品药品类专业第四轮教材

ISBN 978 – 7 – 5214 – 2530 – 7

Ⅰ. ①沟…　Ⅱ. ①王…　Ⅲ. ①心理交往—高等职业教育—教材　Ⅳ. ①C912. 11

中国版本图书馆 CIP 数据核字（2021）第 146919 号

美术编辑　陈君杞

版式设计　友全图文

出版　**中国健康传媒集团** | 中国医药科技出版社

地址　北京市海淀区文慧园北路甲 22 号

邮编　100082

电话　发行：010 – 62227427　邮购：010 – 62236938

网址　www. cmstp. com

规格　889 × 1194mm 1/16

印张　13¾

字数　340 千字

版次　2021 年 8 月第 1 版

印次　2024 年 12 月第 3 次印刷

印刷　北京金康利印刷有限公司

经销　全国各地新华书店

书号　ISBN 978 – 7 – 5214 – 2530 – 7

定价　39. 00 元

出版说明

“全国高职高专院校药学类与食品药品类专业‘十三五’规划教材”于2017年初由中国医药科技出版社出版，是针对全国高等职业教育药学类、食品药品类专业教学需求和人才培养目标要求而编写的第三轮教材，自出版以来得到了广大教师和学生的好评。为了贯彻党的十九大精神，落实国务院《国家职业教育改革实施方案》，将“落实立德树人根本任务，发展素质教育”的战略部署要求贯穿教材编写全过程，中国医药科技出版社在院校调研的基础上，广泛征求各有关院校及专家的意见，于2020年9月正式启动第四轮教材的修订编写工作。在教育部、国家药品监督管理局的领导和指导下，在本套教材建设指导委员会专家的指导和顶层设计下，依据教育部《职业教育专业目录（2021年）》要求，中国医药科技出版社组织全国高职高专院校及相关单位和企业具有丰富教学与实践经验的专家、教师进行了精心编撰。

本套教材共计66种，全部配套“医药大学堂”在线学习平台，主要供高职高专院校药学类、药品与医疗器械类、食品类及相关专业（即药学、中药学、中药制药、中药材生产与加工、制药设备应用技术、药品生产技术、化学制药、药品质量与安全、药品经营与管理、生物制药专业等）师生教学使用，也可供医药卫生行业从业人员继续教育和培训使用。

本套教材定位清晰，特点鲜明，主要体现在如下几个方面。

1. 落实立德树人，体现课程思政

教材内容将价值塑造、知识传授和能力培养三者融为一体，在教材专业内容中渗透我国药学事业人才必备的职业素养要求，潜移默化，让学生能够在学习知识同时养成优秀的职业素养。进一步优化“实例分析/岗位情景模拟”内容，同时保持“学习引导”“知识链接”“目标检测”或“思考题”模块的先进性，体现课程思政。

2. 坚持职教精神，明确教材定位

坚持现代职教改革方向，体现高职教育特点，根据《高等职业学校专业教学标准》要求，以岗位需求为目标，以就业为导向，以能力培养为核心，培养满足岗位需求、教学需求和社会需求的高素质技能型人才，做到科学规划、有序衔接、准确定位。

3. 体现行业发展，更新教材内容

紧密结合《中国药典》（2020年版）和我国《药品管理法》（2019年修订）、《疫苗管理法》（2019年）、《药品生产监督管理办法》（2020年版）、《药品注册管理办法》（2020年版）以及现行相关法规与标准，根据行业发展要求调整结构、更新内容。构建教材内容紧密结合当前国家药品监督管理法规、标准要求，体现全国卫生类（药学）专业技术资格考试、国家执业药师职业资格考试的有关新精神、新动向和新要求，保证教育教学适应医药卫生事业发展要求。

4. 体现工学结合，强化技能培养

专业核心课程吸纳具有丰富经验的医疗机构、药品监管部门、药品生产企业、经营企业人员参与编写，保证教材内容能体现行业的新技术、新方法，体现岗位用人的素质要求，与岗位紧密衔接。

5. 建设立体教材，丰富教学资源

搭建与教材配套的“医药大学堂”（包括数字教材、教学课件、图片、视频、动画及习题库等），丰富多样化、立体化教学资源，并提升教学手段，促进师生互动，满足教学管理需要，为提高教育教学水平和质量提供支撑。

6. 体现教材创新，鼓励活页教材

新型活页式、工作手册式教材全流程体现产教融合、校企合作，实现理论知识与企业岗位标准、技能要求的高度融合，为培养技术技能型人才提供支撑。本套教材部分建设为活页式、工作手册式教材。

编写出版本套高质量教材，得到了全国药品职业教育教学指导委员会和全国卫生职业教育教学指导委员会有关专家以及全国各相关院校领导与编者的大力支持，在此一并表示衷心感谢。出版发行本套教材，希望得到广大师生的欢迎，对促进我国高等职业教育药学类与食品药品类相关专业教学改革和人才培养作出积极贡献。希望广大师生在教学中积极使用本套教材并提出宝贵意见，以便修订完善，共同打造精品教材。

建设指导委员会

评审委员会

数字化教材编委会

主　编　王　青

副主编　谢雨君　杨　荣　李毅彩

编　者　(以姓氏笔画为序)

卫军锋（山西药科职业学院）

王　青（山东医药技师学院）

王　菡（山东体育学院）

方良彦（山东医药技师学院）

李毅彩（广东食品药品职业学院）

刘艳瑞（哈尔滨医科大学大庆校区）

何　蔚（重庆三峡医药高等专科学校）

杨　荣（江苏省常州技师学院）

谢雨君（重庆三峡医药高等专科学校）

董艳艳（山东中医药高等专科学校）

前言

《沟通技巧》教材的编写目的是培养学生具有良好的职业素质和文化修养，提高学生的沟通能力和沟通技巧，本教材的编写力求贴近职业需求，注重培养学生交流沟通、组织协调、自我管理、团队合作、自我表现等方面的能力；培养学生除具有专业知识和技能外还应具有的综合素质和大国工匠精神，使学生毕业后能尽快融入社会，将自己最优秀的品质、最突出的才能表现出来，在奉献社会的同时塑造个人的出彩人生。

在教材编写过程中特别注重理论性与实操性的有机结合，为学生创设训练情境，让学生在实践中养成主动思考、认真分析、独立解决问题的习惯。

本教材编写内容分为五个模块，每个模块分 3 ~ 5 个任务，每个任务分 3 ~ 5 个活动。教学内容丰富多彩，以课前小游戏或案例分享引入课堂，让学生通过多种案例理解和掌握沟通技巧的知识；通过能力训练掌握沟通技巧；通过模拟职场训练培养学生适应职场的综合能力。对非语言沟通和茶的沟通艺术的教学内容采取现场模拟、演示、实操训练的编写方式，让学生身临其境，提高学生的应变能力和沟通技巧；课后配有知识回顾、目标检测，形成教、学、做一体化教材。本教材为书网融合教材，配套有教学课件、微课、题库等数字资源，为教师的教与学生的学带来更大的便利。

本教材由王青主编，谢雨君、杨荣、李毅彩担任副主编，编写任务分配如下：王青负责全书的编写组织、统稿工作并编写模块一任务一、二、三，任务四、五由王菡老师编写；模块二任务一由谢雨君老师编写，任务二由董艳艳老师编写；模块三任务一、二由杨荣老师编写，任务三由何蔚老师编写；模块四任务一由卫军锋老师编写，任务二由刘艳瑞老师编写；模块五任务一、二由李毅彩老师编写，任务三由方良彦老师编写。谢雨君老师负责第一、二模块统稿；杨荣老师负责第三、四模块统稿；李毅彩老师负责第五模块统稿（以上分工均包括数字版）。

本教材在编写中参阅了大量相关教材、书刊及网站资料，学习借鉴了最新成果和案例，在此对相关作者致以诚挚的谢意！

由于我们编写水平所限，书中不足之处，恳请各位专家和读者批评指正。

编　者

2021 年 7 月

目录

CONTENTS

模块一　语言沟通

习题

学习引导

每个人自诞生起，就要与他人交往，有交往，就会有沟通。当新生儿发出引人注意的第一声啼哭，向世界宣告他的到来；当学生们坐在教室，倾听老师讲课，汲取知识养分；当下属向领导汇报工作；当销售人员向顾客销售产品；人们无不进行着同一件事——沟通。生活、学习、工作中，沟通无处不在。

本模块主要介绍沟通的定义、种类、特征以及沟通的作用及其意义；语言沟通的原则与特征；如何提高声音质量；学会电话沟通；学会赞美。

学习目标

1. **掌握**　沟通的定义、种类；语言沟通的特征；有声语言的相关知识及要求；电话沟通的技巧；寻找赞美点。

2. **熟悉**　语言沟通的原则；有声语言的重要性；如何提高声音质量；有效沟通。

3. **了解**　沟通的意义；语言沟通的重要性及常见语言沟通障碍原因；诵读的技巧；电话沟通礼仪；赞美的作用、意义。

任务一　感悟语言沟通

PPT

实例分析

实例　小刘全身酸痛乏力，头痛、咳嗽、咽痛、发热、鼻塞而且还流着清鼻涕，这时他是纸巾不离手，咳得厉害，苦不堪言。小刘带着一身的疲惫来到了药店。

A 药店：缺少品牌药

小刘进入 A 药店指名购买“××感冒药”，店员在生硬地回复“没有”后就转身离开，把可怜的小刘晾在一边。

B 药店：拦截欺客

小刘走进 B 药店同样指名购买“××感冒药”，店员直接让小刘买“高毛产品”——某厂家感冒解毒灵颗粒，而且还得买某厂家的止咳露和维生素 C，还让他买口罩。

C 药店：推荐专业，口碑良好

小刘走进C药店，一进门店员就微笑着迎上前询问："有什么可以帮助您的？"当小刘回复自己感冒了想购买"××感冒药"的时候，店员主动询问他的症状后径直走到柜台后，将"××感冒药"取出递给他，并亲切地询问："您感冒多久了，服用过哪些药？"

热情的店员耐心、专业的购药指导让小刘心中瞬间涌起一股暖流，感觉像见到了亲人一般。

问题 1. 通过这个案例说说你对沟通的理解。

2. 什么是有效沟通？要做到有效沟通需注意什么？

答案解析

活动一　感悟沟通

微课

一、沟通的定义

"沟通"这个词语在《现代汉语词典》上的解释是：使两方能通连。有研究称沟通的定义有一百多种。尽管定义各有侧重，但都包含了沟通的基本特征。具体来说，沟通是由信息的发射、传递、接收、反馈所构成的有意义的互动过程。

二、沟通的种类

在沟通过程中，根据沟通符号的种类分为语言沟通和非语言沟通。语言沟通包括书面沟通、口头沟通和电子沟通。非语言沟通是指通过某些媒介而不是讲话或文字来传递信息，包括身体语言沟通、副语言沟通和物体语言沟通。

答案解析

即学即练

沟通的种类有哪些？

三、沟通的基本特征

1. 沟通具有目的性　任何人发起的沟通过程都是有目的性的，不管对方是否知道发起者的确切目的，不管发起者能否达到自己的目的，都不能忽略沟通所具备的目的性。也就是说人们都是有目的地进行沟通，想要通过沟通达到自己的目的。

案例分享

何某任职于某公司的销售部门。他所在公司的刘经理是一位精明能干、待人亲切但个子不高的中年男人。有一天开会间隙，刘经理在会议室里站着跟同事们聊天。就在大家说说笑笑时，何某走了进来，看到刘经理顺口就说："咦！原来经理比张某还矮啊？我还以为你比他高呢！"说完，他一个人大笑起来，在场的同事们都感到很尴尬。

想一想 通过这个案例，你觉得何某能做好这个工作吗？

2. 沟通具有双向性 双向沟通指信息的发送者和接收者的位置不断变换，信息可以在发送者和接收者之间互相传播的沟通类型。从沟通的过程来看，一次完整的沟通是双向的，信息的传递者总是带着一定的目的传递信息：对方接收到信息了吗？接收了多少信息？接收信息的一方解码准确吗？想要知道这些，只有通过反馈才能实现，并在反复的反馈中，不断修正解码，最终达到解码正确。

练一练

撕纸游戏

游戏指令：请同学们闭上眼睛，全过程不许问问题，把纸对折、再对折、再对折，把右上角撕下来，转180°，把左上角撕下来。睁开眼睛，把纸打开，比较一下大家撕出的图样是否相同。

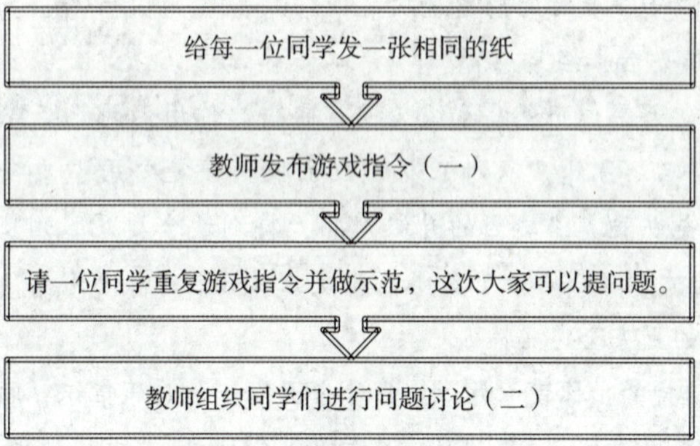

游戏流程

想一想

1. 两次折纸的结果有什么不同？原因是什么？
2. 单向沟通的缺点是什么？双向沟通相比单向沟通有什么优势？

四、沟通的意义

古往今来，沟通都是人类行为活动的基础。伴随科技的发展，世界变得越来越小，人与人之间的沟通变得越来越方便，人类的关系也越来越密切。作为职业院校的学生更要明确沟通能力培养的重要意义，在学校期间系统地培养沟通技巧和语言能力，为以后的工作、社会生活打下良好的基础。

1. 培养沟通和语言能力是职业和岗位的需要 首先沟通与语言能力是学生求职就业不可或缺的基本素质，几乎每家应聘单位都会要求求职者的沟通能力。沟通越来越成为职场应聘成功的基础。此外，良好的沟通能力是处理好人际关系的关键。医药行业的诸多案例表明，工作人员与顾客沟通时，由于缺乏沟通技巧，语言表达能力差，可能导致一些纠纷。

案例分享

药店来了一位30多岁的女士，进门直接奔向儿童药品货架，拿了1盒小儿氨酚黄那敏颗粒，然后问店员："抗生素柜台在哪里？"店员引导顾客来到抗生素柜台，顾客指着柜台上的头孢克洛颗粒说："请给我拿1盒头孢克洛颗粒吧。"

注意，很多药房的店员卖药到这一步就停止了，马上将产品拿给顾客。药店如果是这样销售药品的话，建议向下面案例中值班药师学习，帮助顾客专业选择。

这时处方柜台的值班药师问道："请问您给老人还是小孩吃？"

女士回答道："给我的孩子吃。"

药师继续问道："您的孩子多大了？"

女士回答道："还不到1岁，不过上次医生开给我孩子吃的就是头孢克洛颗粒，所以这次我也拿这个。"

药师继续问道："你的孩子感冒几天了，开始咳嗽了吗？"

女士非常急地说："我的孩子感冒2天了，昨天开始咳嗽了。"

药师继续问道："你的孩子多长时间感冒一次。"

女士回答道："6个月断奶后，经常感冒。"

药师于是说："小孩断奶太早，而免疫系统又没有完全起作用，因此经常感冒，最好配点牛初乳吃，等下你去保健品柜台拿2瓶吧。另外，不到1岁的孩子服药一定要用"更安全"的产品，你看，这个"××"牌头孢克洛干混剂是头孢克洛颗粒的升级产品，特别适合婴儿服用，很多小朋友的家长都选择这个品牌。另外，已经开始咳嗽可以再加1盒小儿化痰止咳颗粒。"

女士重复了一句："真的更安全？"

药师坚定地回答："是这样的，你可以放心，另外告诉你一个购药常识，联合用药最好用一个厂系的，我们店内小儿氨酚黄那敏颗粒也有"××"牌的。"妇女高兴地说："哦，那我马上换一盒，谢谢，谢谢。"

最后成交1盒"××"牌头孢克洛干混剂、1盒"××"小儿氨酚黄那敏颗粒、1盒"××"小儿化痰止咳颗粒，2瓶牛初乳。

案例评析 这是一个非常成功的推荐案例，也是非常专业的案例，因为许多儿童感冒都会伴随咳嗽，而且最为重要的是药师在推荐药品的时候抓住了儿童药品市场最大的卖点，是否"毒副作用小，安全"是所有大人给孩子买药最关心的，价格不是问题，安全最为关键，因为孩子是祖国的未来，是家庭的希望。

想一想 案例中店员是如何与客人沟通的？药品服务人员为什么要注意语言沟通能力的培养？

2. 培养沟通和语言能力是个体生存的需要 沟通是人与人之间发展的必要条件，就像空气、食物、水一样重要。人需要在人际沟通中进行情感交流，诉说内心的喜怒哀乐，宣泄积郁、排解忧愁，得到他人的理解、支持和帮助。人如果失去了与他人沟通的机会，就会出现一些症状，如产生幻觉，心理失调甚至丧失正常功能。

案例分享

"人际剥夺"实验

美国心理学家沙赫特曾做过一个"人际剥夺"实验：他以每小时15美元的高薪招募应试者到他创设的一个房间里去居住，居住的时间越长，得到的报酬越多，这个小房间完全与外界隔绝，没有报纸，没有电话，不准写信，听不到外界的声音，当然更找不到人聊天。每天只供应饮食等必需品。先后有5人应聘参加了这个实验。

实验的结果是：一个人在小房间里待了2个小时，3个人待了2天，一个人待了8天。这个待了8天的人出来以后说："如果再让我在里面待1分钟，我就要疯了。"这个实验充分地验证了作为社会性的人，离不开与别人的交往。沟通就像吃饭、睡觉一样重要，人际交往也是人的一种必然需要。良好的人际关系是人生存和发展的基础和条件。

想一想　挑战者为什么会有这样的行为？假如你是挑战者，当门被打开时，你最想做什么？学会沟通有什么意义？

3. 培养沟通和语言能力是获取知识的需要　一个人能够与他人准确、及时地沟通，才能建立起人际关系。人有时在与人沟通中学到的知识比课本上学来的更牢固、更长久，进而能够使得自己在事业上左右逢源、如虎添翼，最终取得成功。

4. 培养沟通和语言能力是社会活动的需要　人际沟通是人类社会存在的重要方式，培养沟通意识就是培养人的社会性。在社会活动中人们相互认识、相互理解、相互合作，我们越来越多地成为工作组织的一员，个体不再是纯粹的个人代表，而是处处代表了群体。随着改革开放的深入发展，人们沟通和交往的领域不断拓宽，其作用越来越突出，越来越引起人们的重视。

知识链接

沟通障碍

沟通障碍是人与人之间、团体之间交流意见、传递信息时所存在的困难。有如下几种类型：

1. 语言障碍　语言是交流思想的工具，但不是思想本身，加之人们用语言表达思想的能力千差万别，故用语言表达思想，交流信息时，难免出现误差。

2. 观念障碍　人们的社会经历不同，信念不同，对事物的态度和观点也必然不同，不能避免意见沟通中的观念冲突。

3. 气质障碍　人的个性不同，气质不同，交流信息时难免发生困难。

造成沟通障碍的因素很多，除了人的因素之外，还有物的因素。沟通障碍主要来自3个方面：发送者的障碍、接受者的障碍和信息传播通道的障碍。人与人之间如果克服了沟通障碍，沟通顺畅，就能避免矛盾和误会的产生，促进社会主义精神文明建设。

活动二　学会自我认知

一、自我认知的含义

自我认知（self－cognition）也叫自我意识，或叫自我，是个体对自己存在的觉察，是对自己的洞察和理解，包括自我观察和自我评价。自我观察是指对自己的感知、思维和意向等方面的觉察；自我评价是指对自己的想法、期望、行为及人格特征的判断与评估。人贵有自知之明是自我认知的基本思想。自我认知要求主动地、有组织地对自我进行认知，其基本途径是：从社会交往中认识自己，"择其善者而从之，其不善者而改之"，严于自我解剖，"吾日三省吾身""行有不得，反求诸己""见贤思齐焉，见不贤而内自省也。"

二、自我认知的三要素

美国心理学家威廉·詹姆士（William James）把自我认知分为3个要素：

1. 物质的自我 即自我的身体、生理、仪表等要素组成。

2. 社会的自我 即自己在社会生活中的名誉、地位、人际关系、处境等，也是自我在群体中的价值和作用，别人对自我的大致评价等。

3. 精神的自我 即对自己智慧、道德标准、心理素质个性的认识。

认识自我，实事求是地评价自己，是自我调节和人格完善的重要前提。如果一个人不能正确地认识自我，看不到自我的优点，觉得自己处处不如别人，就会产生自卑感，不愿与他人交往，拒人于千里之外，丧失信心，做事畏缩不前。相反，如果一个人过高地估计自己，也会骄傲自大、盲目乐观，导致工作的失误。因此，恰当地认知自己能够克服这些不切实际的想法，还能够在工作和生活中寻找到适合自己的位置，更好地为社会做贡献，实现自己的人生价值。

趣味测试

沟通能力测试

评分指导：每个问题选择①得2分；选择②得1分；选择③得0分。

请同学们自行打分，以小组为单位讨论本组成员沟通能力情况。

1. 在和别人交谈的时候，是否觉得自己的话常常不能被人正确理解？

①常常是　②有时是　③很少

2. 和与自己观点不同的人交流时，你是否会觉得对方的思想很怪异呢？

①从不　②有时是　③经常是

3. 在与人谈话的时候，如果你对正确理解别人的观点没有把握，你是否会请对方明确解释？

①总是　②很难说　③一般不会

4. 你在开会或上课的时候，你是否能够专心听讲，尽量理解讲话者所说的内容？

①一般会　②很少　③几乎不

5. 如果一个同事或同学对一个你看起来很无聊的笑话大笑不止，你会觉得他（她）无聊吗？

①会　②难说　③不会

6. 如果别人在回答你的问题时很含糊，你会重新把自己的问题再说一遍吗？

①会　②有时会　③不会

7. 在一次会上，老板（老师）说出了一件错误的事情或者根据错误的信息得出了一个错误的结论，你会站出来反对吗？

①经常会　②偶尔会　③不会

8. 在一次会议中，有人反对你的观点，你认为他（她）是反对你这个人本身吗？

①不是　②可能是　③一定是

9. 在通知别人一件事时，你喜欢用发手机短信的形式代替电话吗？

①喜欢　②觉得无所谓　③不喜欢

10. 你不同意一个人已经发表的谈话内容时，是否还会认真听下去？

①是　　②难说　　③不会

结论：总分在0～12分，说明你的沟通能力较差，必须加强这方面的学习；总分在13～16分，说明你的沟通能力一般，仍需继续学习和锻炼，不断提高自己；总分在17分以上，说明你的沟通能力很强。

想一想

你的沟通能力处于什么水平？下一步应该如何提升自己的沟通能力？

三、自我认知的作用

1. 现实生活中与人沟通的能力包括工作中与人交往的顺利程度、平时与人的关系好坏等等。有许多人际关系的不协调都是因自我认识偏差造成的，这极大地影响人与人之间的交往方式。正确的自我认知能够让自己在人际交往中明确自身的优劣长短，不卑不亢、面面俱到地处理好人际关系，使社会更加和谐。

2. 自我认知除了具有自我功能，还具有特殊的社会功能，因为它在一定程度上会影响人与人之间的相互关系，也影响一个人对待他人的态度。人们在完成自我认知之后，就会关注别人如何看待自己。正确的自我认知不仅影响社会中人与人的交往方式，而且影响社会中人的心理健康程度，影响人的价值观和人生观的合理程度。正确的自我认知可以帮助人成为社会人，成为有健康正确人生观和价值观的人，形成良好的人际关系，使社会充满正能量，更好地践行社会主义核心价值观。

练一练

他人眼中的我

活动目的：

"不识庐山真面目，只缘身在此山中"，从同窗好友的评价中了解自己。

活动要求：

请身边的5位同学写出自己的优点、不足、适合的职业。

实践实训

关于我的一本书

1. 我的长相
2. 我的特长
3. 我最喜爱的食物
4. 我的家人
5. 我最喜欢的旅游景点
6. 我最自豪的事情
7. 我最喜欢在下雨天做的事情
8. 我最喜欢和家人一起做的事情
9. 让我难过的事

10. 让我开心的事

训练要求：小组共同分享后，共同讨论这一本书。

目标检测

答案解析　知识回顾

一、单项选择题

1. 双向沟通必须包含：说的行为、（　　）和问的行为。

A. 复述的行为　　B. 转达的行为

C. 听的行为　　D. 答的行为

2. 受到各种“噪声干扰”的影响，这里所指的“噪声干扰”可能来自（　　）

A. 沟通的全过程　　B. 信息传递过程

C. 信息解码过程　　D. 信息编码过程

3. 下列不属于书面沟通的优点的是（　　）

A. 传递范围广　　B. 有据可查　　C. 便于长期保存　　D. 速度快

4. 通过沟通的定义可以看出沟通最关键的环节是（　　）

A. 对信息的理解　　B. 信息的传递

C. 信息发布渠道　　D. 信息的编制

5. 沟通的模式分为（　　）和肢体语言沟通两种。

A. 口头语言沟通　　B. 书面语言沟通

C. 图片或者图形　　D. 语言沟通

6. （　　）是最好的沟通方式。

A. 电子邮件　　B. 电话　　C. 面谈　　D. 会议简报

7. 下列说法错误的是（　　）

A. 人际沟通随时都会发生

B. 人际沟通是双向互动的反馈和理解

C. 人际沟通都是面对面的

D. 人际沟通受情境的制约

8. 沟通过程是（　　）

A. 双向的过程　　B. 单向的过程

C. 多向的过程　　D. 以上都是

9. 一个完整的沟通过程包括（　　）

A. 信息发送、接收　　B. 信息发送、反馈

C. 信息发送、接收、反馈　　D. 信息接收、反馈

二、多项选择题

1. 一个完整的双向沟通过程包括（　　）

A. 发送　　B. 转达　　C. 反馈　　D. 接收

2. 沟通的要素有（　　）

A. 信息环境　　B. 信息　　C. 信息发出者　　D. 反馈

3. 双向沟通必须包含哪些行为（　　）

A. 说的行为　　B. 听的行为　　C. 问的行为　　D. 答的行为

4. 沟通的意义表现在（　　）

A. 培养沟通和语言能力是职业和岗位的需要

B. 培养沟通和语言能力是获取知识的需要

C. 沟通是个体生存的基本条件

D. 沟通是个体成长的需要

5. 自我认知包括的内容是（　　）

A. 自我观察　　B. 自我表现　　C. 自我批评　　D. 自我评价

三、简答题

1. 什么是沟通？
2. 沟通的特征是什么？
3. 自我认知的 3 要素是什么？

四、案例分析题

李小明“碰壁”

李小明：“张院长，你好！我是海润医药公司的销售员李小明，这是我们产品的资料，你看你们是否感兴趣？”

张院长：“放我这儿吧！我感兴趣的话会给你打电话。”

李小明：“你看看，我们的医疗器械质量好，而且价格也便宜……”

张院长：“对不起，我还有个会，我会和你联系的，好吗？”

李小明：“……”

李小明经过这次“碰壁”不知该怎么拓展业务了。年轻的小李陷入了沉思。

问题

1. 为什么张院长对李小明的介绍不感兴趣？
2. 此案例给我们什么启示？

任务二　提高声音质量

PPT

实例分析

实例　某单位新来一位地方口音很重的领导。一天，他走进办公室严肃地对秘书说：“我要杀一个人！”话音刚落，旁边一女助手被吓得花容失色。弄了半天，原来领导“杀”（shā）“查”（chá）不分，其实是想说“我要查一个人”。

案例评析

新领导普通话不标准，声母 ch（舌尖后送气清塞擦音）、sh（舌尖后清擦音）不分，把 chá 说成 shā 了。

问题　这个案例对我们有什么启示？

答案解析

活动一　学习有声语言

一、关于普通话

语言是人类最重要的交际工具和信息载体。可以说，人类社会的所有活动都离不开语言。普通话看似平凡，但它的作用却很大，学好普通话，提高语言沟通中的声音质量，可以更好地与人沟通。

当今时代，说一口标准的普通话不仅是工作的需要，更是一个人素质的体现。语言面貌的好坏既影响一个人的气质和形象，也是国民素质的直接体现。

试想：如果在隆重的颁奖典礼上获奖嘉宾说一口大多数人听不懂的方言，会是什么状况？

普通话是现代汉民族共同语，也是我国各民族之间的交际用语，还是联合国的 6 种工作语言之一。其内涵是："以北京语音为标准音，以北方话为基础方言，以典范的现代白话文著作为语法规范。"普通话在明朝、清朝时被称为官话，在宋朝以前，普通话还被称作通语、凡语、雅言等。普通话和方言的差别，主要表现在语音方面，因而人们狭义指称普通话时，主要指普通话语音。

二、普通话的重要性

1. 我国是多民族的人口大国，普通话看似平凡，实则是人与人之间沟通的桥梁，同时它也代表着中华民族的繁荣昌盛。推广普及普通话有利于增进各民族各地区的交流，有利于维护国家统一，增强中华民族凝聚力。

2. 随着改革开放和社会主义市场经济的发展，社会对普及普通话的需求日益迫切。积极推广普及普通话，有利于消除语言隔阂，促进社会交往，有利于商品流通和培育统一的大市场，对社会经济、政治、文化建设和社会发展具有重要意义。

3. 推广普通话是素质教育的重要资料，有利于提高国民整体的语言文化素养。

4. 推广普及普通话有利于贯彻教育面向现代化、面向世界、面向未来的战略方针，有利于弘扬祖国优秀传统文化和爱国主义精神，提高全民族的科学文化素质。

活动二　语言能力训练

绕口令是一门特殊的语言艺术，它主要是用声、韵、调极易混淆的字，使之或交叉或重叠或颠倒，组成一些短小、有趣的句子或段子。绕口令在锻炼语言基本功方面起着矫正发音部位、促使反应敏捷、用气自如、吐字清晰自如等重要作用。结合绕口令进行语言基本功的训练不失为一种有趣、奏效的途径。

它不仅能有效地锻炼口才，增强记忆力，还能培养反应能力。练习绕口令时注意把握如下几点。

一要准。吐字清晰、发音准确是练习绕口令的重要要求。

二要慢。慢，就是要循序渐进。也就是指说的时候节奏适度，学的时候要一步步来，不能操之过急。

三要勤。勤，就是勤于练习，坚持不懈。

活动三　诵读技巧训练

案例分享

张明是某职业院校一年级的学生，他讲普通话发音不标准，方言口音重，说话词不达意，见了陌生人说话脸红结巴。在老师的帮助下，他找到了问题的症结，于是开始练习口语表达。他利用一切机会听播音员的播音，跟着播音员说话，把说得不准的记下来，然后反复练习体会。他利用整理寝室、课间时间，先小声念，然后大声读出来，虽然被别人嘲笑，但仍咬牙坚持，终于越读越好，胆子越来越大。他每天主动向别人讲述一件周围发生的事情，讲完后总结。经过这样的练习，他的口语表达能力迅速提高，由原来的拙嘴笨舌变成能说会道。

案例评析　提高口语表达能力，就需要在掌握一定的练习方法基础上多练习。可以通过绕口令、诵读等方法多加练习。

想一想　说说张明用了哪些方法练习口语表达？反思自己在口语表达中存在哪些问题。打算采取什么方法改正？

一、诵读的基本概念

朗读：按照规范的普通话的要求，正确、流利、响亮地把文章读出来。

朗诵：把文字作品转化为有声语言的创作活动，有夸张的成分，有创作的过程。

诵读：对文章内容自我感受、自我体验、自我欣赏的一种读书方式。

二、诵读的特点

一是诵读注重在读中想象、体会描绘的情景；二是诵读的前提是多读熟读；三是诵读讲究音韵节奏的变化。

三、诵读的表达技巧

诵读者在有了内心的感受和调动起情感的基础上，要运用外部技巧将内在的感受和情感表达出来。诵读的表达技巧是诵读活动中所运用的表达方法，是实现诵读目的的必要手段，是为了使声音清晰洪亮，增强语音的感染力，更恰当地传情达意而使用的一些技巧和方法。

诵读的表达技巧主要包括两部分：一是内部技巧，二是外部技巧。外部表达技巧为：停连、重音、语气、节奏。

1. 停连　停连包括两个方面：停，是指停顿；连，是指连接。停连位置恰切，情意表达才能清楚。有声语言必须适合听觉规律，有时不一定按标点符号停顿，有时有标点的地方可能会连接起来，没有标点的地方也可能安排停顿；有时逗号可以比句号停的时间还长，有时句号可能比顿号停的时间还短。

2. 重音 重音是为传情达意需要着重强调的词语。重音强调的方式，可以重读，也可以轻读，可以实声，也可用虚声，根据感情和内容的需要灵活掌握。

3. 语气 语气有3个方面含义：它以语句为基本单位；具有一定的声音表现形式，即语势；这种声音形式中包含着具体的思想感情，包含着是非和爱憎等。

4. 节奏 节奏是指由全篇文章生发出来的、诵读者思想感情的波澜起伏所造成的抑扬顿挫，轻重缓疾的声音形式的回环往复。一般说，节奏可分为6种类型：高亢型、紧张型、轻快型、低沉型、舒缓型、凝重型。

四、整体把握作品的情感基调

要想整体把握作品的情感基调，一是把握文本思想内容；二是理解文本语言运用的特点，把握诵读基调；三是根据文体特点把握诵读基调。

知识链接

春秋时期发生过一件事，烛邹替齐景公饲养的爱鸟飞走了，景公发怒要杀烛邹。在这千钧一发之际，宰相晏婴站出来说："烛邹这书呆子有三大罪状，请大王让我列举完以后，再按罪论处。"得到景公的允许后，晏婴把烛邹叫到景公的面前说："你为大王管理爱鸟，却让它飞走了，这是第一条罪状；你使得我们大王因为鸟的事杀人，这是第二条罪状；更严重的是各国诸侯听了这件事后，以为大王重视鸟而轻视文人，这是第三条罪状。"数完这些所谓罪状后，便请景公把烛邹杀掉。景公虽性情残暴，但他从晏婴的话里听出了利害，就对晏婴说："不要杀了，我听从你的建议就是了。"晏婴面对因小事而发怒的齐景公，在与他沟通时晓之以理、动之以情，达到了完美的有效沟通。可见掌握一定的沟通技巧多么重要。

即学即练

答案解析

诵读的外部表达技巧有哪些？（　　）

A. 停连　　B. 重音　　C. 语气　　D. 节奏

实践实训

请运用诵读技巧练习以下文章。

海滨仲夏夜

夕阳落山不久，西方的天空，还燃烧着一片橘红色的晚霞。大海，也被这霞光染成了红色，而且比天空的景色更要壮观。因为它是活动的，每当一排排波浪涌起的时候，那映照在浪峰上的霞光，又红又亮，简直就像一片片霍霍燃烧着的火焰，闪烁着，消失了。而后面的一排，又闪烁着，滚动着，涌了过来。

天空的霞光渐渐地淡下去了，深红的颜色变成了绯红，绯红又变为浅红。最后，当这一切红光都消失了的时候，那突然显得高而远了的天空，则呈现出一片肃穆的神色。最早出现的启明星，在这蓝色的天幕上闪烁起来了。它是那么大，那么亮，整个广漠的天幕上只有它在那里放射着令人注目的光辉，活像一盏悬挂在高空的明灯。

夜色加浓，苍空中的“明灯”越来越多了。而城市各处的真的灯火也次第亮了起来，尤其是围绕在海港周围山坡上的那一片灯光，从半空倒映在乌蓝的海面上，随着波浪，晃动着，闪烁着，像一串流动着的珍珠，和那一片片密布在苍穹里的星斗互相辉映，煞是好看。在这幽美的夜色中，我踏着软绵绵的沙滩，沿着海边，慢慢地向前走去。海水，轻轻地抚摸着细软的沙滩，发出温柔的刷刷声。晚来的海风，清新而又凉爽。我的心里，有着说不出的兴奋和愉快。

夜风轻飘飘地吹拂着，空气中飘荡着一种大海和田禾相混合的香味儿，柔软的沙滩上还残留着白天太阳炙晒的余温。那些在各个工作岗位上劳动了一天的人们，三三两两地来到这软绵绵的沙滩上，他们浴着凉爽的海风，望着那缀满了星星的夜空，尽情地说笑，尽情地休憩。

（节选自峻青《海滨仲夏夜》）

目标检测

答案解析　知识回顾

一、单项选择题

1. 确保网络在线交流的安全性，需注意（　　）

A. 保护好个人信息

B. 不要轻信网络上的朋友信息资料

C. 不要轻易将网友过渡到现实中

D. 以上都是

2. 通过实际沟通实现的目的，不包括（　　）

A. 学习知识　　B. 建立关系　　C. 发挥影响　　D. 实现自我

3. 普通话以北京语音为标准音，以北方话为基础方言，以（　　）为语法规范。

A. 典范的现代白话文著作　　B. 典范的白话文著作

C. 典范的现代文学著作　　D. 典范的当代文学著作

4. 关于身体气味，说法不正确的是（　　）

A. 身体气味是可以传递信息的

B. 身体气味可以影响人的情绪状态

C. 身体气味可以带给人们情感的体验

D. 身体气味可能是人们不太容易想到的身体信息传播方式

5. 普通话以（　　）为标准音。

A. 南方语音　　B. 北方语音　　C. 北京语音　　D. 前三者都是

6. 下列选项中，全部为普通话词语的一项是（　　）

A. 寒豆、罩衫　　B. 同岁、轮盘　　C. 凉鞋、雨伞　　D. 自家、脚爪

7. 语言沟通更擅长传递的是（　　）

A. 思想　　B. 情感　　C. 信息　　D. 思路

8. 在沟通中，特别是在工作沟通中，谈论行为不要谈论（　　）

A. 性格　　B. 个性

C. 人品　　D. 思想

9. 对待普通话与方言的正确态度是（　　）

A. 应该完全用普通话代替方言

B. 方言和普通话平等地并存并用

C. 普通话要推广，方言在合理的范围内正常发展

D. 有些有历史传承价值的地方方言应予以发扬，可以不必推广普通话

10. 列选项中，全部为普通话词语的一项是（　　）

A. 花招、生毛病　　B. 座钟、连衫裙

C. 爪子、长生果　　D. 客人、肉丸子

二、多项选择题

1. 沟通的特征说明（　　）

A. 沟通是一种双向的交流活动。缺少了任何一方，都无法实现真正意义上的沟通

B. 沟通不仅是一种双向的交流活动，还是一种互动的行为

C. 人类的任何沟通都是一种有目的的行为

D. 在沟通过程中，任何一方的刁难合作，都会导致沟通的失败

2. 在沟通过程中说的话一定要非常明确，让对方有（　　）的理解

A. 唯一　　B. 准确　　C. 多种　　D. 猜测

3. 沟通失败的原因包括（　　）

A. 缺乏一定的信息和知识　　B. 在沟通过程中没有优先顺序

C. 时间充裕　　D. 文化的差距

4. 语言沟通包括（　　）

A. 口头语言　　B. 书面语言　　C. 图片　　D. 图形

5. 不太容易沟通的是（　　）

A. 思想　　B. 情感　　C. 品格　　D. 信息

三、简答题

1. 诵读的特点有哪些？

2. 诵读中如何整体把握作品的情感基调？

3. 沟通中如何提高声音质量？

四、案例分析题

自我介绍

尊敬的××老师，亲爱的同学们：

大家下午好！我的名字叫朱松熙，今年20岁，来自韩国。我的名字中的“松”指松树，“熙”是有太阳照耀的意思。我就是灿烂阳光下的一棵松树，既温暖，又幸福。我的名字就是我的心愿。我希望大家能够像阳光下的松树一样，在温馨中成长，展示自己的风采。

问题

1. 为什么朱松熙做自我介绍时专门详细解释了自己的名字？

2. 这样介绍有什么好处？

任务三 学会有效沟通

PPT

实例分析

实例 某医药公司的一位人事部门主管想要了解最近一年来人员的离职状况，安排一名员工统计离职数目，请他3天后报告。3天后接受命令的员工向主管报告半年内总共离职30名员工。主管接着问他各部门离职的人数是多少，不同年龄的离职人员是多少，男性、女性各占多少，这名员工一概答不上来，主管不悦地说：我给你3天时间，你只给我统计一个离职总人数啊！

问题 1. 在日常交往中应该怎样说话？

2. 语言沟通时应该注意哪些问题？

答案解析

活动一 学习语言沟通的原则

一、语言沟通的重要性

语言是沟通的桥梁，是我们日常交流和沟通中必不可少的工具，也是人类最基本、最重要的一种生存能力和社会行为，是人际沟通的重要载体。社会的存在和发展不能没有语言，不能没有语言的运用，也不能没有语言交际活动。在当今社会，一个人的语言水平、言语行为和言语交际能力，完全可以体现出他的道德修养的深浅，教养的好坏和个人能力的高低。俗话说："良言一句三冬暖，恶语伤人六月寒。"

二、沟通的个人障碍

人与人之间沟通存在的障碍叫作个人障碍，沟通有5种个人障碍，分别是：地位的差异、信息的可信度、认知的偏误、过去的经验和情绪的影响。

语言沟通有如下禁忌：不良的口头禅；过多的专业术语；忽视了确认不了解的信息；易于干扰的环境；只听自己想听的；被第一印象和身份地位左右；过度自我为中心；不信任对方；威胁的语句。

三、语言沟通的基本原则

1. 礼貌待人原则 孔子说："文质彬彬，然后君子。"君子人格是中华传统文化尤其是儒家文化提倡的境界。据中国青年报社会调查中心一项调查结果显示，85.7%的受访者肯定当今社会需要君子人格，这既是个人人格魅力的需要也是社会文明的体现。

君子敬而无失，与人恭而有礼，四海之内皆兄弟也。(《论语·颜渊》)

恭近于礼，远耻辱也。(《论语·学而》)

敬人者，人恒敬之。(《孟子·离娄章句下》)

一个人如果对陌生人亲切而有礼貌，那他一定是一位真诚而富有同情心的好人，他的心常和别人的心联系在一起，而不是孤立的。（［英］培根）

一个人的礼貌，就是一面照出他的肖像的镜子。（［德］歌德）

2. 真诚坦率原则 诚信是公民的基本道德规范和社会主义核心价值观的重要内容。真诚的态度是交谈的基础。谁都希望别人尊重自己，但自己首先得尊重别人。有研究表明，人体各种感官对刺激的感觉程度不一，视觉占87%，听觉占3.5%，味觉占1%。态度主要是给对方留下视觉和听觉效果。

案例分享

心理测试

心理学家曾经做过一个试验：让大学生们从500个描写人的品性的形容词中指出他们所喜欢的品质。试验结果显示，在8个评价最高的形容词中，有6个（真诚的、诚实的、忠实的、真实的、信得过的和可靠的）与真诚有关，真诚成为大学生们评价最高的性格品质。而评价最低的品质是说谎、装假和不老实。

案例评析 在人际交往中，人们总是喜欢真诚坦率的人。真诚坦率的品质能使一个外表毫无魅力的人增添许多内在吸引力。大多数人选择朋友是以对方是否出于真诚而决定的。以诚待人能更多地获得他人的信赖、理解，能得到更多的支持、帮助和合作，从而获得更多的成功机遇。

3. 平等友好原则 平等友好原则主要是指沟通双方人格上的平等，包括尊重他人和自我尊严两个方面。“友善”是社会主义核心价值观个人层面的要求，是处理人际关系的重要原则。孔子所言“己所不欲，勿施于人。”是指人应当以对待自身的行为为参照物来对待他人。人应该有宽广的胸怀，待人处事切勿心胸狭窄，而应宽宏大量，平等待人。

案例分享

民间有这样一个传说故事：清代著名的画家郑板桥一天到街市的一家茶馆饮茶，老板见来客是个其貌不扬的小老头，就随随便便地说了一声“坐”算是招呼。接着又对司茶的伙计叫了声“茶”就算了事。郑板桥只管独饮自赏堂里的几幅字画。老板见此情景，估计这小老头一定是个读书人，于是就改口对郑说“请坐”，回头对司茶的伙计叫了声“泡茶”。不久，店里有认识郑板桥的人高声喊道：“板桥先生！板桥先生！”店老板才知道这个小老头原来是鼎鼎有名的郑板桥，马上迎上前去，打躬作揖，不停嘴地对郑说：“请上坐！请上坐！”又拉开嗓门叫伙计：“泡好茶！泡好茶！”郑板桥领了老板的情，坐了上座，饮了好茶。临走时，老板拿出纸笔，请郑板桥留下墨宝。郑一口答应，为老板写下了这样一副对联：

坐　请坐　请上座

茶　泡茶　泡好茶

案例评析 郑板桥为茶馆老板所写的这幅独特的对联生动地描绘出店老板对穷人的鄙视和对有身份的人的谄媚。不尊重别人的人也得不到别人的尊重。

4. 区分对象原则 见人择言，“到什么山上唱什么歌”。

每个人由于经历、所受教育、家庭、兴趣、性格等不同，其谈话的领域、内容、“兴奋感”会有差异，这是社会的现实。也正是这种差异，才有了五光十色的社会。因此，在同不同性格、不同行业、不同熟悉程度的人交谈时，就要区分对象，选择合适的语言，甚至转移话题。

交谈不仅要见什么人说什么话，还要因地、因情而异，这也就是常说的“到什么山上唱什么歌”。例如在学校谈论一下春游计划或者学习体会，在车站等公共场所聊一聊天气情况、新闻报道、体育赛事、文艺演出等。

5. 不责备、不抱怨原则

案例分享

在《EQ》这本书中，曾经有这样一个故事：有一家出版公司被另一个更大的出版公司并购了。并购后，新公司高层做出的第一个决定，就是解雇原来的执行长。这位遭到解雇的执行长觉得非常意外，因为他一直认为自己做得不错，本以为新公司会留用他。

百思不解下，他就去问公司的高层。最后，终于有一个人向他坦白：“我们在并购前，曾经仔细观察你一段时间，我们发现你常常用很尖锐的方式责骂、批评别人。所以我们决定不留用你。”这位执行长还是不解：“别人犯了错，我能够不管吗？”

对方告诉他：“在过去的年代，企业走威权领导风格，很多主管都会骂人，用带军队的方式来带企业。但是现在带人要带心，外面竞争这么厉害，你动不动就责骂同事，对他们做出很激烈的批评，这样的领导风格，很难获得同事由衷的合作。”

案例评析　公司认为，如果这位执行长还留下来，底下的员工就不愿意在工作上冲刺，因为无论怎么做，都可能挨骂，所以最好各扫门前雪。公司的竞争力无形中在流失，所以必须请他走。

6. 同理心原则　同理心是一个心理学概念，最早由人本主义大师卡尔·罗杰斯于1951年提出。同理心是在人际交往过程中，能够体会他人的情绪和想法、理解他人的立场和感受并站在他人的角度思考和处理问题的能力。同理心就是将心比心，同样时间、地点、事件，把当事人换成自己，也就是设身处地去感受、去理解他人。

案例分享

精神病蘑菇

有一个精神病人，以为自己是一只蘑菇，于是他每天都撑着一把伞蹲在房间的墙角里，不吃也不喝，像一只真正的蘑菇一样。

心理医生想了一个办法。有一天，心理医生也撑了一把伞，蹲坐在了病人的旁边。病人很奇怪地问：“你是谁呀？”医生回答：“我也是一只蘑菇呀。”病人点点头，继续做他的蘑菇。

过了一会儿，医生站了起来，在房间里走来走去，病人就问他：“你不是蘑菇么，怎么可以走来走去？”医生回答说：“蘑菇当然也可以走来走去啦！”病人觉得有道理，就也站起来走走。

又过了一会儿，医生拿出一个汉堡包开始吃，病人又问：“咦？你不是蘑菇么，怎么可以吃东西？”医生理直气壮地回答：“蘑菇当然也可以吃东西呀！”病人觉得很对，于是也开始吃东西。

案例评析　日常生活中我们不能戴着有色眼镜与对方沟通，或有选择地接收信息，选择性失明。相反我们应客观地、就事论事、实事求是地去分析沟通信息，换位思考，富有同理心。

活动二 学习语言沟通技巧

案例分享

不会沟通，从同事到冤家

小贾是公司销售部一名员工，为人比较随和，不喜争执，和同事的关系处得都比较好。

但是，前一段时间，不知道为什么，同一部门的小李老是处处和他过不去，有时候还故意在别人面前指桑骂槐，对跟他合作的工作任务也都有意让小贾做得多，甚至还抢了小贾的好几个老客户。起初，小贾觉得都是同事，没什么大不了的，忍一忍就算了。但是，小李总是如此嚣张，小贾一赌气，告到了经理那儿。经理把小李批评了一通，从此，小贾和小李成了绝对的冤家了。

案例评析 小贾所遇到的事情是在工作中常常出现的一个问题。在一段时间里，同事小李对他的态度大有改变，这应该是让小贾有所警觉的，应该留心是不是哪里出了问题。但是，小贾只是一味地忍让，忍让不是一个好办法，更重要的应该是多沟通。

小贾应该考虑是不是小李有了一些什么想法，两人之间是不是有了一些误会，才让他对自己的态度变得这么恶劣，他应该主动及时和小李进行一次真诚的沟通，比如问问小李是不是自己什么地方做得不对，让他难堪了之类的。任何一个人都不喜欢与人结怨，可能他们之间的误会和矛盾在比较浅的时候通过及时的沟通就可以消失了。

但结果是，小贾忍无可忍的时候选择了告状。其实，找主管来说明一些事情，不能说方法不对，关键是怎么处理。但是，在这里小贾、部门主管、小李三人犯了一个同样的错误，那就是没有坚持“对事不对人”的原则，主管做事也过于草率，没有起到应有的调节作用，他的一番批评反而加剧了二人之间的矛盾。正确的做法是应该把双方产生误会、矛盾的疙瘩解开，加强员工的沟通来处理这件事，这样做的结果肯定会比案例中的情况好得多。

我们每一个人都应该学会主动地沟通，真诚地沟通，有策略地沟通，如此一来就可以化解很多工作与生活中完全可以避免的误会和矛盾。

人际沟通是一种双向的行为，我们在说的同时，必须去倾听别人的话。据了解，学生在学校平均每天有46%的时间是在听，而其中的66%是听他们的老师讲课。听实际上是一种重要的沟通方式，好的听众拥有广阔的市场。那么应如何倾听呢？

一、学会倾听

1. 专注地倾听 是指用身体给沟通者以“我在注意倾听”的表示。它要求你把注意力集中在说话人的身上，要心无二用。忌“左耳进，右耳出”，不能让别人的讲话在自己的心中没有留下任何痕迹。专注不仅要用耳，而且要用全部身心，不仅是对声音的吸收，更是对意义的理解。

（1）学会排除干扰 影响沟通的潜在的干扰因素很多，既有内部的，也包括外部的。比如房间内的喧闹，电话铃声或者客人来访，说话人不恰当的穿着打扮、脸部表情或体态语言等等外在因素。例如，有时候你自己会处在某种特别的情绪状态之中，比如很恼火，或得了感冒或患牙痛，或者是刚好临近吃饭或休息的时间，你觉得很饿也很累。如果是这样，你也就不会很认真地去听。

你可以通过注意力聚焦的方式来实现这一点，具体做法是：①做做深呼吸。这样能转移人在压抑环境中的注意力，并提高自我意识。当人们知道自己能够通过深呼吸来保持镇静时，就能够重新控制情感，缓解焦虑情绪。②寻找有趣的方面。一个好的听众总是会寻找机会问问自己："有哪些是我感兴趣的东西？"最后，他也会因此而有所收获。③注意参与的姿势。参与的姿势应该是放松而清醒的。保持坦然直率的姿势，手臂不要交叉，不要僵硬不动；要随着说话人的话做出反应。坐着的时候，要面向说话人，身体略向前倾。一个表现倾听的非语言技巧就是随着说话人的姿势而不断调整自己的姿势。④保持距离。无论坐还是站，都要和说话人保持一定的距离——既不要太近也不要太远。判断距离恰当与否的最好办法是要看与你谈话的人在距离上是否感到舒服。如果他向后退，说明你离得太近了；如果他向前倾，说明你离得太远了。⑤保持目光交流。眼睛是心灵的窗户，是最富有表现力的器官。所以，人们在沟通时，总是不由自主地用目光表达各种思想和感情。如果听众看着说话者，这不仅有利于听众集中注意力，而且也表明他对讲话的内容感兴趣。一般来说，听者应柔和地注视说话人，可以偶尔移开视线。凝视或斜视往往会使说话者对听话者产生不良印象。同时注意，在谈论令人不愉快的或难于解决的复杂问题时，要节制目光的直接接触。这是礼貌并理解对方情绪状态的表现，因为在这种情况下，眼睛总是盯着对方，可能会引起对方愤懑。

（2）关注说话的内容　孔子云："三人行，必有吾师。"希腊也有句谚语：我们在路上遇到的每一个人，都有我们不知道的知识。听是一种最好的获得新信息的活动。在听话过程中，我们要以开阔的胸怀去自由地倾听，要关注讲话者的内容而不要评价或做判断。

（3）听清全部内容　由于思维速度远远快于说话的速度，比如，大多数人在谈话时每分钟说100～150个字，而我们的耳和脑对语言的反应速度是说的4倍。所以，在"听"的时候，我们的思维有很大的空间任你漫游，分散你"听"的注意力而遗漏说话的内容，影响沟通的效果。

听清全部内容，就是要随时都听，集中注意力听。在与人交谈时，不要思前想后，用你全部的精神去听清全部内容。

案例分享

倾听误区

美国知名主持人林克莱特一天在电视节目中访问一名小朋友，问他说："你长大后想要做什么呀？"小朋友天真地回答："我要当飞机的驾驶员！"林克莱特接着问："如果有一天，你的飞机飞到太平洋上空，所有引擎都熄火了，你会怎么办？"小朋友想了想说："我会先告诉坐在飞机上的人绑好安全带，然后我挂上我的降落伞跳出去。"当现场的观众笑得东倒西歪时，没想到，孩子的两行热泪夺眶而出，其悲悯之情远非笔墨所能形容。于是，林克莱特问他说："为什么要这么做呢？"小孩的答案透露出一个孩子真挚的想法："我要去拿燃料，我还要回来！"。全场没有人再笑了，顿时静默下来。

（4）捕捉要点　听话时是否能捕捉到有用的信息，是非常重要的，这也是听话的基本目的之一。一要善于从说话人的言语层次中捕捉要点。一般人说话，有点像议论文的格式，开头是提出问题，中间是要点或解释，最后是结论或是对主要意思的强调或引申。二要善于从说话人的语气、手势变化中捕捉信息。如说话人会通过放慢语速、提高声调、突然停顿等方式来强调某些重点。

课堂游戏

目的：1. 调动和帮助学生快速进入课堂角色。

2. 培养学生专注力和沟通能力。

3. 掌握沟通含义和沟通的基本特征。

规则：1. 全体同学按照每6人一组分组，并同时完成老师的6轮随机指令。

2. 认真聆听老师的指令语，当听到指令前有“老师说”时，做出相应指令，未按照要求做出动作的同学将被直接淘汰。

3. 正确率高且剩余人数多的小组获胜。

指令语：1. 老师说：“男生请举手——请放下”。

2. 全体同学起立——老师说：“女生请坐”。

3. ……

想一想

我们在日常沟通时，是否认真聆听了对方发出的信息？是否能捕捉到对方的关键信息？在听懂对方传达真正的含义时，是否能给出正确的反馈？

2. 设身处地地倾听 就是对说话者的感觉产生反映。听话不仅是听“话”而且要听话中之“音”。弦外之“音”。即敏感地听出说话者的忧、喜、哀等各种感觉并对此做出相应的反应。这就要求听者，设身处地地设想：如果我自己处于那种环境会有什么感想。

3. 公正地倾听 就是全面理解说话者想要表达的意思和观点。如何做到呢？

首先，要区别话语中的观点与事实。说话者在陈述事实时，往往会加入自己的观点。而且在表述时，已将观点变成了事实。尤其是人们在表述偏见或喜爱时，就好像在谈论事实。

例如，有个人常这样说：“我不具备文学方面的天赋，我永远也不可能成为一个作家，这是众所周知的。”显然，说话者将其作为一个事实在陈述。其实，这只是说话者心中的不满，是一种信念而已。

其次，要控制自己的感情，以免曲解对方的话语。保持客观理智的感情，有助于你理解正确信息。尤其是当你听到涉及感情的令人不愉快的消息时，更要先独立于信息之外，来仔细检查事实。因为当我们把听到话加上自己的感情色彩时，我们就失去了正确理解别人话语的能力了。

二、学会恰当地鼓励

倾听时，仅仅是投入是不够的，你还要鼓励说话者表达或进一步说下去。正确的启发和恰当的提问可以帮助你达到目的。

1. 正确地启发 启发是指以非语言来诱导说话者诉说或进一步说下去的方式。

第一，身体上与说话者保持同盟者的姿态。说话者站你则站；说话者坐，你则坐。

第二，不时地使用倾听的声音来承认别人所说的。

第三，复述说话者的话，你就会看上去和他们更亲近。不要把说话拉回到你身上；相反，提出一些“附和性”的问题。

2. 学会提问 恰当的提问让说话者进一步知道你对谈话内容很关注，说话者会深受鼓舞的。

一般来说，提问可分为两类：封闭式提问和开放式提问。封闭式提问采用一般疑问句式，说话者几乎可以不假思索地用“是”或“不是”来回答。而开放式提问是指所有问题不能用简单的“是”或“不是”来回答，必须详细解释才行。

例如：“我们可以准时到达北京吗？”

"我们什么时候到达北京呢?"

后者明显可以让我们获得更多的信息。因为提问的目的是鼓励说话者说话，所以，提问要因人而异，因情而异。多用开放式提问，以使对方有话可说。

三、灵活应对

案例分享

曾有一位记者采访一位出名的歌星，问她："人们都觉得你长得像著名影星林××，特别是你这头乌黑秀长的头发。对于这一点你有什么看法?"这位歌星当场怒火上升，抢过一把剪刀，"嚓嚓"几下就把自己的头发剪断，然后盯着那位记者问道："你觉得我还像林××吗?"弄得那位记者极其尴尬。

案例评析 这充分说明，如果我们在说的过程中不考虑对方的性格，那么往往会适得其反。上面这个例子中，那位记者本想借此赞扬该歌星，不想反而触犯到她的忌讳。

1. 选择积极的用词与方式 在保持一个积极的态度时，沟通用语也应当尽量选择体现正面意思的词。比如说，要感谢客户在电话中的等候，常用的说法是"很抱歉让你久等"。这"抱歉、久等"实际上在潜意识中强化了对方"久等"这个感觉。比较正面的表达可以是"非常感谢您的耐心等待"。

如果一个客户就产品的一个问题几次求救于你，你想表达你让客户真正解决问题的期望，于是你说，"我不想再让您重蹈覆辙"。干吗要提醒这个倒霉的"覆辙"呢?你不妨这样表达："我这次有信心让这个问题不会再发生。"是不是更顺耳些?

又比如，你想给客户以信心，于是说"这并不比上次那个问题差"，按照我们上面的思路，你应当换一种说法："这次比上次的情况好。"即使是客户这次真的有些麻烦，你也不必说"你的问题确实严重"，换一种说法："这种情况有点不同往常。"

以下是更多的例子：

习惯用语：那个产品都卖完了。

专业表达：由于需求很高，我们暂时没货了。

习惯用语：你怎么对我们公司的产品老是有一样的问题?

专业表达：看上去这些问题很相似。

习惯用语：我不能给你他的手机号码。

专业表达：您是否向他本人询问他的手机号?

习惯用语：我不想给您错误的建议。

专业表达：我想给您正确的建议。

习惯用语：你没有必要担心这次修后又坏。

专业表达：你这次修后尽管放心使用。

2. 善用"我"代替"你" 有些专家建议，在下列的例子中尽量用"我"代替"你"，后者常会使人感到有根手指指向对方。

习惯用语：你的名字叫什么?

专业表达：请问，我可以知道你的名字吗?

习惯用语：你必须……

专业表达：我们要为你那样做，这是我们需要的。

习惯用语：你错了，不是那样的！

专业表达：对不起我没说清楚，但我想它运转的方式有些不同。

习惯用语：如果你需要我的帮助，你必须……

专业表达：我愿意帮助你，但首先我需要……

习惯用语：你做的不正确……

专业表达：我得到了不同的结果。让我们一起来看看到底怎么回事。

习惯用语：注意，你必须今天做好！

专业表达：如果您今天能完成，我会非常感激。

习惯用语：当然你会收到，但你必须把名字和地址给我。

专业表达：当然我会立即发送给你一个，我能知道你的名字和地址吗？

习惯用语：你没有弄明白，这次听好了。

专业表达：也许我说得不够清楚，请允许我再解释一遍。

3. 在客户面前维护企业的形象 如果有一个客户电话转到你这里，抱怨他在前一个部门所受的待遇，你已经不止一次听到这类抱怨了。为了表示对客户的理解，你不应当说“你说得不错，这个部门表现很差劲”。适当的表达方式是“我完全理解您的苦衷”。

另一类客户的要求公司没法满足，你可以这样表达：“对不起，我们暂时还没有解决方案。”尽量避免不很客气地说“我没办法”。当你有可能替客户想一些办法时，与其说“我试试看吧”，为什么不更积极些：“我一定尽力而为。”

如果有人要求打折、减价，你可以说：“如果您买10台，我就能帮你。”而避免说：“我不能，除非……”

客户的要求是公司政策不允许的。与其直说“这是公司的政策”，不如这样表达：“根据多数人的情况，我们公司目前是这样规定的。”如果客户找错了人，不要说“对不起，这事我不管”，换一种方式：“有专人负责，我帮您转过去。”

另外，方言中有一些表达方式应用在普通话中时就会不妥当。比如“不会啦”等方言的表达，不应带到普通话的规范表达中。

知识链接

中国的《罗密欧与朱丽叶》

周恩来思想深邃、视野开阔、知识渊博，又有极高的语言天赋，这使他在语言表达上得心应手、挥洒自如，出口成章、妙语连珠。一句原本很平淡的话，经过周恩来睿智的再造，就如同画龙点睛一般，立时会产生与众不同的神奇效果。

1954年4月，周恩来总理率领中国代表团出席日内瓦会议。这是新中国成立后首次在重大国际舞台上亮相，受到各国关注。会议期间，周恩来要工作人员举行电影招待会，放映国庆纪录片，让外国记者了解新中国的变化。纪录片放映后，周恩来听取汇报：外国记者普遍反应热烈，但是有一个美国记者说，中国阅兵在搞军国主义。周恩来对工作人员说，再给他们放映一部《梁祝哀史》。《梁祝哀史》是根据越剧《梁山伯与祝英台》拍摄的彩色戏曲片。为了让外国记者看懂，工作人员准备将剧情介绍和主要唱段译成十五六页的外文说明书，剧名译成《梁与祝的悲剧》。周恩来听取了工作人员放映新片的汇报后说，十几页的说明书，是不会有人看的。他当即出了一个主意，只在请柬上写一句话：“请你欣赏一部彩色歌剧电影——中国的《罗密欧与朱丽叶》。”放映前用英语作3分钟的说明，概括地介绍一下剧情，用词要有点诗意，带点悲剧气氛，把观众的思路引入电影。这样试试，我保证不会失败。

影片放映那天，大厅内座无虚席。感人的故事、优美的唱腔，250多名外国记者看得如醉如痴。影片结束后，放映厅里爆发出热烈的掌声。外国记者纷纷赞叹，这部影片太美了，比莎士比亚的《罗密欧与朱丽叶》更感人。

语言表达是一门基本功。领导者若想讲话生动形象，引人入胜，就要不断提升理论水平和综合素质，勤学习，常读书，多补充和储备各种知识。同时，要把学习与实践结合起来，注重语言的创新，力求用简洁、鲜活、新颖的词语，拨动人们的心弦。

活动三 体验与残疾人沟通

残疾人属于特殊的人群，他们比健全人在某些方面更具有敏感性，因此，在与他们沟通的过程中，对他们的态度要礼貌、谦和，一定要尊重他们的人格、注重他们心理需求，一定要给他们一个认真、诚恳、亲切和负责任的感觉。对他们的唠叨和不雅的行为不要厌烦，不能嫌弃，要特别予以关照和体贴，只有这样，才能取得他们的信任和依赖，才能构建起心理沟通的桥梁。

1. 在倾听他们叙说时，尽量用“对、好、是”等词或点头、微笑等表示对他们的注意、理解，不能用不屑一顾的态度。

2. 在与残疾人谈话时，尽量避免用一些语言和文字。比如：与视力残疾人沟通时，要避讳用“瞎说”“瞎想”“瞎猜”等词；与肢残、脑瘫者沟通时，不能用“跛子”“瘸子”“瘫子”等词；与听力语言残疾者沟通时不能用“聋子”“哑巴”等词；与精神残疾人沟通时，不能用“疯子”“大脑不正常”等词；与智障残疾人沟通时，不能用“呆子”“傻子”等词，要特别注意回避与其生理缺陷有关的词语和内容，对他们要依据年龄、性别、职业、职务不同进行称呼，如“同志”“师傅”“朋友”等。

3. 在与残疾人进行交流时，要注重平等与尊重。虽然他们是残疾人，但他们都不希望被当作残疾人来看待。他们与健全人一样有自尊心，而且非常要强，虽然在生活上他们有一些不便，但他们同正常人一样，也有做人的尊严。

练一练

体验与残疾人的沟通

活动一：两人一组为一个体验单位。

注意事项：安全问题。

条件一：其中一个把眼睛蒙上。

条件二：不能使用双手。

目标：在规定的时间内非盲学生要带领“盲”学生经历一段旅程。

活动二：两人一组为一个体验单位。

注意事项：其他同学不准讲话，不准有任何提示。

条件一：其中一个把耳朵塞上，背对黑板。

条件二：另外一个只能用口型和动作，不能出声。

目标：在3分钟内“听不见”的学生要猜对五个成语。

你来比划我来猜

1. 东张西望
2. 见钱眼开
3. 鹤立鸡群
4. 咬牙切齿
5. 对牛弹琴
6. 手舞足蹈
7. 抓耳挠腮
8. 拳打脚踢
9. 摩拳擦掌
10. 张口结舌
11. 挤眉弄眼
12. 辗转反侧
13. 东倒西歪
14. 一瘸一拐
15. 拔腿就跑
16. 指手画脚
17. 小鸟依人
18. 闻鸡起舞
19. 井底之蛙
20. 浑水摸鱼

想一想

你体验做残疾人时有何感受？在协助残疾人时要做哪些心理准备？与残疾人沟通要注意哪些问题？

知识链接

沟通寄语

语言沟通既是一门艺术，又是一门科学。一句恰到好处的话，可以改变一个人的命运；一句言不得体的话，可以毁掉一个人的一生。掌握说话的艺术，你才能在社交和办事中如鱼得水，左右逢源，无往不利，成就成功人生。

1. 别人的事，小心地说 人与人之间都需要安全距离，不轻易评论和传播别人的事，会给人交往的安全感。

2. 自己的事，听别人怎么说 自己的事情要多听听局外人的看法，一则可以给人以谦虚的印，二则会让人觉得你是个明事理的人。

3. 尊长的事，多听少说 年长的人往往不喜欢年轻人对自己的事发表太多的评论，如果年轻人说得过多，他们就觉得你不是一个尊敬长辈、谦虚好学的人。

4. 朋友的事，商量着说 朋友之间，最怕的就是遇到事情相互指责，而相互商量会产生“共情”的效果，能增强朋友之间的感情。

5. 急事，慢慢地说 遇到急事，如果能沉下心思考，然后不急不躁地把事情说清楚，会给听者留下稳重、不冲动的印象，从而增加他人对你的信任度。

6. 小事，幽默地说 尤其是一些善意的提醒，用句玩笑话讲出来，就不会让听者感觉生硬，他们不但会欣然接受你的提醒，还会增强与你的亲密感。

7. 没把握的事，谨慎地说 对那些自己没有把握的事情，如果你不说，别人会觉得你虚伪；如果你能措辞严谨地说出来，会让人感到你是个值得信任的人。

8. 没发生的事，不要胡说 人们最讨厌无事生非的人，如果你从来不随便臆测或胡说没有的事，会让人觉得你为人成熟、有修养，是个做事认真、有责任感的人。

9. 做不到的事，别乱说 俗话说：“没有金刚钻，别揽瓷器活。”不轻易承诺自己做不到的事，会让听者觉得你是一个“言必信，行必果”的人，愿意相信你。

10. 伤害人的事，不能说 不轻易用言语伤害别人，尤其在较为亲近的人之间，不说伤害人的话。这会让他们觉得你是个善良的人，有助于维系和增进感情。

11. 伤心的事，不要见人就说 人在伤心时，都有倾诉的欲望，但如果见人就说，很容易使听者心理压力过大，对你产生怀疑和疏远。同时，你还会给人留下把痛苦转嫁给他人的印象。

即学即练

什么是同理心原则？

答案解析

实践实训

回答下列问题并判断以下做法分别体现了语言沟通的什么原则？

1. 有人来与你说话，你是坐在大椅子上跟他们讲话，还是与他们一起坐在小沙发上讲话？

2. 假设你是鞋店老板，有位女士来你店中买鞋，由于她右脚略大于左脚，总也找不到她能穿的鞋，你觉得应该如何解释，你会如何措辞？

3. 餐厅的服务员端来了食物，但却不是客人所点的东西，你想那位客人会说些什么？如果是你，你会怎么说？

4. 你的心情不好，走在路上的时候，一位提着东西的妇女撞到了你，东西掉在了地上，而错却不在你，你会怎么说？

5. 你的好朋友，跟你的男（女）朋友进入商场的时候，恰好被你看见了，但他们没有看见你，此时你怎么办？

6. 有一个你讨厌的人要和你合影，你怎么拒绝？

目标检测

答案解析　知识回顾

一、单项选择题

1. 下列属于语言沟通基本原则的是（　　）

A. 自我价值保护原则　　B. 强化原则

C. 宽容原则　　D. 同理心原则

2. 聆听的目的是为了（　　）

A. 理解表面信息　　B. 理解对方的全部信息

C. 理解大部分信息　　D. 理解深层次信息

3. 某医药公司总经理白手起家，从一个普通的技术人员发展为今天拥有雄厚资产的企业家。但这位总经理却经常因难以与工人沟通而发愁，他被工人们称为“白面书生”。你认为最可能的解决方法是什么？（　　）

A. 采取严厉的措施，板起脸来。

B. 招聘对生产管理有经验的专家，替自己来管。

C. 与工人坐在一起开座谈会，放下架子，逐步缓和关系。

D. 开除给自己起外号的工人，杀一儆百。

4. 沟通的技巧有（　　）

A. 赞美　　B. 批评　　C. 拒绝　　D. 劝慰

5. 不属于有利交谈的态度是（　　）

A. 充满兴趣，真诚友善

B. 面带微笑，轻松自然

C. 谦虚有理

D. 自以为是，骄傲自大

6. 对沟通对象的称赞和推崇是指（　　）

A. 批评　　B. 拒绝　　C. 赞美　　D. 劝慰

7. 以下选项中不是个人沟通障碍的是（　　）

A. 地位的差异　　B. 信息的可信度　　C. 共同的爱好　　D. 认知的偏误

8.（　　）是聆听的最好层次。

A. 选择性聆听　　B. 设身处地地聆听

C. 专注地聆听　　D. 建议性聆听

9. 倾听的好处不包括（　　）

A. 学习知识　　B. 建立关系　　C. 影响他人　　D. 收获帮助

10. 以下（　　）属于批评别人时应注意的事项。

A. 要涉及具体内容　　B. 要模棱两可

C. 对事不对人　　D. 确保表情是积极友善的

二、多项选择题

1.（　　）是聆听的积极行为。

A. 点头　　B. 身体前倾　　C. 微笑　　D. 频繁看表

2. 在沟通倾听的过程中，错误的倾听方式是指（　　）

A. 假装倾听　　B. 设身处地地倾听

C. 选择性的倾听　　D. 听而不闻

3. 有效沟通的技巧有（　　）

A. 倾听　　B. 提问　　C. 沉默　　D. 狡辩

4. 以下是语言沟通的基本原则的是（　　）

A. 真诚坦率原则　　B. 清晰准确原则

C. 平等友好原则　　D. 礼貌待人原则

5. 专注地倾听应做到（　　）

A. 在沟通过程中，我们要学会排除干扰

B. 关注说话的内容

C. 听清全部内容

D. 捕捉要点

三、简答题

1. 沟通的个人障碍有哪些？

2. 语言沟通的基本原则有哪些？

四、案例分析题

不该发生的悲剧

有一位病人于某医院神经科住院，询问一位护士：“护士小姐，神经科都治些什么病？”护士随口答道：“多啦，都是些难治的病。”病人又问：“像我这样的病多久能治好？”护士不耐烦地答道：“你问这么多干啥，只管好好养病吧。没听说么，‘神经科神经科，活得少死的多，剩下一个傻呵呵。’”

这几句话对病人无疑是晴天霹雳，使他感到求生无望，当晚就跳楼自杀了。

问题

你能说说造成悲剧的原因吗？

任务四　学会电话沟通

PPT

实例分析

实例　患者张某（女）因宫颈炎就诊，妇科刘医生为其开具抗生素药物处方，后张某持处方来到门诊药房取药。

药剂师C询问患者：“您好，请问您是患者本人吗？还是帮其他人拿取药？”

患者：“是我看病。”

药剂师C：“请您稍等，处方上个人信息显示性别男，我再核实一下。

药剂师C致电医生：“刘医生您好，我是药房药剂师C，一位名叫张某的宫颈炎患者来取药，但处方上显示为男性，您看是不是患者拿卡错了或哪里有问题，我让患者回去找您确认吧！谢谢！”

刘医生：“好的我知道了，不好意思！让她过来吧。”

药剂师C告知张某已和医生沟通好，张某返回门诊科室，医生发现是张某错持其丈夫就诊卡就诊，导致身份信息不符。后更换就诊卡重后返回门诊药房完成取药。

答案解析

问题　1. 通过这个案例说说你对电话沟通的理解。

2. 为什么要进行电话沟通？成功的电话沟通需要注意什么？

活动一　学习电话礼仪

微课

一、电话沟通基本要求

电话沟通是传话者和受话者通过电话来完成的沟通。传播学创始人施拉姆在《传播学概论》中提到，在传播过程中，信息发出方和接收方均需要通过信息对个人生理结构的刺激，接收进或传输出“考虑过”的和经过重新排列的信息。这些经过人为编辑的信息通过电话渠道进行多次相互传递，完成通话两方的人际传播。这些经过“加工”的信息非常容易出现错误传播，造成沟通失效。因此，为提高沟通的准确性和有效性，通话者要做到听好、说好，并注重双向信息反馈。

1. 听好 听见不代表听明白，电话交谈中，在没有其他沟通方式的辅助下，如何精准接收对方传递来的信息，准确理解对方所表达的意思是进行有效交谈的前提。这就要求通话者在通话中不遗漏信息，正确理解信息。接听电话最重要的是听对方表述的重点，如电话另一端是谁、来电找谁、需要我做什么等，不能错过重要信息。并且当对方未说完，或者只是短暂停顿时，应耐心等待其表述完整。即使有不同意见，也需在对方说完后再发表意见。否则，都会直接造成信息理解的偏差，无法正确了解对方的真实话意。

2. 说好 说话不代表说明白，电话交谈中，与“听好”相对的是“说好”，即如何通过语言精准表达自己所要传递的信息。与其他沟通方式不同的是，电话沟通中，声音语言是唯一的传播方式，除了传递信息的内容本身的意思，说话者的语调、语速、语气和音量等都是信息传递效果的影响因素。

（1）语调　即说话的腔调，特别是说话的节奏和重音。例如，药师在向患者进行药物使用指导时，遇到一些与常规口服不同的药物，如铝碳酸镁，药师在与患者的沟通中，要降低节奏，重音提示患者嚼碎再服，才能保证药物服用效果。

（2）语速　即说话的速度。说话太慢让人感觉拖沓，容易让对方失去听下去的耐心；说话太快让人感觉紧张，容易让对方听不清说话的内容或抓不住说话的重点。

（3）语气　即说话的口气，是陈述、疑问、祈使还是感叹。恰当的语气可营造良好的沟通氛围。例如，药师在给病人做用药电话回访时，语气应该是温和的、坚定的。与此相反，若回访电话中药师的语气是急躁的、犹豫的，则会使患者对药师产生不信任感，引起患者对用药和诊断的怀疑，影响进一步治疗或回访效果。

（4）音量　即说话声音的大小。说话声音太小容易让人听不清内容，说话声音太大又觉得刺耳，因此，通话中要注意保持正常或略高的音量来保证通话质量。实验表明，在语言信息内容相同的情况下，较高分贝的信息比较低分贝的信息传输到人耳中时更有说服力。因此，作为专业指导的药师，特别是在给患者讲解和指导药物使用说明时，使用较大的音量会产生更加权威性的指导效果。

3. 双向信息反馈 人们生活背景、文化背景以及专业背景等的不同导致每个人的表达方式和说话习惯不同，进而导致对话中很多内容不可能一次性听明白或者说明白，为降低信息传递错误，需要通话双方进行多次的信息反馈，即将自己理解到的信息反复与对方进行确认，直到达到理解的一致。

案例分享

某零售药店某日接到一位患者电话，患者情绪很激动，反复用本地方言陈述某件事情。接电话的是位刚来本地不久的药师A，电话中大体听出“昨”“胃疼”“××（治疗胃部不适的药品）”“小姑娘”“不好”等词语，但由于对方情绪激动，且受到方言影响，无法确定对方想表达的是什么意思，虽然患者一直在陈述，但只能大体推测出该顾客昨天在药店买了治疗胃部不适的药品，该药品出现了某些问题，或者是药店工作人员出现了问题，患者有可能是想表达对商品的投诉或者对工作人员的投诉。

想一想 这时接电话的药师A应该怎么应对才能听明白对方的真实表达？

（接上述案例）药师A在让患者全部说完后，语气温和的询问患者：“不好意思，请您不要激动，我本地话说的不是很好，请您见谅。请问您是昨天在店里购买了××吗？”患者回答是，药师A继续关切地询问：“那您是对这个药品不满意，还是我们的工作人员有做的不妥的地方呢？您慢慢说，我是药师A，用药方面会给您专业的指导和建议。”患者随即用不太标准的普通话表示前日在该药店欲购买某品牌治疗胃部不适的药品，但该药店由于缺货，店员给他推荐了另一个品牌的同类药物，由于患者着急，并未做过多询问，购买药物后便离开了。患者服用后不适症状并没有明显改善，因此，认为药店以缺货为由给其推荐了利润高但治疗效果差的药品。

事情搞清楚后，药师A语气平和且坚定地向患者解释到："××是治疗慢性胃炎以及与胃酸有关的胃部不适症状的，如胃痛、胃灼热感、酸性嗳气和饱胀等。目前并没有哪个品牌的药品比较好的说法，而且药品价格透明，不存在药店为了利润故意让您更换药品的情况。如果您的胃部不适症状在服药后没有得到改善，建议您再确认下服药方式，如果没有错误，建议您尽快去医院找医生做进一步诊断，避免错误用药，耽误您的病情。"在解释中，药师A特意加强了药物功效、"没有哪个牌子比较好""价格透明"以及"尽快去医院"的重音。

患者听后虽然仍然表示对药店不太满意，但接受了去医院检查的建议。

药师A继续温和说到："谢谢您对药店的监督和反馈，您先去医院就诊，如果再有什么问题我们随时沟通。"随后患者挂断电话。

想一想　药师A是如何"化解"这场矛盾的？如果你是药师A，有没有更好的沟通方法？

二、接打电话的基本礼仪

1. 礼貌用语　礼貌是言语动作谦虚恭敬的表现。在电话沟通中，礼貌用语是双方建立友好、平等、互信通话氛围的有力帮手，是顺畅达到通话目的的有效手段。礼貌用语的缺失可能直接导致对方产生反感并失去耐心，挂断电话结束通话，甚至引发争吵。礼貌用语最常用的是"您好""请""谢谢""对不起"和"再见"。

接打电话开口说"您好！"——表示对通话者的问候和尊重，拉近与通话者的距离。相反，如果开场白是"喂！"或者直接切入主题讲事情，容易让受话人没有反应时间，产生抵触心理，影响通话质量。

表达请求多用"请"——"请问是××女士吗？""请问怎么称呼您？""请稍等"等。

表达感谢常用"谢谢"——"谢谢您！""非常感谢！""真是太感谢您了！""感谢您对我们工作的支持！"等。

表达诚挚歉意常说"对不起"——"对不起，让您久等了""对不起，这确实是我们工作的失误""不好意思打扰您了""实在抱歉，还请您耐心等待""不好意思，个人电话不方便提供""抱歉，这个问题我不太清楚，需要请示后再回复您"等。

通话结束微笑着说"再见"——"打扰了，再见！""感谢您的配合，再见！""有事我们随时保持联络，再见！"等。

2. 情绪配合　人的情绪可通过语言传递，礼貌用语中携带的情绪可通过电话线传递给另一方，因此，礼貌用语要配合温和、热情、积极、真诚等适合通话内容的情绪一起向对方表达。

案例分享

请以热情的情绪按照原文模拟对话，然后以冷漠的情绪使用去掉所有礼貌用语后的内容模拟以下对话。

零售药房的店员接到咨询某药品是否在售的电话，店员并不清楚，需要进行核实，即产生以下对话。

店员："您好，这里是××药店，请问有什么可以帮您？"

顾客："您好，你们那里有没有××啊？我咳嗽。"

店员："请您稍等，我查询一下。"

顾客："好。"

店员："您好先生，不好意思让您久等了，××现在有货，也有其他品牌的药效类似的盐酸氨溴索片剂或口服液，您可以到店购买。"

顾客："好的，谢谢。"

店员："不客气！请问还有其他需要的吗？"

顾客："没了，谢谢"。

店员："感谢您的来电！再见！"

顾客挂掉电话，店员随后挂掉电话，通话结束。

随后顾客到达药店购买药品。

想一想 请对比两种通话模拟，感受电话沟通中礼貌用语的重要性。

---

3. 明确通话目的 一通电话究竟为何而打？有没有必要打？打完要达到什么效果？都应在拨打电话前考虑清楚。明确重点和目的才能做到思路清晰，才能引导对方积极配合，输出希望获取的信息。

4. 通话时长 正常情况下，通话时间不宜过长，简明扼要，不浪费时间。工作电话并非亲戚朋友间的家常电话、打发时间"煲电话粥"。工作电话是利用较短的时间，高效地完成通话任务，获取目标信息，达到通话目的。把握好通话时长，精练通话内容，思路清晰、不啰唆。"3 分钟原则"被普遍认可，即电话沟通一般不超过 3 分钟，除非有特别烦琐和复杂的事情需要沟通。

5. 通话时段 选择合适的时段拨打电话是电话沟通中需注意的地方，这样会更好地保护受话人的回答意愿。正常来说，因公务拨打电话前需确认对方的正常工作时间，尽量避开下班时间、休息日和用餐时间。遇到对方不方便接电话时，需询问对方合适的时间再拨打，若对方无人接听或挂断电话，需半小时后再尝试拨打。

6. 通话环境 选择安静的通话环境对于沟通非常重要。当办公室中人员多、声音杂乱时，尽量等待安静后再拨打电话。工作期间尽量不要拨打和接听私人电话，不仅占用公共资源而且影响其他人员工作。

活动二 接听电话的方式

一、接听电话流程

接听电话的基本流程包括：铃声响起，接起电话，开场白，具体事项交谈，结束语和挂机。若需要挂机后进行查询、确认或汇报后再行回复，则需在挂机前约定好时间进行再次回拨。

二、接听电话要点

1. 铃声响起尽快接听 一般来说响铃 3 声之内需将电话接起，勿延迟太久，也勿刚响铃就马上接起。电话延迟太久，会使人产生懈怠、消极的感觉，直接影响后期沟通效果。过早接起电话使人没有准备时间，令人感觉唐突。及时接听电话是专业、高效、负责的表现。如果遇到正在处理紧急情况，也需尽快接起，并向对方致歉，告知对方请稍等或稍后回拨。如果正在应答另一通电话，需先向正在通话者致歉后接起新来电话，向新来电方致歉，告知请稍等或稍后回拨。

2. 接起电话，姿态端正 接电话时，应左手持听筒，坐姿或站姿端正，同时准备好纸笔，记录通话要点。端正的姿态传递着端正的态度，给对方向上的、充满活力的印象，接听电话时身体歪斜、抖腿、甚至平躺会传递出懒散、怠慢的形象。

3. 开场问候，自报家门 接起电话后应礼貌问候，接着自报所在单位或者部门。“您好，这里是门诊药房，请问您有什么事情？”和“喂，谁啊？”产生的效果截然不同。前者保持礼貌的同时帮助来电方确认是否拨对号码，并引导对方说明来电目的。后者不仅不礼貌还带有攻击性，本来能够愉快进行的对话也会产生负面冲击。若对方未自报家门，还需礼貌地询问对方身份。

4. 做好通话记录 记录重点包括：来电时间、来电人员相关信息、来电号码、来电目的、来电要求和紧急等级等。记录时需字迹清楚、简单易懂，未听清楚的内容及时请对方重述，必要时可向来电者复述记录重点，以确认记录内容是否准确。

5. 通话中保持互动 通话中的沟通是相互的，双方的合理互动是维持和深入通话的必要条件。在通话方主动提供的信息不足，或在一方进行持续表述浪费了时间或表述卡壳时，另一方应及时做出反应，保持对话的通畅。可对所需内容提问，也可对对方表达的内容进行复述或确认，还可用“嗯”“好的”“了解”和“确实”等没有实际意义的词。

6. 结束通话 通话结束时需礼貌道别，并等待对方先挂断后再放下电话。

案例分享

场景一

某日，零售药房，营业员A正在接待顾客，听到电话响起，营业员A从顾客处走至电话旁接起电话，此时电话铃声已响起较长时间。

营业员A：“谁啊？”

对方：“您好，请问姚医生在吗？”

营业员A（不耐烦）：“什么姚医生？打错了。”

营业员A挂断电话。

场景二

某日，零售药房，营业员B接起电话：“××药店，您好。”

对方：“您好，有××药吗？”

营业员B：“没有了。”

对方：“那有××药吗？”

营业员B：“有。”

对方：“好的，谢谢。”

营业员B：“不客气。”

营业员B挂断电话。

场景三

某日，办公室，工作人员C接起电话：“您好，办公室。”

对方：“您好，请问赵主任在吗？”

工作人员C：“不好意思，赵主任不在。”

对方：“赵主任手机号码是多少啊？”

工作人员C："××××××××××××。"

对方："好的，谢谢。"

工作人员C："不客气，再见。"

工作人员C挂断电话。

案例评析 三个场景中，三人接听电话的方式均有不妥之处。场景一中的来电方可能是顾客，只是记错了驻店药师的姓名；场景二中的来电方可能因为营业员B态度的敷衍放弃来店购买药品；场景三的来电方可能是推销甚至电信诈骗人员。营业员A在接听电话中不礼貌，迟接电话但未致歉，开场问候生硬，通话过程态度怠慢、粗鲁。营业员B在通话过程中欠缺良好深入的互动，使话题停留在表层信息。两位接听电话人员通话方式对顾客是排斥的、缺乏吸引力的，极易流失客源。办公室人员C在未了解到来电方详细情况和真实目的时，便随意透露他人的个人信息，也是缺乏良好深入互动的表现。因此，进行话题引导保持良好互动是三位接听电话人员需要改进的方面。

想一想 上述三个案例中，电话接听方式都有什么不妥？需要怎样改进？

活动三　电话沟通情景训练

一、情景训练一

药师在急诊药房值班，接到急诊电话，需要抢救过敏性休患者的地塞米松注射液5mg。请模拟上述急诊药房接听急诊电话情景。

训练要点

1. 4人为一组，1人扮演接电话的药师，1人扮演打电话的急诊医生，药师、医生和另外1人编写剧本，剩余1人观看并对药师角色扮演者的电话沟通进行评价。随后小组4人进行组内讨论，完善剧本，向全班进行展示。

2. 电话场景模拟中注意电话礼仪和接听方式。

3. 剧本举例

叮铃铃，叮铃铃——（响铃第二声，药师左手接起电话，右手准备好记录笔和纸。）

药师："您好，急诊药房王雷，请问是哪里？"（中速语速，吐字清晰，语调平缓，情绪积极。）医生："您好，××科，我们急需地塞米松注射液5mg，抢救过敏性休克患者。"

药师："好的，请问患者性别、年龄、体重分别是多少？"

医生："男性，32岁，60kg。"

（药师记录：××科，地塞米松注射液5mg，男性，32岁，60kg。）

药师："收到，请问是哪位来电？我们将药品准备好后交至哪位？"

医生："我是张燕，交给我就可以。"

药师："好的张医生，地塞米松注射液5mg，交至××科张燕，我们准备好药物和接收单尽快送至您处接收和签字！"（药师记录：张燕来电，接收，重复来电重点，确认信息无误。）

医生："谢谢，请尽快！"

药师："好的，请您放心，请问还有其他要求吗？"

医生："没有了，谢谢！"

药师："不客气，再见！"

（挂断电话，标记时间和来电号码。）

二、情景训练二

现在需要药师对患者用药情况进行电话回访。上个月门诊药房共接收4800张门诊处方。处方中均包含患者电话号码。要求按照不低于整体处方数10%的比例，对最近一个季度患者进行电话回访，其目的是了解患者是否清楚药物的作用和使用方法、是否遵医嘱用药、有何担心和疑问，进行用药指导，以及询问患者对药房和医院的意见和建议等。请拟定电话回访方案，模拟电话回访。

训练要点

1. 4人为一组，拟定电话回访方案。
2. 电话回访方案中注意电话礼仪。
3. 方案举例

（1）按照月处方总数4800张中不低于10%的要求，计算出共需要不低于每月480张，每日不低于16张的回访数例。即门诊药房每天按照科别随机抽取16～18张门诊处方，月底对当月的电话回访记录进行整理和总结，持续3个月。

（2）制作电话回访记录表。

表1-1　患者用药情况回访记录表（样表）

患者用药情况回访记录表		
患者个人信息		
	姓名	年龄
	性别	电话号码
	住址	
就诊记录		
	科室	时间
	诊断	用药
回访记录		
	是否遵医嘱用药	
	是否清楚药物的作用	
	有何担心和疑问	
	用药指导记录	
	对药房或医院的意见和建议	
	其他	
	记录人	时间

（3）电话回访注意事项　①致电前熟悉回访对象的情况，包括个人信息和就诊记录；②致电时间需避开回访对象休息和餐食时间；③若未取得联系，做好记录并另外选择时间进行电话回访；④整体回访时间控制在3～5分钟；⑤注意电话礼仪。

（4）电话回访举例

患者：李朵，女，4岁，19kg，本市住址。儿科，咳嗽、发烧，支气管炎，3月2日就诊，无既往病史。头孢克洛干混悬剂（0.125g/袋，6袋），0.125g/次，口服，1日3次。对乙酰胺酚混悬滴剂（15ml，1瓶），1.5～2ml/次，口服。联络电话为患者家属。

药师左手持电话听筒，右手执笔和回访记录表，拨号，电话接通，保持中速语速，语气温和，吐字清晰。

患者："喂，您好。"

药师："您好，我是第一人民医院药房药师王玲，请问是李朵的家长吗？"

（注意礼貌用语，开口自报家门。）

患者："是，有什么事吗？"

药师："家长您好，为了提高患者用药安全和效果，我们医院最近开展了就诊患者的就诊回访服务，可以耽误您2分钟的时间对孩子的用药情况做个回访吗？"

（礼貌询问对方是否方便通话，同时告知对方通话预计时间。）

患者："好的，您请问吧。"

药师："非常感谢您的支持！请问孩子用药几天了？病情有好转吗？"

患者："从上周三看病回来吃了3天消炎药了，第一天吃了一次退烧药，当时大夫说吃5天，但孩子第4天烧退了，就没再给孩子吃消炎药。不过还咳嗽得厉害。"

药师："好的，消炎药是1日3次、1次1袋，连续吃了3天，是吧？退烧药是一次口服了1.5～2ml吧？"

患者："是的。"

（做好记录，遵医嘱，消炎药、对乙酰氨酚日用药用法正常，疗程自行减少2日。）

药师："您的用药是正确的，不过消炎药有其一定的疗程，在未来的用药中还是建议遵循医生的嘱托，尽量不要自己减少或者增加用药时间。"

患者："嗯，我知道，但总担心孩子药吃多了会不好。而且孩子也不愿喝。"

药师："我理解，您的想法也是大多数患者，特别是孩子家长的担心。不过此类头孢药物安全性比较高，口感也是甜的，相对比较好入口，所以还是鼓励孩子尽量配合。孩子咳嗽可以喝点蜂蜜水，如果晚上咳得厉害，影响休息了，可以来医院复诊的时候开点小儿止咳药，缓解一下。"

患者："好的，我明天带孩子再去复诊。"

（明确通话目的，对正确用药进行肯定，对错误用药进行指导。）

药师："好的，请问您对药房或者医院有什么建议或者意见吗？"

患者："你们医院有两个药房，上次我还跑错了，挺耽误事儿的，带着孩子也挺累的，希望明确指示该往哪走，起码有个清晰的标识。"

药师："好的，我记录下来了，非常感谢您！请问还有什么您希望我们改进的地方吗？"

患者："没有了。"

药师："好的，本次回访到此结束，再次感谢您的支持和配合，这对我们药房和医院的工作水平提高意义重大。非常感谢！再见！"

患者："再见。"

（听到挂机声音后再行挂机，随后整理好回访记录表。）

即学即练

答案解析

医院正在进行职工大会，院长讲话期间，全场观众鸦雀无声，认真聆听，忽然手机铃声响起，大家纷纷看向铃声来源。

思考：在公共场合使用手机时应注意哪些事情？

实践实训

以小组为单位设计场景模拟接打电话，两人通话，其他人作为评委对通话者的电话礼仪表现进行打分，角色轮流互换。

打分表如表 1－2。

表 1－2 打分表

测评项目	测评内容	分值	自评分	小组评分	实际得分
电话礼仪	礼貌用语	30			
	情绪配合	10			
	通话目的	10			
	通话时长	10			
	通话记录	10			
	通话姿态	10			
	通话互动	20			
	等级评定				

等级评定：优秀：86～100 分；良好：76～85 分；合格：60～75 分；不合格：60 分以下。

目标检测

答案解析　知识回顾

一、单项选择题

1. 在电话礼仪中一个普遍认可的原则，叫（　　）

A. 1 分钟原则　　B. 3 分钟原则

C. 5 分钟原则　　D. 10 分钟原则

2. 下列关于接打电话的基本礼仪，表述不正确的是（　　）

A. 保持合适的情绪　　B. 非急事晚 10 点以后打电话

C. 重复来电要点　　D. 避免过快语速

3. 一般来说，来电铃声响（　　）声内接起电话比较恰当。

A. 来电马上接起　　B. 3

C. 5　　D. 10

4. 以下不属于打电话正确的礼仪的是（　　）

A. 吐字清晰　　B. 拨错电话要致歉

C. 来电做好记录　　D. 说完再见马上挂电话

5. 打电话时的情绪应该是（　　）

A. 热情友好的　　B. 傲慢无理的

C. 平淡的　　D. 不耐烦的

6. 报出自己所在单位或部门后，询问对方身份时，下列哪项说法最合适？（　　）

A. “你是谁？”　　B. “你叫什么名字？”

C. “请问您尊姓大名？”　　D. “你哪位？”

7. 为减少接听电话的偏差，需要做的事情是（　　）

A. 保持正确姿态　　B. 复诵来电要点

C. 让对方重复来电要点　　D. 直接挂断电话

8. 关于接打电话的细节，下列说法错误的是（　　）

A. 语速尽量快一些，传达更多信息

B. 吐字清晰

C. 多用尊称

D. 拨打电话前思考并明确通话目的

9. 假设你正在吃东西，这是电话铃响起，你应该（　　）

A. 直接拿起电话接听　　B. 不接听电话，吃完再说

C. 立刻处理掉口中食物，接听电话　　D. 找别人代接电话

10. 下列行为得体的是（　　）

A. 在办公室不接打私人电话　　B. 边喝水边打电话

C. 在吵闹的空间里拨打工作电话　　D. 打电话的同时也在和别人讲话

二、多项选择题

1. 电话沟通中遇到难缠的对话者，应对方法可以有（　　）

A. 礼貌解答　　B. 直接挂掉电话

C. 耐心征求对方意见　　D. 争吵，争辩

2. 以下接电话的礼貌用语中，正确的是（　　）

A. 哦，知道了

B. 好的，谢谢您

C. 行了，就这样吧

D. 实在不好意思啊，我需要核实一下，稍后再回复您

3. 正在通话中时另一通电话打入，应该（　　）

A. 对新打入的电话置之不理

B. 立刻挂断正在进行的通话，接起新通话

C. 礼貌地对正在通话的一方致歉，说明有新来电，请正在通话方挂机稍等回拨

D. 接起新来电，并礼貌地解释正在接听上一通电话，请稍等并约定回拨

4. 以下哪些是说结束语时要注意的点（　　）

A. 询问是否还有其他事情需要咨询

B. 感谢对方来电或建议

C. 若需要回复，确定回复的时间

D. 先让对方挂电话

5. 选择打电话的时间可以是（　　）

A. 早上7点之前　　　　B. 早上8点~10点

C. 下午3点~4点　　　　D. 晚餐时间

三、简答题

1. 电话沟通的基本要求是什么？

2. 接听电话的基本流程和注意事项是什么？

3. 在通话中应怎样保持互动？

四、案例分析题

冰火两重天的电话回访

刘芳是市医院药房的药师，接到电话回访患者的工作安排，要求其对抽样的门诊患者进行电话回访，了解患者的用药情况，对患者进行后期的用药指导，并调研患者对药房和医院工作的建议和意见反馈，以便进一步改进工作。

第一日，按照回访培训要求，刘芳非常注意自己电话回访的时间安排和措辞，与同事一起反复练习了通话技巧和礼貌用语，并提前了解了患者的基本信息，包括个人信息和就诊信息，牢记电话调研的目的。刘芳的通话开场计划如下：

"您好，我是市医院药房药师刘芳，请问是××吗？"

若对方确认身份，则继续如下：

"为了提高患者用药安全和效果，我们医院最近开展了就诊患者的就诊回访和用药指导服务，可以耽误您2分钟的时间吗？"

根据预期，下面会自然延伸至电话回访的重点，即了解患者用药情况并进行用药指导等。但当刘芳分别在晚上7∶30和7∶45致电两名患者A和B时，却发生了完全不同的情况。

患者A，男，55岁，确诊甲状腺功能亢进症。患者A的回访很顺利，整体通话过程非常配合，并按照处方医嘱按时按量服药，调整作息和饮食规律，回访过程中刘芳还对患者A提出的抗甲状腺药物的服药疗程等问题进行了专业解答。患者A表示非常感谢医院可以进行跟踪回访，让患者心里感觉到温暖和安慰，刘芳表示感谢患者A的信任和配合，并提醒患者A服药期间有任何不适，须及时就诊。

患者B，女，57岁，确诊原发性高血压，开具苯磺酸氨氯地平片和酒石酸美托洛尔片配合服用。患者B的回访遭到了排斥和拒绝，患者B谩骂医生都是骗人的，回家看到药品说明书上写的不良反应那么多，认为吃了药肯定会把身体吃坏。回访也是谋财的，是想让她继续在医院看病买药花钱的。电话中刘芳很尴尬，一时生气又语塞，致使患者B说完就挂掉了电话。

问题

1. 同样是电话回访，为什么会产生如此大的差异？

2. 面对患者B，如果你是刘芳，你会怎样处理？

任务五　学会赞美

PPT　微课

实例分析

某医院进行临床药师参与病房查房工作试点。一日药师 A 参与例行查房，患者 B 向医师反映服用“甲硝唑”后出现恶心、反胃。医师告知其是正常反应。患者 B 听后仍表现出担心，但碍于医生的权威和匆忙没有继续追问。

查房结束后药师 A 返回患者 B 处，详细了解其用药情况，发现患者 B 积极配合治疗、严格遵守医嘱服药。药师 A 赞许地说：“认真按照医嘱服药，您做得非常好！”随后将药品药理作用、用法用量、不良反应和注意事项等进行了详细解释，患者 B 认真听取。药师 A 微笑着向患者 B 说道：“如果所有的患者都像您一样主动、耐心地咨询和学习，认真听从医院工作人员的指导，那咱们患者整体出院速度都会加快很多啦！”患者 B 听后心情转好，并再次表示一定积极配合治疗。

问题　1. 通过这个案例说说你对赞美的理解。

2. 为什么要学会赞美？如何做到适当赞美？

答案解析

活动一　何为赞美

一、赞美的定义

赞，是赞成，夸奖；美，是美好的东西。赞美就是对美好的事物发自内心地表达的赞成和进行的夸奖。

赞美包括语言赞美和非语言赞美。使用语言进行赞美是最惯用的方式。“你真棒！”“非常好！”“我真的很佩服你！”，德高望重、赫赫有名、聪明伶俐、兢兢业业等语句和词汇，都是日常表达赞美的用语。除此以外，一个肯定的微笑、赞许的点头、OK 或者竖起拇指的手势、热烈的掌声、适度用力的握手等，同样是赞美的方式，即用身体语言表达赞美。

二、赞美的技巧

1. 发自内心的真诚赞美　赞美不一定需要华丽的词语，但必须是由衷地认可别人的优点，真诚地表达赞美。情绪和态度是可以通过语言传递的，如果自己都不认可对方的“优点”，那虚假和敷衍的态度会伴随着信息一起被对方感受到。例如，门诊药师 A 平时工作比较懒惰，事事推卸责任，甚至因为在药房值班时睡觉，耽误了向急诊患者发药，而引发了医患矛盾。同事药师 B 一直觉得药师 A 工作态度有问题，但为了和药师 A 处好关系，有一次违心称赞药师 A 的工作态度是自己“学习的榜样”。药师 B 向药师 A 传递着自己并不认可的信息，伴随着不相配的情绪，这时对方感受到的不仅不是称赞，反而是讥讽。因此，只有找到自己认可的对方的某些优点，由衷地赞美，才能达到赞美的目的和效果。

2. 赞美可从任何方面和角度入手　只要是好的，可肯定的，让人心情愉悦的，包括被赞美的人周边的事物，均可成为称赞的内容，均可达到相同的效果。例如，早上上班，有事找科室女同事咨询，正好遇到该同事下夜班，刚换上自己的衣服准备离开，且显得很疲惫，此时微笑着诚恳地说一句："真是黑眼圈也遮不住你的美呀！"女同事一定会喜笑颜开，并主动询问有什么事情需要帮忙；再比如顾客把狗拴在门口后进了药店，但不停地向门口回首张望，药师可以迎上前微笑着说："您的这只小狗好漂亮啊！能在门口乖乖地等您，它好懂事啊！"顾客会打开话题："是呀！可乖了，我这两天感冒了，它就在家陪我，我得赶紧好起来，以便带它出去玩儿！"随后自然切入药品购买和咨询主题。可见，合适的赞美能瞬间拉近对话双方的关系，增加融洽和亲密感，对后面话题的开启和延伸起到积极的气氛调节和铺垫作用。

3. 赞美从细节出发，内容须务实　赞美的内容越具体，越能让被赞美者感受到到被重视、被理解。空洞的、概括式的赞美会让人感觉虚伪和将就，基于具体事务的赞美会增加可信度和真实感，减少被泛泛赞美的敷衍感，使被赞美者获得切实的感受。比如：

"你做得非常好！"——哪里好？怎么好？是查房记录做得非常详细？还是接待顾客特别有耐心？

"你今天真漂亮！"——哪里漂亮？怎么漂亮？是衣服非常得体？眉毛画得非常自然？还是今天脸上的气色特别红润？

"久仰久仰！"——久仰的是什么？是发表的论文或专著质量高？还是临床经验丰富？是对待病患的真诚态度广为流传？

"你已经很不容易了！"——如何不容易？是短期内尽了最大的努力改变了作息或饮食习惯？还是小朋友努力忍住恐惧和疼痛完成了静脉采血？

4. 赞美须从实际出发，符合人物特点　赞美是基于事实的发现，要在众所周知的优点中挖掘不被注意的亮点，在满目的缺点中寻找不同寻常的闪光处。比如一个人生得很美，从小在鲜花和掌声中长大，习惯了被称赞容颜姣好，唯独一个人称赞其"长得漂亮却没有一点儿架子，和从小一起长大的朋友们的关系一直这么好，清高美人常有，如此随和接地气的却不常见"。让其感受到连自己都不曾发现的优点，增强赞美的效果。当然，前提是其真的与年少时的朋友相处甚好，只是没有人或者很少人注意到这点。若此人人际关系并不好，且本人深知该情况，却被强行赞美人缘好，只能取得相反效果，导致距离疏远，有关闭对话、破坏沟通的可能。

5. 赞美的渠道灵活多变　赞美可使用口头方式，以面对面、电话或语音等直接表达，也可利用纸质形式，以书信、短信、电子邮件、QQ、微信等手段表达。在实际工作中，人际沟通的方式丰富多样，赞美的方式应配合合适的沟通方式。每天见面的同事使用相对轻松和随意的口头、电话、即时通讯软件等方式表达，与进行药学服务追踪的患者使用书信、电子邮件等相对正式的方式表达，以及给住院患者留下一张充满鼓励的小纸条等。

6. 赞美的方式多种多样　常见的方式包括肯定式赞美、评价式赞美、提问式赞美、转述式赞美以及比较式赞美等。

（1）肯定式赞美　即对被赞美者表达肯定或认可。比如上级对下级工作做出的肯定和鼓励，或者医护工作人员对患者所表达的痛苦的理解。

（2）评价式赞美　即对被赞美者的闪光点进行正面评价。比如"您今天的精神真好！"

（3）提问式赞美　即用提问的方式，求教的态度引导对方介绍自己成功的经验、个人的观点以及对事物的评价等。比如“这张报表做得真漂亮，数据展现很直观，你是怎么做的啊？”

（4）转述式赞美　即通过转述他人的正面评价来进行赞美。借用第三方的赞美可以产生更好的效果，比如“怪不得他们都说在您手下工作能学很多东西、进步很快，原来真是这样啊！”

（5）比较式赞美　即通过对比展现对方的优点，可对比他人、被称赞者本人，也可对比自己。比如，向文印室的职员说：“昨天你不在，正巧宣传部要印200份调查问卷，咱们部门谁都搞不定那个大影印机，简直乱套了呢！”对正在减肥的同事说：“你最近苗条了啊！衣服又得换号码了吧？”对单位开车的班车司机师傅说：“您这高超的车技让我练10年也学不来啊！”但比较式赞美使用时需注意被比较的内容和分寸，避免出现伤及他人、过度自谦的负面效果。比如：“你这条项链真别致，紫色水晶特别衬你的肤色！比咱们科里张老师那条好看多了！”虽然达到了赞美此同事的效果，但同时却伤害了另一名同事，如果传到“张老师”耳中，难免产生矛盾。

案例分享

一名顾客持处方在零售药店购买便携式医用雾化器，用于吸入布地奈德混悬液及硫酸特布他林雾化液。顾客就医用雾化器使用方法、雾化药品用法用量和注意事项进行反复确认，显得过度担心机器和药品使用错误，在药师耐心详细进行演示和解释后仍然不肯离开，耽误了较多后面排队顾客的时间，排队顾客出现催促和不满。

此时，药师微笑着真诚地说：“能看出来您是非常细心的人，对医用器械和药品的使用很谨慎也很认真，这是很好的。您稍稍放松下，在旁边用纸笔把我刚才嘱咐您的记一下，我先帮助后面的顾客，不明白的地方您再问我，等人稍微少一些、安静些咱们踏踏实实地聊，好不好？”

顾客听后拿起纸笔在柜台旁边进行记录，记录内容经药师确认后，顾客满意离开。

案例评析　此案例中，赞美不仅可以缓解顾客焦虑和紧张的情绪，也可以暂时稳定店内混乱的局面。相反，如果药师此时强硬地结束与焦虑患者的对话，很容易激发顾客与药师、顾客与顾客之间的矛盾，产生更加不可控制的局面。

7. 语言赞美和非语言赞美相结合　在使用语言表达赞美的同时使用非语言配合赞美，加强被赞美人的听觉、视觉或者触觉多种感觉刺激，可以增强赞美效果。包括舒展的眉、坚定的眼神、微笑的唇等细微面部表情；友善地点头或道别时轻轻挥手等身体表情；适当拉近与被赞美者身体距离，甚至是友善的肢体接触，比如拍肩、握手等。特别是对年弱的老人、幼小的儿童、以及卧床的病人。但在实际工作中，药学行业人员应谨慎把握身体距离和肢体接触的赞美方式，以免造成误会。

练一练

感悟赞美

要求：以4人小组为单位，1人为赞美者，另外3人为赞美对象，角色轮流进行。每位赞美者至少用一句话分别赞美其他3位赞美对象。同时思考：

1. 该如何进行赞美？
2. 当赞美别人时，感受如何？
3. 当被别人赞美时，感受如何？

活动二 为何赞美

1. 赞美是人的内心深处的普遍渴望 人天生喜欢被肯定，没有人喜欢被否定和责备。赞美使人感到满足和鼓舞，让人变得更加轻松和自信，从赞美中汲取力量，会成为一个人向好向前的精神动力。

2. 赞美是建立积极沟通氛围的有效手段 赞美是对人的价值观或者某个行为的肯定和鼓励，可有效地缓解沟通双方紧张的情绪，使沟通的氛围更加融洽和热情，使谈话者的关系更加亲近。表达赞美，即表达友好，使对话双方减弱对立、减少戒备，促进理解，帮助加速有效沟通。

3. 赞美使双方共同成长 对赞美者而言，赞美和欣赏他人的过程是发现美的过程，保持谦虚友善的态度，发现别人身上的美好，正视自己的不足，通过激励别人从而改进自己，获得积极的人生。对被赞美者来说，获得赞美和欣赏就是获得继续前进的动力，发扬自身的优点，反思自己的缺失，不断成长和完善。

4. 赞美是药学行业人员必备的沟通素养 大部分药学行业人员分布于医院、零售药店、医药公司、制药厂或政府类医药管理部门等，对外接触患者、客户，对内接触本部门和单位的同事、领导，接触的人员种类多样，沟通无处不在。在具备坚实的专业基础知识的前提下，学会高质量的赞美是拉近与患者、同事、顾客等工作接触者心理距离、获取信任、开启顺畅沟通的高效手段。有研究表明，即使对于带着问题和困惑前来咨询的当事人，也是需要赞美和肯定的。基于当事人目前的优点和过往的成功，适当的赞美能够帮助当事人树立面对困难的勇气，减少对问题的恐惧，建立对话双方良好的信任关系，为下一步的引导打下积极的基础。该理论在药学行业亦可适用，特别是当药师面对患者或者咨询购买药品的顾客时，药师扮演着答疑解惑和专业指导的角色，使对方树立信心，建立信任，才能更好地对其进行用药指导，进而提高患者用药的依从性。

活动三 阻碍赞美的因素

1. 羞于表达和不善于表达 在我们的文化中，谦虚、克己等传统思想使我们形成了天然的语言沉默习惯，对事物的喜爱不表现、对取得的成绩不张扬的传统习惯和观念在一定程度上影响了我们对别人的赞美表达。比如父母对孩子的教育中，有的父母担心将孩子捧坏，面对孩子的进步和优秀往往是拘谨和严肃的，对孩子的赞美是克制的，遵循“骄傲使人落后”的准则，孩子考到90分，会质问孩子为什么丢掉那10分，考到100分，会说“次次考100分才算厉害”。

谦虚是一种美德，和赞美并不矛盾。赞美是对自我的一种肯定，能对自我产生愉悦、鼓励等正向作用，谦虚是自我的一种态度，因此，我们需要大胆赞美他人，同时自己保持谦虚，相信别人也会对我们大胆赞美。

2. 分寸难把握 恰当的赞美是沟通的促进剂，过于浮夸的“拍马屁”是沟通的破坏者。赞美需注意分寸，夸张的抬高或不符合实际的夸耀使人感到不自在，会给人留下“溜须拍马”的印象，破坏了沟通信任的前提。试想一个人明知自己相貌平平，却被“夸奖”拥有连明星都望尘莫及的美貌和气质，这不仅降低了语言的可信度，连赞美者的人格也会被质疑，对话必然无法顺利进行。只有适度的赞美才会使人感觉愉悦，过度的吹捧只会破坏沟通的和谐。

3. 缺点和偏见常常迷惑发现美的双眼 有心理学研究表明，比较事物的积极方面和消极方面，消极方面往往更易引起关注。过度关注一个人的“缺点”，会导致无法发现其优点，也就无法进行赞美。比如一名学生上课搞怪、接话引得大家哄堂大笑，或是不听讲、逃课，甚至联合同学瞒着老师夜不归宿。对于此类学生，批评基本不起作用。但这并不能说明他没有优点，或许他逃课去打篮球，是热爱运动的表现；上课搞怪是思维敏捷或者幽默的体现；接话正是说明他紧跟老师的节奏听得认真；能联合同学帮忙打掩护夜不归宿，正是好人缘的“成果”。因此，拨开负面看法，找到真正的问题入手点至关重要。

同时，偏见也是阻碍赞美的重要因素之一。偏见是指脱离客观事实的消极认识，是缺乏事实依据、受到主观意识情感影响的错误心理状态。如果对被赞美者存有偏见，在一定程度上会蒙蔽双眼，找不到对方的优点。在医患关系中一些偏见普遍存在，所谓“防人之心不可无”，部分医生认为患者是无知的、无理的；部分患者认为医生是傲慢的、不负责任的，甚至故意开贵药拿回扣。因此，药学从业人员与患者在沟通时需特别注意，应提醒自己摒弃成见，聚焦对方可能存在的优点。

4. 嫉妒心和“不认输”的情绪常作祟 以良好的心态接受对方的优点，不嫉妒他人的优点，才能真诚地表达赞美。但往往少有人愿意“认输”，并大方承认对方比自己优秀。比如同学这次的成绩高于自己，可能会有“我这次粗心了，她也不是次次都考得好”的心理活动。或者看到同事获得了患者送的锦旗，可能会想“他运气好，碰到了会感恩的患者”。坦然承认和接受对方的细小优势，阻止嫉妒心作祟，方能赞美出最好的效果。比如认可同学的好成绩，承认同事获得的锦旗。基于此才能表达出最真实的赞美：“这次考试你的成绩真不错，能告诉我窍门吗？我感觉最近提高起来很难。”“患者的眼睛是雪亮的呀！这锦旗实至名归！”

活动四　寻找赞美点

一、寻找赞美点的方式

1. 根据赞美的内容不同，可从对方的穿着、妆容、样貌、体态等外在的方面进行赞美，比如有闪耀纽扣的裙子、精致的发型、惹眼的唇色、苗条的身材等。也可从对方的气质、成就、兴趣爱好、品质、能力等内在的方面进行赞扬，比如手术台上的冷静、热情贴心的态度、医院运动队里的主力等。还可从对方的朋友、亲人、宠物、家乡等周边相关的事物进行赞美，比如“上次来的是您女儿吗？气质像您！”“您老家是山东的吗？都说山东人豪爽，果不其然！”等。但是不可对相貌和体态进行过多的关注和赞美，更不可对个人隐私相关内容进行称赞，避免留下以貌取人和不尊重他人的不良印象。

2. 根据了解程度的不同，可选择浅表的、应和的或者深入的赞美。对于初次见面完全不了解的人，可对外在的或者肉眼可见的，或者周围相关方面进行赞扬，营造良好的沟通气氛、打开话题。随着话题的深入，认真听取对方的表述，并感同身受地对其表述的内容进行真诚的肯定，使对方获得被肯定的成就感。对于初次见面、但前期了解颇多的人，可从对方的内在进行称赞，比如“很早就知道您是这方面的专家，今天终于见到了！”“跟您做生意完全不用担心，您的信用就是保证！”等。

二、情景训练

情景训练一

患者张某，75岁，女，糖尿病，日常基本正常口服降糖药物，但喜欢吃高糖点心，控制糖分摄入能力差，治疗无法达到预期效果，因此需入院治疗。住院期间迫于没有高糖食物来源，且医生、护士叮嘱频繁，成功控制了饮食和血糖，但每日心情不佳，经常对陪护发脾气，并出现抵触服药的情绪，时常发表"我都好了，还让我吃这些费劲的药！"的言论。临床药师在药学查房时发现这一情况。

训练要求：

设计并模拟临床药师就患者张阿姨的问题设置对话的场景，要求药师用赞美的方式与张阿姨进行沟通，缓解其负面情绪，提高其用药依从性。

训练要点：

1. 4人为一组，1人扮演患者张阿姨，1人扮演临床药师。"张阿姨""临床药师"和另外1人编写剧本，剩余1人观看并对药师角色扮演者的赞美行为和方式进行评价。随后小组4人进行组内讨论，完善剧本并向全班展示。

2. 场景模拟中注意赞美技巧的使用。

3. 剧本举例

临床药师药学查房中。

临床药师："张阿姨感觉怎么样啊？"

张阿姨（语气抱怨）："我都好了，还不让我吃这个吃那个，抽这么多血做那么多检查，天天盯着我吃药，到底什么时候是个头啊，我都快一个月没吃过糕点了。"

临床药师（微笑，附身，稍稍拉近与张某患者的距离，语气欣喜且欣慰）："阿姨您能控制住不吃那么甜的点心真是很有毅力呀！一般像阿姨这个年纪的，一辈子的习惯都不容易忌口的。不过也只有这样做药物才能发挥最大的作用，血糖才能真正控制住，不是吗？您是怎么做到的？也给我们分享下呀！我好给其他患者介绍下您的经验呀！"

张阿姨（表情稍稍变好）："还不都是因为你们不让吃啊！其实我也知道吃多了甜的不好，可在家就控制不住，总觉得少吃点没什么，吃着吃着就多了。天天还得想着吃药，很麻烦。其实我也很怕得什么并发症，给儿女添麻烦。"

临床药师（微笑，轻拍张某手背两下）："阿姨您是明白人呀！其实根本不用我提醒，您完全明白忌口和坚持服药的重要性。在医院这段时间，您的气色看起来比刚来的时候好多了，精神也好了，各项指标控制得都不错。这药确实吃着麻烦，但根据您的情况，出院后也得一直服用，每日两次服用的二甲双胍，如果漏服一次，而且4小时内发现的，可以补服，要是超过4小时，到下一次服药时间了那就不用补服了。您出院回家以后，没有了我们的提醒，一定按医嘱用药！为了身体健康、青春永驻，相信这些困难都是能克服的，您说是吧！"

张阿姨（笑着）："你这孩子真会说话，阿姨都多大年纪了还青春永驻。听你的就是了，甜食就不吃了，药一定好好吃。"

患者感受到来自药师的专业指导和赞美，倍感开心，不仅缓解了对忌口和服药的抱怨，也坚定了配合治疗的信心。

情景训练二

某高校药学专业实验室隶属该校资产管理处。新进单位实习生刘蕾，女，23岁，药学专业本科，实验员岗位，日常工作为管理实验室设备，每日巡检设备一次，记录设备运行情况，实验室设备故障上报，协调实验室日常上课、实验使用时间安排等。一日，药学专业大二学生实验室上课期间发现细胞培养箱内培养物遭到污染，经查主要原因在于前一日刘蕾安排实验室勤工俭学学生消毒清洁培养箱，消毒之后，箱门未关紧，污物进入培养箱，污染了箱内培养物。受到影响的班级和教师李格对刘蕾的设备未维护到位表达了强烈的不满，投诉至资产管理处，要求刘蕾离开实验室。刘蕾对此非常自责，产生了自己无法胜任该项工作的想法。为更好地激励刘蕾积极反思、认真工作，解决矛盾，资产管理处副处长张处长与刘蕾进行了谈话，并邀请受影响的教师参与谈话。最终刘蕾表示在将来的工作中会更加严谨，相信自己会出色完成各项任务。教师李格也表示理解，并不再追究刘蕾的设备维护不当的责任。

训练要求：

请以小组为单位阅读和演示以下对话场景，找出涉及赞美的部分，分析赞美技巧的使用，并进行小组讨论，从“张处长”的角度探讨其他可能的包含赞美的对话方式。

对话场景：

张处长（微笑着，和李格握手）：“李老师是常年健身吗？这体型没几年毅力和自律恐怕是不行的。请坐！”

李格（笑着握手，坐下）：“张处长您过奖了。”

张处长（严肃，认真）：“今天请二位一起来，还是为了实验室培养箱的事儿，我代表资产管理处，首先向您和同学们真诚地表达歉意。我们都明白培养物耗费了大家多大的精力和心血，耽误了学生们的学习，也打乱了您的教学计划。这一点我们确实是没有做好，我们有责任。”

李格：“谢谢张处长理解。实验室设备和使用都有流程和规定，作为实验员确实不应该出现这种低级错误。”

张处长：是的，我非常同意您的意见。事情发生以后我们第一时间对小刘进行了严肃批评，并提高了实验员和实验室勤工俭学学生的培训频率和力度。对于您提出的让小刘离开实验室的建议，我们也慎重考虑了，但我们认为事情发生之前小刘工作表现还是不错的，每日的设备检查维护、记录清晰明确，各班级上课和实验的安排妥当。所以还是想给小刘一次改过的机会。不过我们非常感谢能有李老师这么认真负责的好老师，对学生的学习负责，对我们实验室的监督到位，这极大地有利于提升我们实验室的管理和服务质量。

李格：“既然您这么说那就希望刘老师以后加强业务学习吧，别再出现类似情况了。”

刘蕾：“李老师，实在对不起，我保证以后一定不会出现类似事情了。”

张处长：“谢谢李老师的谅解！也非常感谢您今天抽空过来。那您先请回，我再嘱咐小刘几句。”

李格随后离开。

张处长：“小刘，来实验室有半年多了吧，从你以前的工作中，能看出你是一个做事认真且很有条理的人，老师们的普遍评价还是不错的。”

刘蕾：“谢谢张处长，这次确实是我的工作失误。给大家添麻烦了。”

张处长：“你能认识到自己的问题是很好的，但工作就像打仗，不能看着敌人强壮觉得自己打不过就跑呀，是不是？逃跑的思想不能有，武装自己，迎难而上才是良策。这么漂亮的小姑娘，问题来了解决起来也得漂漂亮亮的！我相信这次既是教训，也是成长。”

刘蕾：“是的，张处长，我一定改正错误，不断学习专业知识，提高自己的职业素养，出色完成工作任务，不辜负您对我的期望。”

张处长（微笑点头，并竖起大拇指）：“这就对了，今天的你比前几天吵着要离开的时候可自信成熟多了！”

对话结束。

案例评析

1. “李老师是常年健身吗？这体型没几年毅力和自律恐怕是不行的。——从细节入手，对李格的外在进行提问式和评价式的赞美，调节气氛。

2. “我非常同意您的意见。”——真诚地表达认可。

3. “不过我们非常感谢能有李老师这么认真负责的好老师，对学生的学习负责，对我们实验室的监督到位，这极大地有利于提升我们实验室的管理和服务质量。”——从细节入手，真诚地对李格的品质进行评价式的赞美。

4. “从你以前的工作中，能看出你是一个做事认真且很有条理的人，老师们的普遍评价还是不错的。”——评价式赞美和转述式赞美。

5. “这么漂亮的小姑娘，问题来了解决起来也得漂漂亮亮的！”——评价式赞美。

6. 微笑点头，并竖起大拇指。——非语言赞美。

7. “今天的你比前几天吵着要离开的时候可自信成熟多了！”—— 从实际出发，对刘蕾的内在品质进行比较式赞美。

案例分享

某大型公司有一位清洁工，本来可能是一位被人忽视、被人看不起的角色，但就是这样一个人，却在一天晚上，在公司保险箱被窃时，与小偷进行了殊死搏斗。事后，有人为他请功并问他的动机时，他的答案却出人意料。他告诉大家，因为公司的总经理从他身旁经过时，总会不时地赞美他：“你扫的地真干净。”就这么一句简简单单的话，使这位员工受到了感动，并在关键时刻挺身而出。

案例评析 赞美是人与人相处的最巧妙的方法。它是人际交往中最美的语言，它能让说者增光，听者得意。得到赞美，世界变得更有光彩。在赞美他人的同时，获得美好的人生。拥有赞美的习惯，我们的生活会充满阳光，社会也因此更加和谐美好。

即学即练

答案解析

请赞美以下对象，针对每位找出至少 3 种赞美的内容：

1. 医院药房刚来的实习生。
2. 刚刚升职为科室主任的同事。

实践实训

发现优点

以小组为单位，请一名组员坐在中央，向大家介绍自己的姓名、爱好和特长，其余组员轮流根据自己的了解和观察说出其优点，角色交替进行，直到所有组员都扮演过被赞美的角色。由被赞美者分别对其他组员对自己说出的优点进行记录，说出哪些优点是自己已知的，哪些优点是自己不曾发现的。

目标检测

答案解析　知识回顾

一、单项选择题

1. 真诚的赞美是（　　）

A. 小事情不赞美，轰动的大事才赞美

B. 某人有10分的优点，只说5分就够了，以免骄傲

C. 刻意夸大优点

D. 发自内心的真诚表达

2. 下列说法不恰当的是（　　）

A. 赞美别人的同时自己也获得进步的机会

B. 赞美是一种嫉妒

C. 赞美别人也使自己变得快乐

D. 真诚的赞美不是溜须拍马

3. 人类行为学家约翰·杜威所说：“人类本质里最深远的驱策力就是希望具有重要性，希望被赞美。”对这句话理解正确的是（　　）

A. 人的本性是爱慕虚荣的

B. 任何人都是渴望被赞美的

C. 人无法在赞美中获得价值

D. 被赞美不是人们向前的重要动力

4. 以事实为依据，不可以对对方的（　　）方面进行赞美。

A. 隐私　　B. 性格　　C. 气质　　D. 才华

5. 以下不属于非语言赞美的方式是（　　）

A. 竖起拇指　　B. 微笑　　C. 躲避对方眼神　　D. 点头

6. 下列提问式赞美你认为最恰当的是（　　）

A. “你的眼睛真好看，双眼皮是割的吧？在哪里做的呀？”

B. 同桌考试成绩比上次有所下降，你想安慰并称赞他：“你的成绩一直这么好，能传授下经验吗？”

C. 对年龄较小的患者说：“这药确实不好吃，苦苦的，你是怎么做到一口把它吃下去的呢？可以给阿姨讲讲吗？”

D. 对自己平级的同事说："你这次的记录写得很清晰，比以前乱糟糟的好多了，给我们讲讲怎么做的吧！"

7. 宿舍午睡时，小艺在宿舍大声背单词，影响了大家的休息，以下沟通方式最合适的是（　　）。

A. 直接告知其声音太大影响了大家休息

B. 不予理会

C. 赞赏她学习认真刻苦，劝她休息一下再背，效率会更高

D. 非常生气，并弄出更大声响

8. 赞美他人，是（　　）。

A. 阿谀奉承　　B. 发自内心的

C. 违心称赞他人　　D. 贬低自己

9. 以下赞美的方式，错误的是（　　）。

A. 直视对方的眼睛，微笑着说："这件事做得非常严谨！"

B. 发现并指出对方的独特之处

C. 不分男女老少、年龄层次都赞美其："你今天穿得真漂亮！"

D. 俯下身子对5岁的小男孩说："你的玩具枪真帅气！"

10. 对老年患者的称赞，不合适的是（　　）

A. 见多识广　　B. 对待病情的心态好

C. 倚老卖老　　D. 儿女孝顺

二、多项选择题

1. 你的同学是一个成绩非常优秀的人，你会（　　）

A. 希望他考试发挥失常

B. 向他请教问题，学习他的方法

C. 和他一起努力，共同进步

D. 称赞他的优秀，告诉他很佩服他

2. 以下哪种赞美方式不合适？（　　）

A. 您看上去真年轻，比和您一起来的阿姨保养的都好

B. 赵老师，我特别喜欢听您的课，每次上课都受益匪浅

C. 你家宝贝好聪明，一学就会，不像我家孩子，学什么都特别笨

D. 领导，您的管理经验真值得我学习

3. 以下哪种说法不合适？（　　）

A. 当赞美别人时，应该要有针对性，具体化

B. 赞美别人时，应尽量说好听的话，不管是不是事实

C. 赞美别人时，越宽泛越真诚

D. 具体化的赞美能满足对方的期许

4. 学会发现和赞美别人身上的闪光之处，能够（　　）

A. 拉近人与人之间的距离

B. 使自己不断提高

C. 利于打开话题，顺畅沟通

D. 耽误沟通时间

5. 药学从业人员学会赞美能够（　　）

A. 使患者得到药师的肯定，提高依从性

B. 增强患者和药师的良好关系

C. 取得患者信任

D. 使日常工作沟通获得润滑剂

三、简答题

1. 常见的赞美方式包括什么？
2. 赞美有什么意义？
3. 赞美都有什么技巧？

四、案例分析题

某零售药房，一日，两个打扮时尚的女顾客结伴进店，店员迎上前进行服务。两位女顾客在保健品柜台询问复合维生素的相关情况，店员一一进行解答。解答过程中，店员为了调节气氛，促进消费，想着两人可能是一对母女，便恭维道："两位看起来都这么年轻，根本分不清是母女还是姐妹呀！"两人听后尴尬一笑，随口说再想想就离开了药房。

问题

1. 想一想两人听到赞美为什么会有这样的反应？
2. 如果你是店员，你会怎样使用赞美达到销售目的？

习题

模块二　非语言沟通

学习引导

美国传播学家艾尔伯特·梅拉比安提出了著名的“55387”定律：人类在沟通中全部的表达信息 =7% 语调 +38% 声音 +55% 肢体语言。非语言沟通的重要性可见一斑。除了语言，人们进行交流沟通的方式丰富多样。当我们竖着食指轻碰嘴唇，传达的是保持安静的意图；当我们嘴角上扬面带微笑，传达的是和善和友爱；诸如此类的非语言沟通在生活、学习、工作之中如影随形，它助力于培养优雅的气质和风度、塑造美好的体姿形象、理解他人的意图，也让交流沟通更为顺畅与和谐。

本模块主要介绍非语言沟通的含义、作用以及种类；引导学生学会运用肢体语言进行沟通，包括学会符合礼仪规范的站立行走、坐与蹲；学会运用手势、目光接触与表情语言沟通。

学习目标

1. **掌握**　非语言沟通的含义；非语言沟通的种类；肢体语言沟通的基础训练方法及要求；身体重要部位肌肉的练习方法；基本体姿仪态的礼仪要求。

2. **熟悉**　语言沟通与非语言沟通的区别；肢体语言沟通的原则；提高肢体语言质量的方法。

3. **了解**　非语言沟通的作用；非语言沟通的特点；肢体语言沟通在工作与社会生活中的重要性。

任务一　感悟非语言沟通

PPT

实例分析

实例　周末一大早，药学院李 × 在没有提前告知的情况下，径直去同班同学张 × 寝室玩。当李 × 兴高采烈地敲开房门，张 × 一脸惊讶地盯着他，嘴上说道：“有朋自远方来不亦乐乎，真是难得啊。”可手却没有从门把上拿开，身体站在门和墙之间，使李 × 根本无法进门。其实，张 × 是在暗示：你今天来得真不是时候，我不欢迎。

然而，李×大大咧咧地推开门，自己找个地方就坐了下来。张×只能跟着进来，也不坐下，就靠床站着，问李×看不看杂志、喝不喝水，但身子却没有挪动的意思。李×说不用之后，他们就有一搭没有一搭地聊了起来。张×一边说话一边打呵欠，还频繁低头看手机。其实，张×又在暗示：你今天来得真不是时候，我不欢迎。

问题 1. 通过这个案例说说你对非语言沟通的理解。

2. 如何读懂非语言沟通的含义？

答案解析

活动一　感悟非语言沟通含义

一、非语言沟通的含义

所谓非语言沟通，是指不通过口头语言和书面语言，而是通过其他的技巧，如肢体动作、面部表情、语气语调、仪表服饰、空间距离等来进行的沟通。因为非语言沟通大多通过身体语言体现出来，所以通常也叫身体语言沟通。在沟通过程中，非语言沟通与语言沟通关系密切，而且经常相伴而生。

二、非语言沟通的特点

1. 无意识性　正如弗洛伊德所说，没有人可以隐藏秘密，假如他的嘴唇不说话，则他会用指尖说话。一个人的非语言行为是一种对外界刺激的直接反应，基本都是无意识的反应。人在沟通过程中，很难控制下意识的动作和身体反应。如果遇上不幸的事，不经意地就会有忧心忡忡的表情；如果与自己喜欢的人站在一起时，自然就会主动靠拢保持比较近的距离；如果经历险象环生的场面，多会高声喊叫或者双手掩面。自己的真实反应往往通过身体姿态、表情等非语言沟通方式流露出来。

2. 情境性　与语言沟通一样，非语言沟通也是在特定的语境中展开的，情境左右着非语言符号的含义。同样是潸然泪下，可能是喜极而泣，表示感动兴奋；也可能是伤感悲戚，表示痛苦哀愁。同样是拍案而起，可能是怒火中烧，表示气愤不已；也可能是高度赞赏，表示欣喜不已。因此，要善于将非语言符号与该行为发生的背景相结合，以便更好地理解。

案例分享

小菲在某医院药剂科实习。有一次，她在发放药品的时候看到一位取药的女孩在窗口处不停地擦拭眼泪。女孩的年纪跟自己相仿，小菲不由得心有戚戚焉，趁着递送药品的机会，小菲真诚地安慰她说：“没有过不去的坎儿，生活总得继续。加油！”女孩听罢破涕为笑，连连解释：“我妈妈手术后恢复得很好，今天终于出院了。结束了一段灰色的日子，我是太激动啦！”

案例评析：小菲虽然误判了女孩的情绪，但“赠人玫瑰，手有余香”，那份失误的关爱仍然温暖人心。相同的非语言符号，在不同的情境中，会有不同的意义，不仅要知其然，还需知其所以然。理解非语言符号的真实含义，切忌只凭表面现象主观臆断。

3. 可信性　英国心理学家阿盖依尔等人的研究表明，当语言信号与非语言信号所代表的意义不一样时，人们趋向于相信非语言所代表的意义。由于语言信息受理性意识的控制，受理性意识加工后的语言往往可以“口是心非”或者“言不由衷”，容易作假；非语言信号则不同，它大都发自内心深处，极难压抑和掩盖，更能揭露真相，其可信性更高。当医生与患者进行术前谈话，患者强调自己内心平静，绝无担忧的时候，他的手却在瑟瑟发抖，额头上冒出细密的汗珠，那么我们更相信他可能十分害怕焦虑。当然，非语言信号也并非绝对可信，也有“强颜欢笑”“喜怒不形于色”等情况，因此需要综合考虑。

4. 个性化 一个人的肢体语言与其性格、气质紧密相关，每个人都有自己独特的肢体语言。人们可以根据一个人的形体表现来解读他的个性。比如得知一个喜讯，一个爽朗豪放的人可能会开怀大笑、手舞足蹈，而一个内向稳重的人可能会微微一笑、击掌相庆。再如《红楼梦》中王熙凤的出场便是“未写其形，先使闻声”，在正面描写人物之前，先听到的是她畅快的笑声。这在等级森严的贾府中实属惊世骇俗之举，透露出王熙凤深得宠爱、位高权重以及性格泼辣率性等信息。而这样的出场就不适合敏感多疑、行事谨慎、诗书满腹的林黛玉。

练一练

模仿班上某位同学或者某位任课老师的动作、神态、表情等，让大家猜测他（她）是谁。

三、非语言沟通与语言沟通的区别

1. 沟通环境不同 在非语言沟通中，我们只需要运用到眼睛，因此可以不必与人直接接触。比如，你可以通过一个人的着装、动作判断他的性格与喜好；可以通过他的收藏品判断他的业余爱好；也可以通过他的表情看出他与朋友的关系程度；通过约会的地点可以看出他对约会的重视程度。非语言沟通可以不为被观察者所知，而语言沟通一般要有互动性。

案例分享

小康是一名药品营销专业的应届毕业生，近日去参加了一家药企的招聘会。他幸运地得到复试的机会，对方要求留下简历。但小康掏出简历时发现，简历上不仅有水渍，还有划痕。原来，之前他不慎碰翻了水杯，将简历浸湿了，而小康只将简历简单晾了一下，便匆匆塞进背包。招聘人员皱了皱眉，折皱的简历夹在一叠整洁的简历里，显得十分刺眼。

三天后，小康参加了复试，赢得面试官的称赞。然而，面试过去一周后，小康并未得到回复。他打电话询问，结果是：招聘负责人对他很满意，但小康却败在了简历上。老总说，一个连简历都保管不好的人，如何管理难度更大的事？

案例评析 小康现场表现不错，尤其是与面试官的交流很出彩，赢得了机会。但非语言沟通部分却让对方对他的印象大打折扣，老总否定他的直接原因是那份不体面的简历。简历代表的是个人形象，凌乱的简历有失严谨。正所谓细节决定成败，即使未见“庐山真面目”，如果不注重非语言沟通的环节，依然会与机会擦肩而过。

2. 反馈方式不同 除了语言之外，对于对方所发出的信息，我们可以给予大量的非语言反馈。很多情感反应可通过面部表情和形体位置的变化来表达。比如通过微笑或点头表示对别人说的内容感兴趣；通过坐立不安或频频看手表表示烦躁着急；通过深呼吸或反复搓手表示惶恐紧张；通过紧皱眉头或眼光怒视表示内心不悦。

案例分享

善意的“谎言”

一位患者走进某药房，请在此坐诊的老中医开药。患者是一位老人，几天前刚出院。她不识字，也不知晓自己的真实病情——癌症晚期。她把医院的出院手续、检查结果等递给医生，说医院建议出院后可服中药调理。正在这时，一位女性匆匆走过来。原来是患者的女儿，原本女儿打算带母亲来开药，但母亲知道女儿工作忙，于是就自己来了。

女儿站在母亲身后，不停地咳嗽，直到老中医抬起头来。立刻，咳嗽停止了，只见女儿皱着眉头，连忙向医生摆摆手，摇摇头，最后还双手抱拳。老中医见罢，稍稍愣了几秒就会意了，微微地点了点头。

案例评析 为身患绝症的患者保守秘密，这是一个暖心的故事。全过程只字不提，但通过上述一系列的动作、表情等，出色地完成了交流的任务，沟通顺畅，避免了难堪、痛苦的场景。

3. 连续性的区别 语言沟通从词语开始并以词语结束，而非语言沟通是连续的。无论对方是沉默还是在说话，只要他在我们的视线范围内，他的所有动作、表情都传递着非语言信息。比如在一家超市里，一名顾客在面包柜台旁徘徊，时而拿起，时而又放下，还不时询问面包的情况，这表明她拿不定主意；另一位顾客在排队，他不时地看看手机，又看看队伍进展情况，这表明他可能赶时间；几个小孩不停地争论手里的钱能买几颗糖，收款员面色不悦叹了口气，这表明她已经不耐烦了。超市中所有人都传递着非语言信息，并且是连续的，直到他们从我们的视线中消失。

4. 渠道不同 非语言沟通经常不止利用一条渠道，比如在观看一场篮球赛时你能接受到的信息有：一名球迷身穿某队代表色的衣服，或者高举某参赛队的标牌，又或者当某队得分时，他一跃而起并且激动呐喊。通过这些你就能判断他所喜欢的球队。在这场非语言沟通中，既使用了视觉渠道，又使用了声音渠道。又比如你参加的一场会议，提前收到一份精美的请柬，地点在某省会城市的五星级酒店，现场布置大气庄重，行业顶级专家和相关领导参会，与会者均着正装出席并现场交流经验。上述来自不同渠道的信息都表明此次会议层次比较高。

5. 可控程度不同 我们很难控制非语言沟通，其中控制程度最低的领域是情感反应。如高兴时会捧腹大笑，愤怒时会咬牙切齿，难过时会泪流满面，害羞时会面红耳赤，紧张时会手脚颤抖。因为绝大多数非语言信息是本能的、偶然的。这与语言沟通不同，在语言沟通时，我们可以调整措辞、可以交换顺序、可以委婉含蓄、可以开宗明义等，种种表现均渗透了理性的思考和判断。

案例分享

某连锁药店走进一位女学生模样的顾客，店员小关热情上前接待。

小关：“你好，需要些什么？”

顾客：（支支吾吾一会儿，小声回答）“痔疮有点痛。”

小关：（轻拍了一下女孩）“到这边来。”

小关将女孩带到专治痔疮的药品柜台，全程小声地询问具体症状，并根据病情推荐药品、介绍药品的成分和疗效。期间，小关不提“痔疮”二字，取而代之的是“这种情况”。最后，小关提醒女孩治疗期间需避免吃辛辣刺激的食物，饮食要以清淡为主，如果症状没有好转，应尽快去医院检查。

案例评析　懂得换位思考，并且与人为善是个人良好修养的表现。女孩羞于张口、小声讲述，店员放低音量等细节是偶然的、本能的，属于非语言沟通部分；单独委婉地询问病情、推荐药品、提醒事项、后续建议等则属于语言沟通部分，这是经店员理性分析后处理的结果。

6. 结构不同　非语言沟通是无意识中发生的，所以其内容是随机的，而不同于语言沟通有确定的语言和结构。比如一家制药企业将与某连锁药房协商合作的重大事宜，双方会提前周密部署，包括如何推进各项议程、如何确保求同存异等，但不会提前计划什么时候跷腿、什么时候从椅子上站起来，或者什么时候注视对方，这些非语言动作对应着交谈期间所发生的情况。而一种行为在某种场合是否欠妥当或者是否被容许，这是非语言沟通仅有的规则。比如在正式场合，即使遇到再兴奋的事，也不能欢呼雀跃，而要保持理智，控制情绪。

7. 获取方法不同　语言沟通主要利用声音的渠道传递信息，其中包含许多规则，如语法、格式，均是结构化的、被正式教授的。比如普通话标准语音的知识，包括声母、韵母、声调、音变等，需要通过培训学习才能正确掌握。而大多非语言沟通可通过多种渠道传递信息，很大程度上是无结构的、无意识的、没有被正式教授的，主要是通过模仿学到的，例如小孩子模仿父母、兄弟姐妹和同伴、下属模仿上司。

案例分享

一位年轻妈妈带着四岁的儿子到药店买药。刚一进门小孩就嚷道："我不吃药，不吃药，太难吃了！"说完就拉着妈妈往外走。店员见状立马上前说："小朋友，进来看看这里的彩色气球，可以送一个给你哦。"小孩半信半疑，店员便走近他说："不骗你，随便挑一个吧。"趁他挑选之际，妈妈告知，孩子的扁桃体有点发炎，但孩子吃药很费劲。店员稍作思考，便取来了一盒药。"小朋友，这种药不用大口大口吃，喷三下到嘴里就行了。就像家里浇水的喷壶，轻轻一按，药水就喷出来了。药吃完后你可以把它当玩具呢。"说罢，就演示给他看。"而且这种药还有一点儿草莓味呢。"店员一边说一边微笑着比画。小朋友抬头望着妈妈说："我就要这种药。"

案例评析　店员通过观察，根据小孩的特点，有针对性地选择他可能感兴趣的内容、易于接受的表达方式进行沟通，然后再辅之以柔和的语音、形象化的动作、暖暖的微笑等，将语言沟通和非语言沟通有机融合，让小朋友逐渐配合，完成买药任务。

练一练

下课了，一位学生正在洗手，他的同学走来，郑重其事地递给他一张纸。

其一，如果这张纸是"入团申请书"；

其二，如果这张纸是"检讨书"；

其三，如果这张纸是又脏又破的废纸（对方跟他开玩笑）。

训练方法：设想这位学生接到不同内容的纸后的不同态度，用表情和动作表现出来。

活动二　非语言沟通的作用

爱德华·霍尔提出："无声语言所显示的意义比有声语言多得多，而且深刻得多，因为有声语言往往把所要表达的意思的大部分隐藏起来。”非语言沟通是普遍的沟通方式之一，人们都在自觉不自觉中使用，它可以代替语言信息，可以加强语言沟通的效果，还可以验证语言信息，还能帮我们辅助了解对象。在某些情况下它的影响力甚至胜过语言沟通。

一、代替语言信息

有时候即使不说话，也可以根据非言语信息，比如眼神、手势、姿态等读懂某人的意思。这时候，非语言信息起到代替语言信息的作用。

案例分享

藏不住心事的齐桓公

春秋时期，齐桓公与管仲密谋伐卫，议罢回宫，来到其所宠爱的卫姬宫室。卫姬见之，立即下跪，请求齐桓公放过卫国，齐桓公大惊，说：“我没有对卫国怎么样啊！”卫姬答道：“大王平日下朝，见到我总是和颜悦色，今天见到我就低下头并且避开我的目光，可见今天朝中所议之事一定与我有关，我一个妇道人家，没什么值得大王和大臣们商议的，所以应该是和我的国家有关吧？”齐桓公听了，沉吟不语，心里决定放弃进攻卫国。

第二天，与管仲见面后，管仲第一句话就问：“大王为何将我们的密议泄露出去？”齐桓公又被吓了一大跳，问道：“你怎么知道？”管仲说：“您进门时，头是抬起的，走路步子很大，但一见我侍驾，走路的步子立即变小了，头也低下了，您一定是因为宠爱卫姬，与她谈了伐卫之事，莫非您现在改变主意了？”

想一想 齐桓公不说一句话，卫姬和管仲却分别猜中了他的心事，原因何在？

在一些不宜使用语言沟通的场合，非语言沟通就可起到沟通中传递信息、交流思想的作用，并具有一定的替代有声语言的功能。比如父母想要制止正在公众场合高声喧哗的孩子时，可以不用大声呵斥，而是给他一个怒视的眼神或者做一个停止的手势即可。在传递和交流信息的过程中，既省去“破费言辞”的解释和讲述，又能达到“于无声处听惊雷”的效果。

同时，当人们对语言沟通所传递的信息表示不满或意见有分歧时，也可以通过非语言行为给予否定或拒绝。比如讨论结束后，双方即使没有直接表态，也能通过观察得出结论。一般而言，如果表情凝重、面有不悦，表示不接受；如果表情轻松、神色愉悦，表示能接受。根据察言观色的结果调整后续沟通的策略，可避免直接的语言沟通带来的尴尬和不快。

练一练

分组表演以下情景，要求表演者均不能说话，解读非语言的含义，并体会非语言信息对语言信息的替代作用。

情景一：患者将检查单递给医生，急切地等待结果。医生静观几十秒，发出“嗯”的语音，接着眉头微皱，神情凝重，之后长叹一声，再摇了摇头。

情景二：患者将检查单递给医生，急切地等待结果。医生静观几十秒，发出“嗯”的语音，接着微微一笑，神情舒展，之后如释重负，再点了点头。

二、强化语言信息

人们运用语言来沟通思想、表达情感时，会遇到词不达意的情况，因此常常使用非语言信息来辅助，使自己的意图表达更清楚，增强语言传递的效果。当你与分别很久的老友见面，除了说："太意外了，见到你很高兴。"还可以久久地握住他的手或紧紧地拥抱他。当你赞叹食物美味，让人胃口大开时，可以再辅之以狼吞虎咽的动作和心满意足的表情。使用非语言沟通符号可重复语言所表达的意思，同时还能更生动、有力，加深印象。具体而言，人们使用语言沟通时，可附带相应的表情、动作等非语言符号。

案例分享

《三国演义》中有这样一个故事：官渡之战后，曹操打败了刘备。刘备的谋臣徐庶告诉刘备，南阳邓县隆中有个奇才叫诸葛亮，如果能得到他的帮助，就可以得到天下。

随后，刘备就和关羽、张飞带着礼物，去拜访诸葛亮。但诸葛亮刚好出游去了，书童说不知归期。刘备一行人只好扫兴而去。

过了一段时间，刘备三人顶风冒雪又来到诸葛亮家。不巧的是，诸葛亮依然不在家。刘备只好留下一封信，表明渴望诸葛亮能助力自己平定天下。

再后来，刘备选了个吉日，又一次来到隆中。这次，诸葛亮正在午睡。刘备让关羽、张飞等在门外，自己则在台阶下静立。过了很久，诸葛亮才醒来。刘备言辞恳切表明来意，吐露苦衷后，诚挚邀请诸葛亮共谋天下大事。最终诸葛亮出山，为蜀国大业立下汗马功劳。

想一想　刘备前两次的无功而返和第三次的恭敬等候，对于说服诸葛亮出山有何作用？

三、验证语言信息

非语言信息，尤其是身体语言具有先天性和习惯性，一般情况下难以改变，正所谓"江山易改，禀性难移"。而且身体语言多是在无意识状态下显示出来的，往往难以控制。因此，身体语言常常是内心状态的真实反映。

案例分享

一名年轻的犯罪嫌疑人被抓来审讯，他的供词听起来十分有说服力，且他的故事也似乎合理。

他声明，自己从未见过受害者，并曾沿一排棉花地前行，然后左转，最后径直走回家。书记员快速记下了他的供词，而审问的警官则一直在注意着他的一举一动。警官发现，当他说到左转和回家时，他的手打了个向右的手势，正好指向犯罪现场。如果不是一直在观察他，警官不可能抓住他的这一破绽——即言语（左转）和非语言行为（向右的手势）的不一致。看到这个手势后，警官立刻判断这个人可能在说谎。于是，警官以此为突破，乘胜追击，再次与嫌疑人展开了较量，最终嫌疑人缴械投降。

案例评析　非语言沟通多为非自觉行为，其中包含的信息大都在交际过程中不知不觉地展示出来，是人们内心情感的自然流露，它所传递的信息更具有真实性。因此，非语言行为所传递的信息可以验证有声语言所传递信息的真实性。

四、辅助了解对象

《论语》提出“听其言而观其行”，即了解一个人不能只听他的言论，还要看其实际行动。因为一般而言，为达到某种目的，所说与所做可能不一致，但下意识的行动却能暴露一个人的真实情况。比如一个人说自己规则意识强，但是却在买单时插队、就餐时当众剔牙、等红绿灯时抢跑；一个人说自己胆大心细，但看见蟑螂会惊恐、打雷时会尖叫、总是丢三落四；一个人说自己勤勉努力，但是上课频频迟到、不提交作业、课堂上总玩手机。因此，借助非语言行为传递的信息可让我们深入、细致地了解对方的真实情况。

案例分享

不一样的待遇

有一个人走进酒店点了酒菜，吃完摸摸口袋发现忘带钱了，便对老板说：“店家，今日我忘带钱了，改日送来。”店老板连声道：“不碍事，不碍事。”并恭敬地把他送出了门。

这个过程被一个无赖看见了，他也进了饭店点了酒菜，吃完后摸了一下口袋对店老板说：“店家，今日我忘带钱了，改日送来。”

不料店老板脸色一变，揪住他，非剥他的衣服不可。无赖很不服气地说：“为什么刚才那人可以记账，我就不行？”

店家说：“人家吃饭，筷子在桌子上找齐，喝酒一盅盅地筛，斯斯文文，吃罢掏出手绢揩嘴，是个有德行的人，岂能赖我几个钱！你呢？筷子在胸前找齐，狼吞虎咽，吃上瘾来，脚踏上条凳，端起酒壶直往嘴里灌，吃罢用袖子揩嘴，分明是个居无定室，食无定餐的无赖之徒，我岂能饶你！”

一席话，说得无赖哑口无言，只得留下外衣，狼狈而去。

案例评析 为什么老板信任前一位顾客呢？因为前一位顾客的餐桌举止使他看起来生活富足。而无赖的行为暴露了其生活窘困。虽然两人说的话一样，但是身体语言透露了他们的区别。

活动三　非语言沟通的种类

案例分享

某日，卢医生身着未系纽扣的白大褂、跷着二郎腿开始接诊。患者就座后，卢医生直接拿过病例，询问其病史。患者讲述期间，卢医生一会儿翻翻病例，一会儿看看电脑，但始终不正视患者。患者问李医生自己的气色是否异常，李医生歪着头不耐烦地瞄了一眼，并拿腔作调地说：“哪个病人会气色好？”患者听罢愤然起身，指责李医生缺乏责任心、态度有问题，随后患者径直前往医院办公室进行投诉。

想一想 引起这场纠纷的原因何在？应该如何避免？

人们在交际活动中，除了有声语言外，还常常以各种姿态、动作、表情等众多无声语言来帮助自己表达思想感情、理解别人的思想感情，从而让交流更为直接有效。

一、身体语言沟通

微课

身体语言分为肢体语言、面部表情语言、形象语言。肢体语言主要是指身体姿势、手部动作、头部动作、肩膀动作、脚势、身体接触等；面部表情语言主要是指眼睛、鼻、嘴巴、眉毛、耳朵、脸部表情等；形象语言主要指发型、化妆、服饰等。比如与人交流时交叉双臂、目光斜视，或者频繁搓手、左顾右盼，或者随意打嗝、头发油腻等，均传递出负面信息，将成为沟通的障碍。体语学的创立者伯德惠斯特尔指出，人的脸部可做出大约2.5万种表情，可以说是非语言信息最丰富、最集中的地方。而在面部表情语中，最有表现力的当属眉眼语和微笑语。正如罗曼·罗兰提出的“面部的表情是多少世纪培养成的语言，是比嘴里讲的复杂到千百倍的语言”，每一种身体语言历经时间的大浪淘沙，约定俗成为沟通中传情达意的重要方式，需要合理正确地使用。

练一练

感受身体语言的无处不在，做一个实验：当你遇到一个朋友，你一句话也不说，盯着以他两眼之间的连线为底边的等边三角形的中心看，目不转睛地盯2~5秒，看看他有什么表现。

二、副语言沟通

人类用语言进行交际，除了发出表示一定意义的字词以外，还有一些伴随而出的语音，如笑声、叹息声以及因惊恐而发出的叫喊声。这些伴随有声语言出现的无具体语义，但有一定意味的各种声音统称为副语言。常见的形式有重音、语调、语速以及哭声、笑声、嘘声、口哨、呻吟、叹息、停顿等。

副语言在沟通思想、交流情感过程中所起的作用丝毫不逊色于语言。语音表达方式的变化，尤其是语调的变化，可以使字面相同的一句话具有完全不同的含义。比如口头语“真棒”，当音调较低、语气肯定时，“真棒”表示由衷的赞赏；而当音调升高，语气高扬时，“真棒”则变成了刻薄的讥讽和幸灾乐祸。再以笑声为例，可分为冷笑、大笑、苦笑、嘲笑、假笑、憨笑、痴笑等，每种笑都各有含义。

案例分享

有一次，一位著名的话剧演员参加了一场盛大的宴会。席间，宾客们请他来一段表演，于是他就即兴表演了一段哑剧。期间没有一句台词，这位演员凭借他那沉重的叹息、动情的音色、变换的抑扬顿挫以及长短相间的哭腔，让人由生凄凉、悲怆之感，很多人都禁不住泪流满面。表演结束后，全场响起了经久不息的掌声。

想一想　演员在表演时不说一句话，但却能让人哭泣，关键原因何在？

练一练

通过说同一句话来表达欢喜、疑问、气愤、憎恨、恐惧5种不同的情感。如“你可以回家了”“今天的任务完成了”“电影结束了”。

三、物体语言沟通

物体语言又称物体传播，是人利用物体或通过对物体的使用而传递出具有一定意义的信号。在人际交往中，物体语言是一种感染力很强的信息传播媒介，可通过物体运用和环境布置来表达意图。比如青龙偃月刀衬托出关羽的英武勇猛、冠帽羽扇衬托出诸葛亮的儒雅沉稳；某人的办公桌一尘不染、物品摆放有序，衬托出他是一个干净利落、讲究效率的人；林黛玉的居所潇湘馆“小小的三间房屋，一明两暗，回廊曲折，翠竹掩映，婆娑玉立，石子漫路，小溪潺潺”，宛如小巧别致的江南水乡，衬托了她娴静文雅的个性特征和与众不同的审美情趣。

案例分享

小罗在回家途中突然肚子疼痛，发现不远处有一家药房，他赶紧跑了过去。进门后映入眼帘的是：收银台上鼠标、键盘、药品说明书、水杯、饭盒凌乱堆砌，货架上各种药品歪歪斜斜，有的药盒还敞开着。近距离一看，玻璃柜台上、药品包装盒上均有一层薄薄的灰。一名工作人员慢吞吞地走过来，白大褂上签字笔黑黑的划痕以及胸口处几点黄黄的油渍分外醒目。小罗连忙谎称“走错地方了”，一边忍着疼痛一边转身出门寻找下一个药房。

案例评析 是什么导致小罗惊慌失措地离开呢？药房工作人员自始至终还没说一句话，但却已经失去了一名顾客。所谓“此时无声胜有声”，正是药店的陈设以及店员的着装悄悄地透露了大量负面的信息，让人无法产生信任感。由此可见，物体语言的威力不容小觑。

练一练

药学院的小丹同学准备去参加应聘，她隆重地为自己打扮了一番：身着大红色连衣裙，脚踩“恨天高”鞋子，涂上深红色的口红，并且佩戴戒指、耳环、手镯和项链，头发还专门染成浅紫色。在镜子面前自我陶醉了很久，她终于满意地出门了。

想一想

该同学的衣着存在什么问题？犯了什么忌讳？请你为她设计应聘形象。

知识链接

空间距离

人们在交际中通常有以下四种空间距离：

1. 亲密距离 在0～0.5m之间：适用于恋人、夫妻、父母子女、至爱亲朋之间的交往距离，可以肩并肩，手挽手的空间。

2. 私人距离 在0.5～1.2m之间：这是一个更有“分寸感”的交往空间，把手伸直，能相互触及。

3. 社交距离 在1.2～4m之间：这是一种社交性的，较正式的人际关系。

适用于领导对部属谈话、客户之间商谈事务、陌生人之间交流等。

4. 公众距离 在4m之外：这是人际接触中领域观念的最大距离。适用于讲话人与听众之间的距离，如教师与学生之间、演员与观众之间保持的距离。

即学即练

答案解析

什么是非语言沟通？非语言沟通的种类有哪些？

实践实训

诊室里的“表演”

某肿瘤医院胰腺外科门诊室里，医生坐在人群中被围观着查看 CT 检查片。患者及其家属神色沉重，空气仿佛都凝固了。医生一言不发，专注地盯着报告单，随后又变换 CT 片的位置反复观察。他的每一个动作都牵动着众人的神经，患者焦急不已，一会儿搓手、一会儿眼睛低垂。终于，医生发话了。

医生：（语气笃定，微笑）你知道自己是什么病吗？

患者：（眉头微皱）说是长了个瘤子。

医生：（态度温和）你觉得是大病还是小病？

患者：（无奈的样子）我看是大病吧，他们每天都很紧张。

医生：你女儿刚才在门口拦着我，让我不跟你说实话。你想听实话吗？

患者：（恐慌地望向女儿，女儿立即转过头去回避父亲）

医生：你家距离这里一千多公里，长途跋涉来医院你觉得是小病吗？（此刻，女儿惊讶不已，面露不安）你觉得瘤子是好东西还是坏东西？

患者：（低下头去）那还能是好东西。

医生：（神色轻松）你错啦。都说上海男性小气，但也不一定，像我其实还是蛮大气的呢。

患者：（微微一笑）

医生：（轻抚患者肩膀，眼神坚定，不疾不徐，掷地有声）一样的道理，瘤子也不一定都是坏的。根据检查结果，我判断这个不像坏东西！（停顿片刻）所以是好事！不是谁都有本事生癌的，你老人家放心吧。

患者：（如释重负，爽朗一笑）

医生：好啦，你就跟家属到外面办住院手续吧。

患者：好的好的，感谢你，医生！

随后，医生让患者的女儿留了下来，说是交代入院的相关事宜。医生轻声告诉她，隐瞒病情要合情合理。硬要说老人没病那是瞎瞒，因为病房里的患者都跟他的情况一样。他的肿瘤不是好东西，需要开刀，越快越好。只能告诉父亲身上长了个东西，需要拿掉，不要害怕。

请从以上实例中找出非语言沟通的内容并说出其属于哪个种类。

目标检测

答案解析 知识回顾

一、单项选择题

1. 人际交往中的亲密距离不适用于（ ）

A. 恋人 B. 夫妻 C. 同事 D. 母女

2. 以下不属于肢体语言的是（ ）

A. 身体姿势 B. 手部动作 C. 头部动作 D. 大声哭泣

3. 属于非语言沟通方式的是（ ）

A. 手机短信 B. 微笑 C. 电子邮件 D. 电话

4. 交谈中人们除了借助语言之外，还要借助于非语言来表达语言无法说出的意思。下列哪一项不属于非语言沟通的内容（ ）

A. 身体姿态 B. 眼神 C. 文明用语 D. 手势

5. 以下哪一项是感动的神态？（ ）

A. 听着听着，目光凝滞了

B. 听着听着，身子不停地扭动起来

C. 听着听着，眼珠转动，不自觉地搓着双手

D. 听着听着，眼睛湿润了

6. 下列关于微笑的描述中，错误的说法是（ ）

A. 笑容应该落落大方，亲切自然

B. 社会交往中，年轻女孩笑的时候不宜露出牙齿

C. 社交礼仪中的标准笑容是微笑时，上齿露出八颗牙齿

D. 微笑可以拉近人与人的距离

7. 副语言常用的形式不包括（ ）

A. 着装 B. 重音 C. 语调 D. 语速

8. 以下不属于物体语言的是（ ）

A. 春节时长辈发红包 B. 七夕节时一名男性手捧红玫瑰

C. 周末时逛公园 D. 中秋节时赠送月饼

9. 形象语言不包括（ ）

A. 发型 B. 化妆 C. 服饰 D. 居住环境

10.《三国演义》中“空城计”的故事能体现非语言沟通的哪个作用（ ）

A. 代替语言信息 B. 强化语言信息

C. 验证语言信息 D. 辅助了解对象

二、多项选择题

1. 在非语言沟通中，下列属于身体语言的有（ ）

A. 脸部表情 B. 皱眉 C. 服饰 D. 目光接触

2. 下列属于副语言的有（ ）

A. 叹息 B. 嘲笑 C. 呻吟 D. 提高声调

3. 非语言沟通的作用有（　　）

A. 代替语言信息　B. 强化语言信息　C. 否定语言信息　D. 辅助了解对象

4. 面部表情主要表现在（　　）

A. 眼睛　B. 嘴巴　C. 眉毛　D. 脸部

5. 人际交往中的空间距离包括（　　）

A. 亲密距离　B. 私人距离　C. 社交距离　D. 公众距离

三、问答题

1. 非语言沟通与语言沟通有什么区别？
2. 非语言沟通的特点有哪些？
3. 什么是物体语言？

四、实例分析题

同学们分组进行3分钟左右的自由交流，话题自选。交流结束后，先说一下对方有什么非语言表现，包括肢体语言、表情等。比如爱眨眼、撩头发、摸鼻子、噘嘴、抖腿等。再询问当事人是否注意到做出了这些无意识的动作。接着，继续交流3分钟，但这次需有意识地克服肢体语言。

问题

1. 在第一次交谈中，你是否注意到自己的肢体语言？对方是否有动作或表情让你觉得不舒服？
2. 当不能用动作或表情辅助你谈话的时候，有何感觉？

PPT

任务二　学会肢体语言沟通

实例分析

实例　近年来，医药市场竞争日益激烈，医药营销人员是企业发展的重要组成部分，直接关系到企业的生死存亡。国内某药厂新销售人员在推销某药品过程中屡屡碰壁，药品药效有保证，但自己总被医院婉拒，而同组的一位新成员奔波一天可以签几笔订单。他很好奇，自己的口才与他不相上下，而且新型药品出身大厂，药物都经临床实验确保安全性和有效性，药物价格也可以商量，怎么医院主任不愿跟他进一步交流呢？他只好虚心去向另一位新成员请教。新成员让他从头到尾演示一遍，他照做了，站在办公室门口轻敲门允许进入后，脚步畏畏缩缩，坐下后，弯着腰，跷起二郎腿，客套一番后，介绍药品的作用。这时，新成员说，我发现你的问题了，你发现了吗？

答案解析

问题　1. 药品销售人员站立和行走规范吗？

2. 药品销售人员的肢体语言会传递给医院专业人员懒散的形象吗？

微课

活动一　学会站立与行走

站立是生活静态造型的具体动作，而优美、典雅的站姿是发展人的不同质感美、动态美的起点和基础，也是其他姿势的基础，能衬托一个人美好的气质、风度、修养和品格。

一、站立的基本要求

1. 站立的要领 基本的站姿要符合以下几点要领（图 2－1）。

（1）身体舒展直立，重心线穿过脊柱，落在两腿中间，足弓稍偏前处，并尽量上提。

（2）精神饱满，面带微笑，双目平视，目光柔和有神，自然亲切。

图 2－1 基本站姿

（3）脖子伸直，头向上顶，下颚略回收。

（4）挺胸收腹，略微收臀。

（5）双肩后张下沉，两臂于裤缝两侧自然下垂，手指自然弯曲，或双手轻松自然地在体前交叉相握。

（6）两腿肌肉收紧直立，膝部放松。女性站立时，脚跟相靠，脚尖分开约 45°，呈“V”形；男性站立时，双脚可略微分开，但不能超过肩宽。

（7）站累时，脚可向后撤半步，身体重心移至后脚，但上体必须保持正直。

由于日常活动的不同需要，也可采用其他站立姿势。这些姿势与标准站姿的区别，主要通过手和腿脚的动作变化体现出来。例如，女性单独在公众面前或登台亮相时，两脚呈丁字步站立，显得更加苗条、优雅。需要注意的是，这些站立姿势必须以标准站姿为基础，与具体环境相配合，才会显得美观大方。

案例分享

某食品厂开业要举办开业仪式，领导交代下属一定要注重仪式感，礼仪小姐必须要有。下属虽然答应了，但不明白食品厂的开业应该要靠自己的食物和安全程度赢得公众的赞许，为自己树立良好的口碑，为什么仪式上这么规整呢？到了开业典礼那天，他看到站姿优雅的一排礼仪小姐，来客赞不绝口，这才明白领导的用意。

想一想 良好的形象除了增加仪式感还增加了什么呢？

2. 站姿的训练方法

（1）五点靠墙 背墙站立，脚跟、小腿、臀部、双肩和头部靠着墙壁，训练整个身体的控制能力（图 2－2）。

（2）双腿夹纸 站立者在两大腿间夹上一张纸，保持纸不松、不掉，训练腿部的控制能力（图 2－3）。

（3）头上顶书 站立者按要领站好后，在头上顶一本书，保持书的稳定性，训练头部的控制能力。

（4）身高相近的两人为一组，背靠背站立，尽量使后脑、肩、臀、小腿肚、脚跟均彼此紧密相贴，按上述要求进行站姿训练，每次 15 分钟。

（5）效果检测 轻松地摆动身体后，瞬间以标准站姿站立，若姿势不够标准，则应加强练习，直至无误为止。

3. 站姿交谈模拟训练 设计一个模拟和领导、同事交谈的场景，让学生进行角色扮演，分别演示领导、店长、医药营销专业人员、客户等角色。模拟设想各种场景，让学生训练中学习言谈交流的技巧，学会怎样轻松自如地与领导交流沟通，怎样融洽友善地与同事往来相处等。

图2－2 站姿训练方法1

图2－3 站姿训练方法2

案例分享

一经理到某医药公司洽谈医药业务。最后一次来之前，他曾对朋友说：“这是我最后一次洽谈了，我要跟他们的最高领导谈，谈得好，可以签订合同，这种靶向药物一出产会帮助很多病患者。”过了两个星期，朋友问：“谈成了吗？”他说：“没谈成。”朋友问其原因，他回答：“对方领导很有诚意，进行得也很好，就是跟我交谈的时候，一直抖腿。我觉得还没有跟他合作，我的财都被他抖掉了”。

想一想 案例中的合作为什么没有谈成？请对这个案例结合自己的看法进行阐述？

4. 站立的禁忌

(1) 禁止双脚随意乱动 人在站立时，两脚应当老实规矩，不可肆意乱动。例如，不应用脚尖乱点乱划，双脚踢来踢去，用脚去够东西、蹭痒痒，脱下鞋子把脚“解放”出来，或是半脱不脱，脚后跟踩在鞋帮上，一半在鞋里一半在鞋外。

(2) 禁止双腿叉开过大 站立过久，可采用稍息的姿势，双腿可以适当叉开一些。但出于美观与文明方面的考虑，在他人面前双腿切勿叉开过大，女性尤其应当谨记。

(3) 禁止表现自由散漫 站得久了，若条件许可，应坐下休息。但不应站没有站样，在站立时随意扶、倚、靠、趴、踩、跨，显得无精打采，自由散漫。

案例分享

某连锁药店处于居民区，药物价格都在居民可接受范围内。但自从人员调动后，店内业绩一直下降，领导很好奇，之前该门店业绩不是片区第一就是第二，现在怎么直接倒数？于是亲自去查看。开车刚到门店，他发现门店冷冷清清的，进入店内，两名工作人员在聊天，见他进来，以为是买药的患者，抬头看了一眼，依旧倚靠着柜台，没有起身来询问的意思。领导转了一圈离开，回去直接辞了这两人。

想一想 这两位工作人员出现了什么问题？这是什么工作态度？

二、行走

1. 行走的基本要求

(1) 行走是站立的延续动作，行走时，必须保持站立中除手和脚以外的各种要领（图2－4）。

图2-4　行走和基本要求

(2) 走路使用腰力，身体重心宜稍向前倾。

(3) 跨步均匀，步幅约一只脚到一只半脚。

(4) 迈步时，两腿间距离要小。女性穿裙子或旗袍时要走成一条直线，使裙子或旗袍的下摆与脚的动作协调，呈现优美的韵律感；穿裤装时，宜走成两条平行的直线。

(5) 出脚和落脚时，脚尖脚跟应与前进方向近乎一条直线，避免“内八字”或“外八字”。

(6) 两手前后自然协调摆动，手臂与身体的夹角一般在10°~15°，由大臂带动小臂摆动，肘关节只可微曲。

(7) 上下楼梯，应保持上体正直，脚步轻盈平稳，尽量少看楼梯，最好不要手扶栏杆。

案例分享

在一家食品厂，距离下班还有1个小时，某公司领导提前来查看厂内环境。服务顾问小华热情接待了他，接待结束后小华请领导到休息区。由于第二天是小长假，当天来厂提货的车辆不少，小华已经接待得有些疲惫，所以在和领导交谈的过程中不停地打呵欠，整个身体几乎瘫在沙发上，两腿不停地抖动，站立时也无精打采，弯腰驼背。领导的脸色越来越难看，匆匆离去。第二天，小华受到了经理的严厉批评。

想一想　如何利用良好的仪态规范来提升个人形象，拉近人与人之间的关系，获得相互尊重？

2. 走姿训练方法

(1) 行走辅助训练

①摆臂：人直立，保持基本站姿。在距离小腹两拳处确定一个点，两手呈半握拳状，斜前方均向此点摆动，由大臂带动小臂。

②展膝：保持基本站姿，左脚跟起踵，脚尖不离地面，左脚跟落下时，右脚跟同时起踵，两脚交替进行，脚跟提起的腿屈膝，另一条腿膝部内侧用力绷直。做此动作时，两膝靠拢，内侧摩擦运动。

③平衡：行走时，在头上放小垫子或书本，用左右手轮流扶住，在能够掌握平衡之后，再放下手进行练习，保持物品不掉下来。通过训练，使背脊、脖子竖直，上半身不随便摇晃。

④修正线条：这一练习可让走姿变得优美。在地上放一条宽5cm左右的带子，迈出去的脚只能让脚跟内侧碰到带子。如果踩到带子上就会变成外八字，臀部还会外翘，显得没有活力。

(2) 分步分解动作练习

①保持基本站姿，双手叉腰，左腿擦地前点地，与右脚相距一个脚长，右腿直腿蹬地，髋关节迅速前移重心，成右后点地，然后换方向练习。

②保持基本站姿，两臂体侧自然下垂。左腿前点地时，右臂移至小腹前的指定点位置，左臂向后斜摆，右腿蹬地，重心前移成右后点地时，手臂位置不变，然后换方向练习。

(3) 行走连续动作训练

①左腿屈膝，向上抬起，提腿向正前方迈出，脚跟先落地，经脚心、前脚掌至全脚落地，同时右脚后跟向上慢慢垫起，身体重心移向左腿。

②换右腿屈膝，经过与左腿膝盖内侧摩擦向上抬起，勾脚迈出，脚跟先着地，落在左脚前方，两脚间相隔一脚距离。

③迈左腿时，右臂在前；迈右腿时，左臂在前。

④将以上动作连贯运用，反复练习。

3. 走姿的禁忌 行走时下列举止均为失礼。

（1）方向不定 方向不明确，忽左忽右。

（2）瞻前顾后 左顾右盼，频繁回头注视身后。

（3）速度多变 时快时慢。

（4）声响过大 脚步走声太响，跺脚等。

（5）“八”字步态 一是两脚尖向内构成内“八字”，二是两脚尖向外构成外“八字”。

案例分享

某地根据年度食品药品科普计划，开展“走进社区”“走进校园”“走进乡村”等宣传活动。街道社区和社会团体来定内容，再根据他们的具体要求开展咨询、食品药品安全大讲堂、清理家庭小药箱等服务。在此期间，上级明确规定了工作人员的行为并进行相关培训，如进入课堂后医务工作科普人员要站如松、坐如钟、行如风，要时刻注意个人形象。

想一想 上级为何要对食品药品科普人员进行培训呢？

活动二 学会坐与蹲

一、坐姿的基本含义及要求

1. 坐姿含义 坐姿是人在就座后可以维持较长时间的一种工作劳动姿势，也是一种主要的休息姿势，更是人们在人际交往、娱乐中的主要身体姿势。良好的坐姿不仅有利于健康，而且能塑造沉着、稳重、文雅、端庄的个人形象，给人自然大方的美感。

案例分享

案例 甲、乙两公司洽谈食品合作事情。在洽谈过程中，乙方一名年轻的谈判人员一直不停地抖腿，还时不时拿笔在谈判桌上敲两下。甲方负责人很反感，便向其人员暗示。但乙方负责人没有阻止该年轻工作人员的失礼行为，为其简单辩解后继续与其谈判。就这一个细节，甲方公司立刻宣布取消投资项目。

想一想 为什么甲方公司取消了与乙方的合作事宜？如果你是乙方负责人，你会如何处理这件事情？

2. 坐姿要领

（1）精神饱满，表情自然，目光平视前方或注视交谈对象。

（2）身体端正舒展，重心垂直向下或稍向前倾，腰背挺直，臀部占座椅面的2/3。

（3）双膝并拢或微微分开，双脚并齐。

（4）两手可自然放于腿上或椅子的扶手上（图2－5）。

除基本坐姿以外，由于双腿位置的改变，也可形成多种优美的坐姿，如双腿平行斜放，两脚前后相掖，或两脚呈小八字形等，都能给人舒适优雅的感觉。如要架腿，最好后于别人交叠双腿，女性一般不架腿。无论哪种坐姿，都必须保证腰背挺直，女性还要特别注意使双膝并拢（图2－6）。

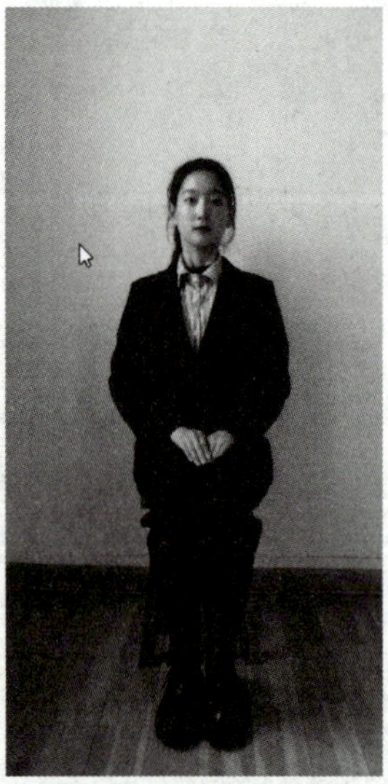

图2－5　坐姿要领1

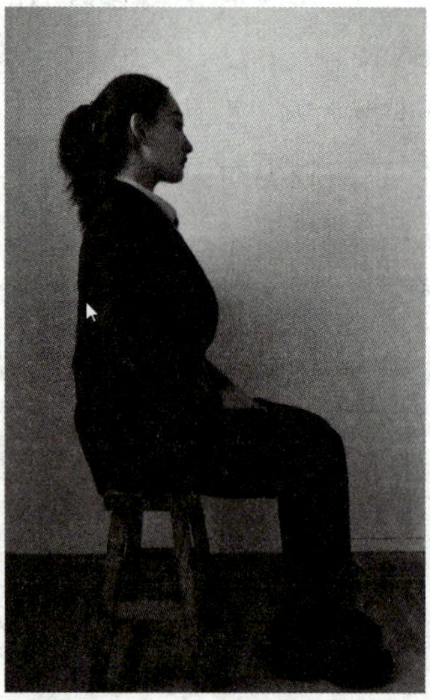

图2－6　坐姿要领2

练一练

随机选两位同学，穿上正装，分别到两个椅子上就座。

想一想

1. 两个同学哪种坐姿美观？为什么？
2. 坐姿不好的缺点是什么？端正坐姿相比普通坐姿在视觉上有什么优势？

3. 入座、离座要领

（1）从椅子后面入座。如果椅子左右两侧都空着，应从左侧走到椅前。

（2）不论从哪个方向入座，都应在离椅前半步远的位置立定，右脚轻向后撤半步，用小腿靠椅，以确定位置。

（3）女性着裙装入座时，应用双手将后片向前拢一下，以显得娴雅端庄。

（4）坐下时，身体重心徐徐垂直落下，臀部接触椅面要轻，避免发出声响。

（5）坐下之后，双脚并齐，双腿并拢。

案例分享

某食品药品管理局为推进责任体系建设，特成立食品药品安全委员会。在某次会议上，各公司代表陆续进入会场后，有的代表直接一拉凳子“刺啦”一声坐下，倚靠椅背，打开面前的茶水杯；有的代表落座后，抬起腿架在另一条腿上；有的代表从椅子后面缓缓入座，没有一点声响，双脚并齐，双腿合拢。

想一想 如果你是被邀请的代表，你选择哪种入座方式呢？

二、蹲姿的基本要求和训练方法

1. 蹲姿的基本含义 在日常生活中，当人们需要在低处取物或捡拾东西时，一般习惯弯腰或蹲下将其拿起。如果采用随意弯腰蹲下捡起的姿势则不合适，屈膝蹲姿就较为得体（图 2 -7）。

2. 蹲姿的基本要求

（1）下蹲拾物时，应自然、得体、大方，不遮遮掩掩。

（2）下蹲时，两腿合力支撑身体，避免滑倒。

（3）下蹲时，应使头、胸、膝关节在一个角度上，使蹲姿优美。

（4）女士下蹲，要将腿靠紧，臀部向下。

图 2 -7 蹲姿的基本要求

案例分享

某地举办食品药品安全听证会，一名工作人员不慎将一沓问卷散落在地。于是，她赶紧去捡周围桌子上、地上的问卷。为了方便，她随意蹲着捡，周围的同事在帮她捡的过程中，善意提醒她要注意形象。

想一想 在公共场合应如何注意蹲姿？

3. 蹲姿的训练方法

（1）高低式蹲姿 侧身下蹲，向后移右脚半步，呈一脚在前一角在后，双腿靠紧向下蹲，左手整理衣裙，缓缓下蹲，挺胸收腹，调整重心，起身，收回右脚。

（2）交叉式蹲姿 下蹲时右脚在左脚后点地，左小腿垂直于地面，或交叉步下蹲，两膝交叉，右脚前脚掌着地，合力支撑身体，上体保持直立姿势。

4. 蹲姿禁忌

（1）不要突然下蹲 下蹲时，不要速度过快。尤其在行进中需要下蹲时，要特别注意。

（2）不要离人太近 下蹲时，应和身边的人保持一定距离。和他人同时下蹲时，更不能忽略双方的距离，以防彼此“迎头相撞”或发生其他误会。

（3）不要方位失当 在他人身边下蹲时，最好和他人侧身相向。正面他人、背对他人下蹲，都是不礼貌的。

（4）不要毫无遮掩 在大庭广众面前，尤其是身着裙装的女士，一定要避免走光。

（5）不要蹲在凳子或椅子上 有些人习惯蹲在凳子或椅子上，这种行为在公共场合是不能被接受的。

总之，下蹲时一定不要有弯腰、臀部向后撅起的动作；切忌两腿叉开，两腿展开平衡下蹲。因此，当要捡拾地上的东西或拿取低处物品的时候，不可有只弯上身、翘臀部的动作，而是首先走到要捡或拿的东西旁边，再使用正确的蹲姿，将东西拿起。

活动三　学会运用手势

手势是人们在交往中不可缺少的动作，是人类信息交流最有表现力的一种语言。不同手势所传递出的信息称为手势语。它是人类在漫长的历史过程中形成和发展起来的特殊交际方式。手势美是一种动态美，如能恰当地运用手势来表情达意，可为交际形象增辉添美。

一、握手

握手是日常生活中应用最多的一种交际礼节，是一种最普遍的表达见面、告别、祝贺、安慰、鼓励等感情的礼节，是相互致意、联络、沟通的一种形式和手段。握手时要把握分寸，过分的用力或无力，过分的热情或冷淡，都是不受欢迎的。只有采取开放式的、温和而有力的握手，才能切实地表达出交往双方的情意。握手最早发生在人类"刀耕火种"的时代。那时，在狩猎和战争时，人们手上经常拿着石块和棍棒等武器，他们遇到陌生人时，如果大家都无恶意，就要放下手中的武器，并伸开手掌，让对方抚摸手掌心，表示手中没有藏武器。这种习惯逐渐演变成今天的握手礼仪。

1. 握手的基本要领　握手时，距对方约一步远，上身稍向前倾，两足立正，伸出右手，四指并拢，虎口相交，拇指张开下滑，向受礼者握手。平等而自然的握手姿态是两手的手掌都处于垂直状态。握手时双方互相注视，微笑，问候，致意，不要看第三者或显得心不在焉。一般将时间控制在3～5秒。如果要表示自己的真诚和热烈，也可较长时间握手，并上下摇晃几下（图2－8）。

图2－8　握手的基本要领

2. 握手的原则　行握手礼应有先后次序之分。这主要是为了适应对方的需求。顺序主要根据握手人所处的社会地位、身份、性别和各种条件来确定。

两人之间握手的次序是：上级在先，长辈在先，女性在先，主人在先。而下级、晚辈、男性、客人应先问候，见对方伸出手后，再伸手与他相握。在上级、长辈面前不可冒然先伸手。若两人之间身份、年龄、职务都相仿，则先伸手为礼貌。

男女初次见面女方可不与男方握手，互致点头礼即可；若接待来宾，不论男女，女主人都要主动伸手表示欢迎，男主人也可对女宾先伸手表示欢迎。

如一方与多人握手时，应先上级、后下级，先长辈、后晚辈，先主人、后客人，先男性、后女性。

若一方忽略了握手的先后次序，先伸出了手，对方应立即回握，以免发生尴尬。

3. 握手的种类

（1）谦恭式握手　即掌心向上或向左上的手势与对方握手。

（2）支配式握手　又称"控制式"握手，用掌心向下或向左下的姿势握住对方的手。

（3）无力型握手　又称"死鱼式"握手，握手时伸出一只无力的手，给人的感觉像是握住一条死鱼。

（4）"手套式"握手　握手时用双手握住对方的右手，即可表示对对方更加尊重、亲切，也可表示更加激动、有求于人之意。但这种握手方式最好不要用在初次见面的人身上，以免引起误会。

（5）抓指尖握手　握手时不是两手的虎口相触对握，而是有意或无意识地只握住对方的几个手指或手指尖部。女性与男性握手时，为了表示矜持与稳重，常采取这种方式。

（6）施舍型握手　即在行握手礼的时候只伸出四个手指与他人相握，表明此人缺乏修养、傲慢、不平易近人。

案例分享

药品营销中，李先生遇见一位他很敬重的领导正和其他人谈话。李先生想，在这么多人面前，应该更加表示对领导的尊敬。于是在握手时，他用左手盖在对方的手背上，以示亲密，并长时间地握住领导的手不放，寒暄了几分钟。

想一想　李先生行为是否合乎礼仪？

案例评析　不符合。将左手盖在对方手背上，属于"拥抱式握手"，主要用于特别亲密的老朋友之间。该领导作为李先生很尊敬的人或长者，这样握手过于亲热。握手的时间一般以2~3秒为宜，特别是该领导还在和其他人谈话，李先生握手更不该用较长的时间。

4. 握手的禁忌及注意事项

（1）握手时不可东张西望，漫不经心，这是对受礼者最大的不敬。

（2）注意先后顺序，晚辈、下级、男士、客人不要主动上前握手问候。

（3）掌握握手的时间和力度。一般情况下，握手一下即可，不要太用力。

（4）男士与女士握手，用力要轻一些，一般应握女士的手指；时间要短一些，切忌握住不放。

（5）女士假若不打算与向自己首要问候的人握手，可欠身致意，或点头微笑，不要置之不理，或扭身而去。

（6）不要用湿手或脏手与人握手。

（7）不要戴着手套与他人握手，只有女士可以在社交场合戴着薄纱手套与人握手。

（8）正常情况下不要坐着与人握手。

（9）不要几个人竞相交叉握手，或者跨门槛握手。

（10）与数人相见，握手时间应大体相等，不要给人以厚此薄彼的感觉。

（11）不要用左手与他人握手。

（12）不要在握手时戴墨镜。

（13）不要在握手时将另外一只手插在口袋里。

（14）不要在握手时另外一只手依旧拿着东西不肯放下。

（15）不要在握手时争先恐后。

（16）不要在与人握手之后，立即擦拭自己的手掌。

二、常用手势

由各种不同的手势所构成的手势语，尽管千变万化，十分复杂，但仍可被分成4种类型。形象手势，即用来模拟形状物的手势；抽象手势，即用来表示抽象意念的手势；情意手势，即用来传递情感的手势；指示手势，即指示具体对象的手势。手势的作用是发出信息和表示喜恶。因此，通过手势，我们就能"用手说话，用手表情"。

1. 种类与方法

（1）点头　在没有必要行鞠躬礼，但又想向对方示意时，可用点头表示。点头时，转折点在脖子，双目应注视对方，可同时用微笑或话语向对方问好。

（2）垂手手势　双手指尖朝下，掌心向内，在手臂伸直后分别紧贴于两腿裤线之处；双手伸直后自然相交于小腹处，掌心向内，一只手在上一只手在下地叠放或相握在一起。双手伸直后自然相交于背后，掌心向外，两只手相握在一起。

（3）回头　若突然被人由后面叫住后，只将头部和视线转向对方，很容易让人误会你在瞪他。正确的姿势是，回头时让身体也稍向后侧，转向对方，以给人谦恭、友好的印象。

（4）递物　递东西给他人时，应双手将物品拿在胸前递出，切忌丢与对方。递书时，应把书名向着对方，以便对方能够看清楚。若是刀剪之类的尖锐物，要把尖锐的头向着自己。

（5）接物　对他人递来的物品应重心前移，上体微曲双手接过。

（6）招手　若碰到较亲近的朋友或同事，可用举手招呼表示问候。招手时，手的高度以在肩部上下为宜，手指自然弯曲，大臂与上体的夹角在30°左右。

（7）指引手势　左手或右手抬高至腰部，四指并拢，拇指微张，掌心向上，为“尊敬”和“请”的敬意语态，以肘部为轴，可用右手单臂或双臂横摆式，朝一定的方向伸出手臂。当请他人坐下时，手臂伸向前左、右侧，正前方，手臂摆动幅度不要太大。

（8）“V”形手势　食指和中指上伸呈“V”形，拇指弯曲压于无名指和小指上，这个动作有“2”和“胜利”的含义。表示“胜利”时，掌心一定要向外，否则就有贬低和侮辱人的意思。

（9）请的手势　在标准站姿基础上，将手从体侧提至小腹前，优雅地划向指示方向，这时应五指并拢，掌心向上，大臂与上体的夹角在30°左右，手肘的夹角在90°～120°之间，以亲切柔和的目光注视客人，并选择适宜的话语。

（10）鼓掌　鼓掌礼一般表示欢迎、祝贺、赞同、致谢等意。鼓掌时，一般将左手抬至胸前，掌心向上，四指并拢，虎口张开，用右手去拍打左手发出声响，两手的肘关节不能高于手。

（11）赞同、赞许手势语言　伸出右手，竖起拇指，指尖向上，指腹面向被称道者。但在交谈时，不应将右手拇指竖起来反向指向其他人。

练一练

游戏：表情对对碰

游戏目标：让同学体会表情、动作和语言在人际交往中的重要性，提高同学的人际沟通和交往能力。

人数：30人

时间：10分钟

用具：无

场地：不限

游戏步骤：

1. 主持人宣布游戏规则

（1）每人都面朝天花板，面无表情地随意走动，遇人招手。

（2）每人都面朝自己脚尖，面无表情地随意走动，遇人走开。

（3）每人都面朝他人的脸，面无表情地随意走动，遇人握手。

（4）每人都面朝他人的脸，面带微笑，随意走动，遇人点头。

（5）每人都面朝他人的脸，面带微笑，随意走动，遇人握手。

（6）每人都面朝他人的脸，面带微笑，随意走动，遇人握手，心中说：“我喜欢你。”

（7）每人都面朝他人的脸，面带微笑，随意走动，遇人握手，口中说："我喜欢你。"

2. 开始游戏

3. 游戏结束后，老师组织同学进行问题讨论。

问题讨论：

1. 相互之间面无表情和面带笑容的氛围感受上有什么不同？

2. 我们在日常生活中应当如何有效通过表情、手势等与人交往？

2. 注意事项

（1）手势应简洁、明确　简洁，是指在交往中，手势不宜过多，一般情况下，手势只是语言的点缀和配角，不可喧宾夺主。动作过火，会使听众多注意于他的动作，切忌"指手画脚"和"手舞足蹈"。明确，是指应使别人易于理解手势所表达的意义，多余的、繁琐意义不明的手势不仅于事无补，反而有损说话人的整体美感。

（2）手势的幅度、速度要适度　幅度过大，有做作的嫌疑，过小又会使人觉得猥琐。一般手势的上界不要超过对方的视线，下界不要低于胸区，左右摆幅不要太宽，手势应在自己的胸前或右方进行。使用手势宜亲切自然，手势的曲线宜软不宜硬，动作表现切忌快、猛，稍慢一些会使人感到亲切。

（3）手势应准确、规范，符合礼节　在任何情况下都不要用大拇指指自己的鼻尖和用手指指点他人。谈到自己时应用手掌轻按自己的左胸，表示端庄、大方、可信。一般认为，掌心向上的手势有诚恳、尊重他人的含义；掌心向下的手势意味着不够坦率、缺乏诚意等；攥紧拳头暗示进攻和自卫，也表示愤怒；伸出手指来指点，是要引起他人的注意，含有教训人的意味。因此，在介绍某人、为某人引路指示方向、请人做某事时，应该掌心向上，以肘关节为轴，上身稍向前倾，以示尊敬。这种手势被认为是诚恳、恭敬、有礼貌的。

（4）有些手势在使用时应注意区域和各国不同习惯，不可乱用　因为各地习俗迥异，相同的手势表达的意思，不仅有所不同，而且有的大相径庭。

（5）应戒除不良手势　在日常生活中，有些人不知不觉染上了不良手势，比如当众搔头皮、掏耳朵、抠鼻孔、剔牙缝等，这些动作不文明、不雅观、不礼貌，应尽快戒除。

练一练

游戏：你来比划我来画

人数：不限

时间：20 分钟

用具：图片 1 张

游戏步骤：

1. 请 1 位同学到前面，给他看已经准备好的图。

2. 让同学背对着大家站立。

3. 请这位同学用手势比划出他看到的内容，大家根据他的描述画出图形。

4. 画完后，将图展示出来。

游戏规则：

1. 前面这位同学只能做口头描述，不能有任何动作提示。

2. 其他同学不能提问，只能按照前面那位同学的手势比划画图。

活动四　学会目光接触与表情语言沟通

案例分享

陈经理在梁经理隔壁办公，但梁经理似乎比较希望用电话讨论工作，而不是当面沟通。陈经理曾试着要跟梁经理面谈，但梁经理不是匆匆结束谈话，就是一直盯着电脑，让他不得不赶紧离开。陈经理说，几次以后，他也宁愿用电话的方式沟通，以免让人觉得自己过于热情。了解这些情形后，李副总找梁经理谈话，梁经理觉得效率应该是最高追求目标，所以自己用最省时的方式达到工作要求。李副总以过来人的经验告诉梁经理，工作效率重要，但良好的沟通绝对会让工作更顺畅。

想一想　1. 梁经理在与李经理沟通眼睛一直盯着电脑，梁经理做法是否正确？如果你是李副总会从哪几个方面与梁经理沟通？

2. 梁经理在与同事沟通中还出现了什么问题？

一、目光接触

目光接触具有一些重要功能。正如其他非言语沟通方式一样，目光接触的含意变化很大，并且依赖于背景。

1. 目光接触的定义　目光接触，指人际沟通中的视线的交汇而进行的一种非言语交流形式。几乎在所有的社会互动中，目光接触都能传递信息。

2. 目光接触的功能

（1）作为一种认识手段，表明对交往伙伴的话题感兴趣，希望了解更多。

（2）控制和调整交往者的相互作用，即好感、恶感、愿意长谈或敷衍一下。

（3）传达感情，如情人互送秋波，仇人怒目而视。

（4）提示或监督，如课堂上教师注视破坏纪律的学生。

3. 目光接触的时间　在整个交谈过程中，与对方目光接触的时间应该累计达到全部交谈时间的50%～70%。在面对面的交往过程中，要针对不同对象采取不同的目光礼节。

4. 注视区域

（1）当与人说话时，目光要集中注视对方。听人说话时要看着对方的眼睛，这是一种既讲礼貌又不疲劳的方法。

（2）如果表示对谈话感兴趣，就要用柔和友善的目光正视对方的眼区。

（3）如果想要中断与对方的谈话，可以有意识地将目光稍稍转向他处。

（4）当对方说错话正在拘谨害羞时，不要马上转移自己的视线，而要用亲切、柔和、理解的目光继续看对方，否则对方会误认为你高傲，在讽刺和嘲笑他。

案例分享

在一家餐厅发生过这样一个故事，一位60多岁西装革履的先生和妻子在一起共进晚餐，那份优雅令人难以忘怀。进门时，那位先生为妻子推开门，就座时，又主动为太太拉椅子，并自觉把行李和包都放在了自己一侧，而妻子那边则宽阔和舒适。就餐时，用温柔的语气向妻子征询意见。

服务员上菜时不小心将桌上的水杯弄翻了。本以为会有一番唇枪舌战，但就在服务员还陷在惊恐中无法自拔时，先生已优雅地取过纸巾细心又耐心地为妻子擦拭，然后清理自己的衣服。并且从始至终面露微笑，不急不恼。这种处理方式和镇定自若的态度让商家愧疚不安。虽然他们没有任何指责，也没向商家提出任何要求，商家折服于这种优雅，毫不犹豫给他们免了单。

想一想　1. 商家为什么给这对夫妻免单？

2. 你认为这对夫妻给人留下了什么印象？现实生活中我们应该如何做？

二、表情语言

表情语言是指人们面部所显示出的综合表情。它是一种无声的语言，表现自己的独特含义。在人际交往中表情真实可信地反映着人们的思想、感情及其心理活动与变化。而且，表情传达的感情信息要比语言巧妙得多。

人们在日常生活中借助于眼神所传递的信息可称为“眼语”。在人类的5种感觉器官——眼、耳、鼻、舌、身中，眼睛最为敏感，因此，泰戈尔指出：“一旦学会了眼睛的语言，表情的变化将是无穷无尽。”

1. 注视　眼语的构成，一般涉及部位、时间、角度、方式、变化5个方面。

（1）在人际交往中目光所及之处，就是注视的部位。注视他人的部位不同，不仅说明自己的态度不同，也说明双方关系有所不同。在一般情况下，与他人相处时，不宜注视其头顶、大腿、脚部与手部，或是“目中无人”。对异性而言，通常不应注视其肩部以下，尤其不能注视其胸部、裆部、腿部。

（2）在人际交往中，尤其是与熟人目光相对时，时间的长短往往很重要。在交谈中听的一方通常应多注视说的一方。

①表示友好：注视对方时间应占全部相处时间的1/3左右。

②表示重视：如听报告、请教问题时，则注视对方的时间占全部交谈时间的2/3左右。

③表示轻视：若注视对方的时间不到相处全部时间的1/3，往往意味着瞧不起对方或没有兴趣。

④表示敌意或兴趣：若对对方注视的时间超过了全部相处时间的2/3以上，往往表示可能对对方抱有敌意，或是为了寻衅滋事，或对对方本人发生了兴趣。

（3）在注视他人时，目光注视的角度是事关与交谈对象亲疏远近的一大问题。注视他人的常规角度有以下几种。

①平视：即视线呈水平状态，也叫正视，用于普通场合与身份、地位平等人进行交往。

②侧视：是一种平视的特殊情况，位居交往对象一侧，面向且平视对方。关键在于面向对方，否则即为斜视对方，则为失礼。

③仰视：即主动居于低处，抬眼向上注视他人表示尊重、敬畏之意，适用于面对尊长之时。

④俯视：即抬眼向下注视他人，一般用于身居高处之时，可对晚辈表示宽容、怜爱，也可对他人表示轻蔑、歧视。

2. 微笑　笑容，即人们在笑的时候所呈现出的面部表情，通常表现为脸上露出喜悦的神情，有时还会伴以口中发出欢喜的声音。从广义上讲，笑容是一种令人感觉愉快的，既悦己又悦人的发挥正面作用的感情。它是人际交往的轻松剂和润滑剂。笑容可缩短人与人之间的心理距离，打破交际障碍，为深入沟通与交往创造和谐与温馨的氛围。

案例分享

一位乘客在飞机起飞前感到不舒服，请求空姐给他一杯水吃药，空姐礼貌地解释说，为了乘客的安全要等到飞机进入平稳状态后再送水。半个小时后，飞机早已进入平稳状态，但水未送来，乘客不得已按了服务铃。这位空姐也意识到自己的失误，送水时面带微笑向他道歉："对不起先生，由于我的过错，耽搁了您吃药，非常抱歉。"但是乘客不领情，毫不客气地指责她："你看都过了多久了，有你这样对待乘客的吗?"空姐急忙认错，但不管她怎么解释，乘客都不谅解。在之后的旅途中，每次空姐去给其他乘客服务时，她都会专门去询问那位乘客是否需服务。但那位乘客仍旧一副生气的样子。在飞机降落前，那位乘客要求空姐将意见本给他，空姐知道他要投诉自己，但仍旧礼貌地向那位乘客表达了歉意，并表示会接受他提出的任何批评和意见。

后来，空姐打开意见本，出人意料是那位乘客写的是表扬。他这样说："让我放弃投诉的是你的真诚，是整个旅途中你的11次甜美的微笑，给我留下了深刻的印象，你的服务让我很满意，若有机会，我将还会乘坐你们这趟航班。"空姐用她真诚的微笑感染了乘客，化解了乘客对自己的不满。

案例评析 让我们时刻微笑，传达向上的精神，积极的力量。微笑能让人感觉到温暖，让寒冷的夜充满阳光的味道；微笑能让人感觉到自信，让自卑者受到鼓舞，敢于抬头挺胸；微笑能让人感觉到快乐，让心中的阴霾一扫而光。

（1）微笑的作用　微笑是服务人员的常规表情或标准表情。微笑能给客人留下良好的第一印象，能表示对客人的尊重和友好，在许多情况下，微笑的作用确实是千言万语无法取代的。英国发明家斯提德认为："微笑无需成本，却能创造价值。"在一家商店里有这样一段关于微笑的广告语："它不费什么，但产生很多；它使得者受益，施者不损；它发生在瞬间，但回味无穷。没有富人不需要它，没有穷人不拥有它；它给家人带来欢乐，给事业带来希望，给朋友带来愉快；它使疲倦者得到休息，失望者看到光明，悲哀者看到希望，它是消除痛苦的天然良药。它不能买不能求，不能借，不能偷，因为人们在拥有它之前它毫无价值。假如在您购物最后一分钟的忙碌中，我们的售货员因过分疲劳未能给您一个满意的微笑的话，那么我们是否可以请您留下一个微笑呢?"假如你是一名购物者，此时即使售货员的服务不够周到，你还会向售货员发脾气吗？中国古人曾经有言："笑一笑，十年少。"说明适时的笑，不但可使人心情愉悦，还可以健身养性。

（2）微笑的基本要求如下。

微笑与眼睛运动应一致，口到、眼到、神到的微笑最美。

微笑与神情气质应一致，情绪饱满、神色亲切自然、气质谦恭大方。

微笑与语言应一致，用语适合、声情并茂、情境吻合。

微笑与仪表举止应一致，端庄适度、和谐统一、以姿助笑、以笑促姿。

微笑与整体素质应一致，气质优雅、表现和谐、表里如一，笑容与自己的举止谈吐相辅相成、锦上添花。

案例分享

小王是一名药品销售人员，有一天她出去跑业务，她走到一家药店，面带微笑，大大方方走了进去。客户打量了她一眼问："你找谁?"

她也面带微笑"找您可以吗?"

“找我什么事?”

依旧面带微笑，但并没有直接回答他的问题。“我进门时，看到您慈眉善目，但是我仍内心紧张，不知道您会不会听我讲话?”

“没关系，你说吧!”

“您的药店门口为什么会挂着一块拒绝推销药品的挂牌呢?”

“每天都会有很多药品公司的推销人员来这里，很影响我们的正常营业。”

“请问你们什么时候比较空闲?”她笑了笑。

“一般下午四点左右。”

“那您看我明天下午再来，可以吗?”她面带微笑，静静地等待他的回答。客户被她甜美的笑容感染了，便也朝她笑了笑:“可以。”

第二天，小王再拜访这位客户时，顺利地签了合同。

想一想 1. 为什么药店门口有拒绝推销挂牌，小王还是能够将药品推销出去?

2. 如果你来做药品推销会从哪几个方面入手?

案例评析 微笑看似是一种不经意的动作，但是实际上却能悄无声息的感染周围的人，感染你的客户。这位医药销售人员便是用微笑打动了客户。

练一练

3人一组，模拟推销场景，运用自己所学到的知识，进行一次模拟推销练习。

人与人之间互相沟通时，微笑是最能直接表达和传达感情的方式，这个看似简单的动作却能鼓舞人前进，给人心灵上的慰藉。微笑能让他人感觉到你的担当和责任，西方有一句谚语:“只用微笑说话的人，才能担当重任。”可见微笑的力量很伟大。微笑都是一剂良药，任何人都可以安心服用。

在销售活动中，微笑的销售人员会让客户更加放松，让客户感觉更亲切，让客户对自己的警惕慢慢松懈，不再是一副拒人于千里之外的面孔，让推销得以继续进行下去。

(3) 微笑的本质　微笑可以使人自然放松，如沐春风，加深理解，产生共鸣。药品营销人员的微笑对客人的身心起着举足轻重的作用，正因为如此，微笑被视为“参与社交的通行证”，又被称为基本笑容或常规表情。它可以展示出以下几个方面的心态和素养。

①心境良好:只有心底平和，心情愉快，心理正常，善待人生，乐观的人，才会有真诚的微笑。

②充满自信:只有不卑不亢的人，才会在人际交往中为他人所真正接受，而面带微笑者，往往说明对个人能力和魅力有自信。

③真诚友善:以微笑示人，反映出心地善良，坦荡荡，真心待人，而非虚情假意。

④爱岗敬业:在工作岗位上微笑待人，说明热爱本职工作，恪尽职守。

案例分享

一家餐厅被客人投诉海鲜不新鲜。餐厅经理自信自己有这方面的经验，于是不慌不忙地向投诉的客人餐桌走去。一看，不是熟客王经理吗?他不禁心中有了底，于是迎上前去一阵寒暄:“王经理，今天海鲜不大对您的胃口……”王经理打断他说:“并非不对胃口，而是我请的客人尝了海鲜后发现有异味，吃了变质的海鲜会出毛病，当然要向你们提意见。”餐厅经理接着面带微笑，向王经理解释，海鲜不是鲜货，虽然味道有些不纯正，但吃了不会要紧的，希望他和客人包涵。

不料此时，一位客人突然站起来，用手指指着餐厅经理的鼻子大骂起来："你还笑得出来，我们拉肚子怎么办？你应该负责任，不光是支付治疗费而已！"这突如其来的兴师问罪，使餐厅经理微笑一下变成了哭笑不得。他想，总不能让客人误会自己面带微笑的用意吧。他仍旧微笑着准备再解释，不料，这次的微笑更加惹恼了客人，客人流露出想动手的架势。幸亏王经理及时拉餐厅经理的衣角，示意他赶快离开现场。

事后，这一微笑使餐厅经理悟出了一些道理来。

想一想 1. 餐厅经理悟出了什么道理？

2. 出现错误的主要原因是什么？如果你是餐厅经理，你如何做？

案例评析 以微笑示人，可反映自己坦坦荡荡真心待人，而非虚情假意，敷衍了事。只有不卑不亢，充满信心的人，才会在人际交往中为他人所真正接受。

练一练

5~7人一组，模拟餐厅场景，一人为餐厅经理，一人服务人员，其余为客人，对客人提出的问题进行解答。交换练习，结束后每组进行总结。

即学即练

请简述站立的要领。

答案解析

知识链接

面部的综合表情美

面部的各部位之间是彼此合作的，可表现出生动丰富的面部表情，如眼睛睁大，嘴巴张开，上扬眉毛等，都表示快乐的情绪；相反，眉毛倒竖，眼睛大睁，嘴角向两侧拉开，则是表示愤怒的表情。人们常说，一个人的喜怒哀乐都写在脸上。因此，在商务工作场合要注意自己的面部表情，树立正确的世界观、人生观、价值观，展现新时期青年的良好形象和精神风貌。

目标检测

答案解析　知识回顾

一、单选题

1. 站姿的要求不包括（　　）

A. 端立　B. 身直　C. 肩平　D. 腿并

2. 与人交往中，恰当的举止有（　　）

A. 架起"二郎腿"　B. 向对方微笑

C. 以食指点指对方　D. 头部仰靠在椅背上

3. 以下说法正确的是（　　）

A. 女性不能采用跷二郎腿的姿势就座

B. 如果下属不听你的话，就要严厉地斥责他，以让他有所畏惧

C. 社交场合不问身体健康与否问题

D. 商务场合女性适宜穿黑色皮裙

4. 在男女之间的握手中，伸手的先后顺序也十分重要，在一般情况下应该是（　　）

A. 女方应先伸手去握，这样显得自己的落落大方，也不会让男方觉得难堪

B. 男方应先伸手去握，这样会显得自己绅士风度，也避免女方不好意思去握

C. 男女双方谁先伸手都可以

D. 以上都正确

5. 一位年轻的男士上级和一位年老的女士下级在公司中谁先伸手？（　　）

A. 男上级　　B. 女下级

C. 男上级和女下级谁先伸手都可以　　D. 双方同时伸手

6. 你带同学去表姐家做客，表姐与同学见面后，谁先伸手？告别的时候谁先伸手？（　　）

A. 表姐，同学　　B. 同学，同学　　C. 表姐，表姐　　D. 同学，表姐

7. 在正式场合下握手错误的一项是（　　）

A. 女士不能戴着配礼服的薄纱手套与人握手

B. 握手时不能与另外两人相握的手形成交叉状

C. 为表示热情可以用双手握住对方的单手

D. 跟人握手时握住对方的手上下左右抖个不停

8. 一般握手的时间为（　　）

A. 3 ~5 秒　　B. 5 ~6 秒　　C. 10 秒　　D. 30 秒

9. 就坐时占椅面的（　　）左右，于礼最为合适。

A. 1/2　　B. 2/3　　C. 3/4　　D. 整个椅面

10. 在与人交谈时，双方应该注视对方的（　　），才不算失礼。

A. 上半身　　B. 双眉与鼻尖三角区　　C. 颈部　　D. 脚部

二、多选题

1. 微笑是常用的表情运用方法，微笑的训练方法有多种，下面正确的是（　　）

A. 情绪回忆法　　B. 部分练习法　　C. 口型对照法　　D. 含箸法

2. 以下行姿错误的是（　　）

A. 身不正直　　B. 瞻前仰后　　C. 声响过大　　D. 勾肩搭背

3. 递送物品时，服务人员应该注意（　　）

A. 双手为宜　　B. 递于手中　　C. 主动上前　　D. 方便接拿

4. 正确的走姿是（　　）两眼平视，面带微笑，自然摆臂。

A. 轻而稳　　B. 胸要挺　　C. 头要抬　　D. 肩放松

5. 仪态举止包括（　　）

A. 坐姿　　B. 站姿　　C. 走姿　　D. 手势

三、问答题

1. 握手是交际场合最自然而常见的一种礼节，请谈谈握手的有关礼节。

2. 简述目光接触的功能。

四、实例分析题

早年，一知名酒店总裁把父亲留给他的12万连同自己挣来的几万元投资进去经营旅馆，并奇迹般将资产快速增值到几千万。当他把这一成就告诉母亲时，母亲淡淡地说："我觉得你的经营和别人没有两样，你应该想出一个简单容易不花本钱的长久的方法使你的顾客来了还想再来，这样的旅馆才更有前途"。他很迷惑，他以顾客的身份逛商店住旅馆亲身感受服务，得出了"微笑服务"才是最终的答案。从此，该酒店实行了微笑服务这一独创的经营策略。后来不管是遇到经济危机，还是自己酒店的亏损状态，他都鼓励员工把微笑挂在脸上，他觉得微笑永远是属于顾客的阳光，是酒店经营取胜最大的筹码。

问题

为什么该酒店能久盛不衰？分析该酒店经营取胜的秘诀。

模块三 职场沟通

习题

学习引导

人们常说“人在江湖，身不由己”，我们在社会生活、学习、交友时，有些事情不是能够完全按照自己的意愿来做的，需要考虑别人的感受和其他因素，所以做事时也要顾全大局。在职场中也是这样，为高效完成工作目标，我们常常需要与领导、同事、客户、供应商等进行沟通，只有有效地进行沟通才能让自己的工作得以完成，把人际关系处理好。

本模块主要介绍职场沟通的原则；同事相处的奥妙；学会赢得领导欣赏；学会与领导沟通的方法和技巧；学会与同事沟通的方法技巧。

学习目标

1. **掌握** 职场沟通的原则；与领导沟通的方法和技巧；与同事沟通的方法和技巧。
2. **熟悉** 同事相处的奥妙；学会赢得领导欣赏；学会与领导沟通；学会与同事沟通。
3. **了解** 职场沟通的意义；同事相处的禁忌；职场人的性格特征。

PPT

任务一 感悟职场沟通

实例分析

实例 小烨在一家医药上市公司新部门工作，由于经验不足，在举办线下药品促销活动时遇到了困难。因此她向经验丰富的其他部门同事请教，在与对方取得联系之后，小烨主动约见对方，在去之前，小烨还精心挑选了一份礼物送给同事，感谢对方能够抽出时间与自己谈论工作。在谈论之前，小烨先说出了自己的困难，并认真倾听对方给自己的指导意见。谈话结束后，小烨主动添加了对方的微信，并告知对方如果有遇到困难需要小烨帮忙，小烨一定会全力以赴。此后两人建立了长期联系，对方给小烨提了很多工作上的建议，为此，小烨在职场中进步飞快，得到了领导的认可和赏识。

问题 1. 请你说一说案例中小烨为什么在职场中能进步飞快？

2. 在职场中人与人沟通时需注意什么？

答案解析

活动一　掌握职场沟通的原则

微课

职场沟通不仅包括如何发表自己的观点，还包括怎样倾听他人的意见。沟通的方式也有很多，如，面对面地交谈、一封邮件、一个电话、一则短信、一个眼神等。因此要想职场沟通顺利，需要掌握以下职场沟通原则。

一、及时沟通、直言不讳、实事求是的原则

不管你性格内向还是外向，是否喜欢与他人分享，在工作中，遇到需要沟通的问题时，建议第一时间与人沟通交流，在合适的时机说出自己的观点和想法。当你养成这样的习惯，你和周围人的互动也会变得高效。如果迟早要沟通的问题，犹犹豫豫拖了很久才说出来，反而会让别人产生不必要的误解。有时拖久了还会忘记，那到时就更被动了。

职场沟通时从表达的方式上不仅需要有一定的技巧，在原则上还要做到直言不讳，实事求是。这里需要注意的是，直言不讳不是固执己见，说话坦率，毫无顾忌，也要有谦逊的态度。比如说，你可以从实际情况出发，不夸大，不缩小，直接表达自己的想法来引发相互之间的思想交流，但并不代表你的想法就一定是对的。如果不注意这点，以直言不讳为理由强词夺理，那就是物极必反了。同时直言还有一层意思是，要避免在背后议论他人，有话最好找当事人直接沟通澄清，这是最有效的沟通方式。如果在团队内部小道消息满天飞，背后人传人，那这个团队的日常沟通也肯定做不到相互坦诚。人们常说“管理就是沟通、沟通再沟通”。从这句话可以看出勤沟通的重要性，平时在日常工作中就要注意经常和领导、同事、合作伙伴互通有无，这样才能形成更好的默契。

案例分享

药学专业的小李进入一家大型合资药企的研发岗位进行实习。实习老师为让小李尽快熟悉实习岗位，开始拿了一叠英文文件让小李学习，小李拿到文件后发现许多专业的词汇在学校是没有学习过的，内向的小李担心实习老师批评她有太多不懂而不敢主动去问，每天只是默默地在办公室查字典。

想一想　案例中小李违背了什么沟通原则？如果你是小李会怎么做？

二、顺应风格、实话实说、真心诚意的原则

不同的企业文化、不同的管理制度、不同的业务部门，沟通风格都会有所不同，每次沟通时所遇到事情也都不一样。如一家外资企业和本土企业员工的沟通风格肯定大相径庭。再如，人力资源部门与现场生产部门的沟通方式也会不同。因此，你在沟通前要注意观察团队中同事间的沟通风格，注意留心大家表达观点的方式。假如大家都是开诚布公，你也就有话直说；倘若大家都喜欢含蓄委婉，你也要注意一下说话的方式。尽量采取大家习惯和认可的方式，避免特立独行，招来非议。

有时我们会发现，在会议上讨论一件大家看法不同的事情时，很难达成真正的共识，这是因为在众人面前，大家对于说出自己的真实想法都会有所顾虑。这时，如果我们在正式会议前先真心诚意地通过单独沟通来了解每个人的真实想法并提前达成初步共识，在正式的会议时再用直截了当的方法讲出真实情况，会议才更容易顺利进行。

案例分享

一群文学院有理想的年轻人，有的立志成为作家，有的则是想当文学评论家，为了多一点交流学习的机会，这些年轻人相约成立社团，通过每个月的定期聚会，切磋彼此的作品。

“这是我上个月才完成的最新作品，请大家帮我读一下，给点指教吧！”其中一个年轻人说。

读完文章，就有人率先发难：“老实说，不管是从文章构架来说，还是文学造诣来看，我都觉得这篇文章很普通，还有很多进步的空间……”

另一头，又有人举手想发表意见：“主题是挺感人的，就是松散了些，转折那一段的铺陈也不够……”

大家你一言我一语，虽然都是善意批评，年轻人也不是没有办法接受意见，但因为听到的都是“缺点”，让他开始失去信心，有好长一段时间都不想再动笔写作。

想一想 如果你是社团中的一员，你会给案例中年轻人的新作品提出怎样的建议？

三、找准立场、方法得当、尊重他人的原则

职场沟通时人与人的想法各不相同，都有自己的立场。不管你处在哪个阶段都要把自己当作一位新人，充分意识到自己是团队中的一员。在这种情况下，你在表达自己的想法时，就会尽量采用低调、迂回的方式。特别是当你的观点与其他同事有冲突时，也要充分尊重他人的意见，保持和气。同时，表达自己的观点时也不要过于强调自我，更多地站在对方的立场考虑问题。如果口头沟通中发生无法避免的冲突时，建议采用书面沟通，这样可以从容地表达自己的意思，避免矛盾进一步恶化。但是在与不太熟悉的人进行沟通商讨或者对某件事情的意向未达成初步共识的阶段，最好用口头沟通。因为书面沟通会显得过于正式，并且会留下沟通历史，容易让人产生防备心理从而降低沟通效率。

总之，在职场沟通时要找准自己的立场，采用合适的沟通方法，多尊重他人的意见，这样才会提高沟通效率。

案例分享

某医药公司元旦晚会上，小普正想结识新朋友。突然一个她并不太认识、只说了几分钟话的男士突然问：“你明年的愿景是什么？”

想一想 1. 如果你是小普，你会对他说什么？

2. 对这个问题你会有什么感觉？

四、心中有数、共情沟通、乐于助人的原则

俗话说“没有调查就没有发言权”，因此在与领导、同事或合作伙伴沟通之前建议先做好事前调查，用数据说话，用事实说话，有了充足的准备做到“心中有数”后，在沟通时就能够避免一些因主观印象而产生的误解。不过，只做到“心中有数”还不行，在沟通时还要有同理心，能够共情沟通。在职场中，同理心可以让我们设身处地地去解决对方的实际问题，了解他们的需求，也可以让同事之间更好地建立人际关系。比如说，在让对方理解自己的困难时，也要问问对方有什么困难；在向对方提需求时，也要问问对方有什么需求；在向对方提建议时，也要问问对自己有什么建议。基于双方的需求进

行协商，才能够达成共赢。

另外，中国人比较讲究个“情”字，在职场中也要学会在日常生活中尽量帮助他人，这样在你将来需要帮助的时候，别人自会鼎力相助。反之，如果平时不乐于助人，关键时候你可能逻辑性再强，沟通能力再好，也不一定能得到支持。

案例分享

某天中午在药店里，小菲正在排队买单，队伍并不长，大家都拿着盛着药品的购物篮，等着结账，这时候小菲看到一个人拿了两盒蒲地蓝，径直走向收银台，于是小菲向他招手说：“嘿～对不起，我们都在排队呢”，而那个人当时好像没反应过来，反而被吓了一跳，他甚至没有察觉到大家在排队，他有些尴尬，给小菲的感觉好像是他特别恍惚。

想一想 如果你是小菲，接下来你会怎么做？

活动二　了解同事相处的奥妙

“爱人者，人恒爱之；敬人者，人恒敬之”，其揭示的就是与同事相处的真谛，我们必须掌握与同事相处的方法和原则，才会让我们的人脉网不断延展，让良好的同事关系成为我们职业发展、事业成功的臂助。

一、尊重他人，成为同事愿意交往的人

要处理好同事关系，我们必须遵循其相处原则，其中尊重原则是最为重要的。首先只有平等相处才会让同事感觉受到了尊重，才会创造融洽的工作氛围。在与同事交往过程中，我们要学会尊重同事的观点和建议，尊重同事的劳动成果，尊重同事的人格和隐私。尊重同事也不能因为对方身上的光环让自己的尊重变得有所不同。尊重同事也是我们平等交往的前提条件，懂得尊重同事实则也是尊重自己。在工作之余，我们也要学会自我反省，不仅要反省自己的言语，还要反省自己的举止，比如言语中是否带有侮辱的词汇，举止上有没有做过于彰显自己成绩的行为，有没有因为自己的成绩而引起竞争同事的不满，如果发生诸如此类的事件一定要及时修补，多利用业余时间，主动关心同事生活，适时邀请同事一起参加娱乐活动，如郊游、唱歌等，协助同事完成重要工作。其次，在与同事的交往中只有平等相处还往往不够，尤其在面对责任追究的时候，我们还要勇于承担责任，主要包括以下几个方面。

1. 诚实善良　在面对团队荣誉时，我们不能去争抢功劳，计较个人得失，甚至抹杀同事的贡献。其次要多替同事考虑，在工作中主动替人补位，助人为乐，遇上功劳要谦让，善用宽容、接纳、包容和关怀的方式与同事相处。

2. 敢做敢当　当面对上级批评时，我们应该坦然接受处罚，并承担错误，不能把问题和责任都推卸给同事。在必要的时候我们还应主动替同事分担一些责任。比如，职场中一个动则处罚下属的领导和主动替属下担责的领导，肯定是后者更具备领导的艺术和能力。同样，我们也以此方式来对待同事，不仅在同事间能成为一个颇受欢迎的人，还会让自己的事业顺风顺水。

只有相互尊重，我们才能与同事和谐相处。

案例分享

××医药公司业务员陆帅是出了名的牛皮大王，工作之余总是爱拉住同事侃大山、忆当年，自诩个人业绩高居公司第一，同事们都戏称他吹牛不脸红，久而久之陆帅落了个“红牛”的绰号，最近“红牛”的烦心事可真不少，业务上客户跟进太慢，个人工作业绩相比之前也下滑不少，还总被同组人员周伟抢业务资源，销售经理王军见这势头，立马找陆帅进行谈话，肯定了他多年吃苦耐劳的工作表现，也尝试分析近期业绩下滑的原因，陆帅不假思索指出同组人员的缺点。王军听后满脸不悦，并随即终止了谈话，陆帅是丈二和尚摸不着头脑，谈话没几天，陆帅因人际关系问题调到客服部门之后，陆帅发现同事们疏远他，甚至私底下议论：“陆帅就长了一张会吹牛的嘴，有功劳都是他的，有错误都是别人的，这样的人离他远点”。

想一想　陆帅为何在同事关系上就不牛了呢？

二、以和为贵，因人而异对待同事关系

处理好同事关系，我们一定要以和为贵，因人而异，区别对待。

1. 遇口蜜腹剑型同事　首先着力于他们的关系，要学会敬而远之的原则，要尽量避免和他一起共事，能躲就躲，能避就避。俗话说：“宁得罪君子，不得罪小人。”在工作交叉时宁可多谦让，避免发生交集。其次当无法躲避时，我们可以不随意表态，减少话语，和蔼客套的话题不能减少，若迫不得已需要在一起工作，我们要提高警惕性，工作和行为中要时时留下痕迹，事事留下证据，为日后可能出现的意外情况做好准备。

2. 遇急性莽撞型同事　第一，我们绝不能一味地迁就忍让，真正忍让反而会让对方认为本应如此，更有可能会将宽容当作软弱，愈发不尊重隐忍中的同事。第二，我们要直面与他们的矛盾，要在适当时机挫其锐气，直接反驳他的错误。第三，要有礼有节，头脑一定要保持冷静，当对方做出莽撞的事情时，要处变不惊。第四，对同事的莽撞我们完全可以采用宽容的态度，如一笑置之，如果对方是豪爽性子急，我们不该针锋相对，而是采取合理避让的态度，当对方稍加冷静后，再进行对话沟通。

3. 遇刻薄寡恩型同事　此类人都是冷言冷语，挖人隐私，以取笑别人为乐，得理不饶人等。与这种类型同事相处，我们要保持一定距离，平时要减少与他们的接触，尽量与其拉开距离。同时我们可以放高个人姿态，也许吃了一点亏，听到他背后说了一两句自己的闲话，我们要学会隐忍，尽量不回击，淡然处置是非。

案例分享

案例　初来乍到的林林一入职就听闻公司上海地区销售经理明明是一位出名的老好人，林林主动与个性开朗的明明套近乎，很快两人熟络，他在同事间也左右逢源，可两人在足球信仰上有所分歧，多次因足球起争执，最终闹翻绝交。林林不仅失去了好友，还遭到其他同事的排斥，最终背负着“白眼狼”的骂名。

想一想　好同事为何最终分道扬镳？林林为何成为“白眼狼”？

三、以诚待人，不触犯同事相处的禁忌

如果自己成了同事的众矢之的，就很难再处理好与同事的关系。因此，我们绝不能去触犯同事间相处的禁忌，在同事关系处理中，需要注意以下几方面。

1. 忌包打听、互散小道消息 在职场中与同事关系处理不好的重要根源之一就是包打听，这些人喜欢探听别人隐私，自以为掌握了所谓的内幕，为谣言营造市场，只要参与了一次打听的行为，一经公开，就会让当事人认为不受尊重，直接列入交往黑名单，而以后在职场中的相处，同事们都会时刻加以防范和疏远，所以在是非对错中，我们一定要抑制好自己的好奇心，对工作之外的是非做到不闻不问。其次，不能互散小道消息，小道消息传播的越多，伤害的人越多，同时失去的同事也越多，我们应该自动屏蔽听到的小道消息，一笑而过，即使有同事加以怂恿，也要懂得友好拒绝，假如发现关系相处较好的同事有传播小道消息的行为，应多加劝阻，如果劝阻无效，则应及时疏远，与对方保持距离。

2. 忌牢骚满腹、怨气冲天 工作中应该时刻保持积极向上、高昂的情绪态度。即使遇到挫折、饱受委屈、也不能在任何人面前发泄对公司、同事的不满情绪。因为每个人都是独立个体，在相处中难免会产生摩擦，对于一些事件和情节只是主观意识对其的肯定，即便我们宣泄的观点是正确的，也难免会伤及他人，同时这也是一种转嫁伤害的行为，这种伤害一旦造成，会让周边的人逐渐远离。所以我们要学会遇事自我消化，减少与事件周边人士倾诉，更不能将发泄行为上升为人身攻击，如爆粗口、打架报复等。这样不仅是伤害了同事关系，甚至会受到法律制裁。即便在交往中对方犯了不可饶恕的错误，也要宽容对待，就算对方是用暴力解决问题，我们也不应当以暴制暴，要心中时刻谨记“冲动是魔鬼”这句话，冷静面对冲突矛盾，如离开现场到空气新鲜的地方做做深呼吸，播放轻松的音乐以缓解情绪等都是很好的方式。最后，我们还应避免与同事谈论公司里本职工作外的事情，要时刻认清自己的问题和环境，讨论公司就势必会讨论到同事，从而影响自己和同事间的合作和情感。所以，同事之间在谈论工作以外的话题时应多以休闲娱乐性话题为主。

案例分享

季刚作为××医药公司头号八卦小王子，对公司制度满腹牢骚，平时闲暇就爱到处串门，捕风捉影，甚至炮制了一则轰动的八卦新闻，并在公司基层爆料：“知道吗？孙秘书和某老总是亲戚，看来在公司要想有位置必须还得上面有人啊。”很快，该谣言传遍了公司的每个角落。管理者听闻后拍案大怒，一来二去找到了始作俑者季刚，季刚被停职停薪，最终变成了一个孤家寡人。

想一想 “八卦小王子”为何变成孤家寡人？

趣味测试

你是否具有工作环境中的沟通水平

1. 你领导的领导邀你共进午餐，回到办公室，发现你的领导颇为好奇，此时你会（　　）

A. 告诉他详细情况　　B. 不透露蛛丝马迹　　C. 粗略描述，淡化内容的重要性

2. 当你主持会议时，有一位下属一直以无关的问题干扰会议，此时你会（　　）

A. 要求所有的下属先别提问题，等你讲完

B. 纵容下去

C. 告诉此下属在预定的议题讨论完之前先别提出新的问题

3. 你与上司正在讨论问题，有人打长途电话给你，此时你会（　　）

A. 告诉上司的秘书说不在

B. 接电话，而且该说多久就说多久

C. 告诉对方说你在开会，一会儿会过去

4. 有位员工连续四次在周末向你提出要求提前下班，此时你会说（　　）

A. 明说我不能允许你了，否则他人会有想法

B. 今天不行，下午四点我要开一个会

C. 你对我们相当重要，我们需要你，特别是在周末

5. 你刚刚成为部门主管，你知道还有几个人关注这个职位，上班的第一天，你会（　　）

A. 个别找人谈话确认出有谁想当这个部门的主管

B. 忽略这个问题，并认为情绪的波动会很快过去

C. 把问题记在心上，但立即投入工作，并开始认识每一个人

6. 有位下属对你说："有件事本不应该对你说，但不知你听说没有……"你会说（　　）

A. 我不想听办公室的谎言　　B. 跟公司有关的事情我才有兴趣听

C. 谢谢你告诉了我怎么回事，让我知道详情

说明：选择 A 得 1 分，选择 B 得 2 分，选择 C 得 3 分。得分在 15 ~ 18 分之间说明你有很强的工作环境中的沟通水平；得分在 12 ~ 14 分之间说明你具有一定的工作环境中的沟通水平，需要适当的训练；得分在 6 ~ 11 分之间说明你工作环境中的沟通能力还比较薄弱，需要加强训练。

知识链接

职场人与人之间有效沟通的五个法则

1. 不要在情绪激动时沟通　有效沟通的先决条件是和谐气氛。情绪激动时的沟通常常无好话，既理不清，也讲不明很容易冲动而失去理性，这种沟通无济于事。尤其是在出现沟通危机时，带着情绪去处理，不但不能解除警报，反而更会火上浇油。

2. 开诚布公地交流　人与人之间遮遮掩掩、言不由衷甚至挑拨是非的做法都会严重破坏团队中的工作氛围，阻碍团队成员间的正常交流，并最终导致项目或企业经营失败。通过开诚布公的交流沟通，可以有效防止团队成员由于文化语境的差异而带来的矛盾和冲突，能够维护团队目标的一致性。

3. 掌握好自己的角色和定位　沟通不是一个人地自言自语，沟通时信息的发送者和接受者应该是平等的、融洽的、互动的。任何一方都有权提出自己的意见，在信息的不断传递和磋商中，达成共识。掌握好自己的角色和定位是沟通成功的关键。

4. 选择合适的时机和空间　如果你对上司做出的决定心存异议，那么当众说出你的想法或是用一封措辞激烈的电子邮件表达你的怒意，则是最糟糕的行为。选择合适的时机和空间和上司私下面对面的交流将是较好的方式。

5. 灵活运用沟通的方式　不同的沟通方式往往会得到不同的结果，如在外企里，很多时候要用英语沟通，如果你用中文跟人家沟通，对方就会听不懂。因此，灵活运用沟通的方式将会达到更好的沟通效果。

答案解析

即学即练

职场沟通的原则有哪些？

实践实训

联系工作时自我介绍

模拟情境：某医药公司总经理要求你到某医院去联系工作，你在向对方递上你的名片时，巧报家门作自我介绍。

训练要求：以自己姓名为素材，设计一个“巧报家门”的自我介绍台词。小组共同分享后，在全班进行“巧报家门”的自我介绍。

目标检测

答案解析　知识回顾

一、单项选择题

1. 遇刻薄寡恩型同事，我们要（　　）

A. 多奉承　B. 多接近　C. 多赞赏　D. 保持一定距离

2. 在汇报工作结果时，要多用（　　）

A. 形容词　B. 数量词　C. 动词　D. 名词

3. 工作中的建议应该多与（　　）说。

A. 教练　B. 贵人

C. 下属　D. 上级

4. 下列哪种沟通交流的方式是最常见的（　　）

A. 面对面地交谈　B. 邮件沟通

C. 电话沟通　D. 短信沟通

5. 职场沟通时从表达的方式上不仅需要有一定的技巧，在原则上还要做到（　　）

A. 直言不讳，实事求是　B. 实话实说、虚情假意

C. 心中有数，拍马弄虚　D. 以理服人、取悦自己

6. 在工作中，遇到需要沟通的问题时，建议第（　　）时间与人沟通交流。

A. 一　B. 二　C. 三　D. 四

7. 与不太熟悉的人进行沟通商讨或者对某件事情的意向达成初步共识的阶段，最好用（　　）

A. 书面沟通　B. 口头沟通

C. 短信沟通　D. E-mail 沟通

8. （　　）可以让我们更设身处地地去解决对方的实际问题，了解他们的需求，也可以让同事之间更好

地建立人际关系良好的合作。

A. 关心　　B. 爱心

C. 移情　　D. 同理心

9. 要处理好同事关系，我们必须遵循其相处原则，其中（　　）原则是最为重要的。

A. 和谐　　B. 平等

C. 尊重　　D. 互助

10. 遇口蜜腹剑型同事我们要学会（　　）的原则。

A. 敬而远之　　B. 卑躬屈膝

C. 平易近人　　D. 和蔼可亲

二、多项选择题

1.（　　）沟通风格都会有所不同。

A. 不同的企业文化　　B. 不同的管理制度

C. 不同的业务部门　　D. 不同的事情

2. 在工作中主动替人补位，助人为乐，遇上功劳要谦让，善用一种（　　）方式与同事相处。

A. 宽容　　B. 接纳　　C. 包容　　D. 关怀

3. 当面对上级批评时，我们应该（　　）

A. 坦然接受处罚　　B. 勇于承担错误

C. 不把问题和责任都推卸给同事　　D. 把问题和责任都推卸给同事

4. 遇急性莽撞型同事，我们要（　　）

A. 绝不能一味地迁就忍让

B. 直面与他们的矛盾，在适当时机挫其锐气

C. 有礼有节

D. 对同事的莽撞可以采用宽容的态度

5. 刻薄寡恩型同事特点是（　　）

A. 冷言冷语　　B. 挖人隐私

C. 以取笑别人为乐　　D. 得理不饶人

6. 下列哪些是同事间相处的禁忌（　　）

A. 包打听　　B. 说别人的隐私　　C. 谦虚谨慎　　D. 尊重对方

三、简答题

1. 与同事的交往中在面对责任追究的时候，我们应该怎么做？

2. 怎样才能不把自己变成牢骚满腹、消极埋怨的人物？

四、案例分析题

“情商低”的小王

小王说话经常不经过大脑，人力资源部主管闲聊时问他一句，最近怎么样啊？然后他就是开始一发不可收拾的抱怨自己在工作中遇到的不如意，以及和同事之间相处的不如意，吐槽领导的处事原则。

此时人力资源部主管已经给小王打了较低的印象分，认为小王是个不能吃苦，并且没有团队精神的人，并且人力资源部主管会做定期的考核汇报给小王的上司，报告给领导后小王在领导心中已经是差评。部门裁减人的时候，小王不幸被裁减了。

问题

1. 部门裁员时，小王为什么会被裁减？
2. 此案例给我们什么启示？

任务二　学会与领导沟通

PPT

实例分析

实例　临近年底，××药店店长为完成年度销售额，临时规定除病假外任何人不允许请假，该药店的萌萌平时工作认真，销售业绩名列前茅，却碰巧此期间家里有急事需请长假一周，萌萌经思想斗争和考虑后最终决定请假回家。翌日萌萌在晨会上向店长提出请假申请，店长大怒，驳回了萌萌的请求，并以她为反面教材，严肃批评店内人员懒惰、不敬业、团队精神差等问题，萌萌很是郁闷。

问题　1. 如果你是萌萌，在必须请假的情况下，如何向上级申请？如何正确表达困境？

2. 如何给上司留下积极良好的印象？

3. 如何通过有效的沟通方式达到目的？

答案解析

活动一　赢得领导欣赏

在职场上，是否能赢得领导的欣赏将影响着自己的前途和未来。大家都知道，职场中每位领导者的秉性、观点或者处事风格都会有所不同，同样一件事情，可能在不同领导的眼里，评价完全不同。不过，无论哪类领导都会喜欢态度积极、忠诚、勤奋和负责任的下属，这说明领导欣赏下属也有共性部分，主要包含以下5个方面。

一、用立场赢得信任

俗话说“人以类聚，物以群分”，这意味着志同道合的人会相聚成群，每个人都会有自己的“圈子”，在这个圈子内部会进行信息共享，是一个利益共同体。这也是为什么跟优秀的人在一起就会越来越优秀。当没有特殊的人脉关系或亲缘关系背景作为条件进入“圈子”时，最佳的捷径就是用“立场”来开启这个圈层。每个领导都喜欢下属能跟自己一条心，追随、拥戴他并听他指挥。

1. 坚定不移地支持领导　对领导安排的工作要积极响应，不挑三拣四，不找借口。尤其是在领导的决策得不到支持时，要主动站出来亮明观点，支持领导。没有一位领导会喜欢、信任见风使舵的“墙头草”。

2. 替领导分忧解难　危难时刻见真情，遇到领导难以安排下去的工作时，自己要主动站出来承揽。遇到紧急的工作，哪怕不是自己分内的，也要主动搭一把手，哪怕是义务加班。

3. 体谅领导的难处　领导的身份和职责决定了做事需以大局为重，有时不得不牺牲局部的利益，如果利益牺牲发生到自己的身上，要体谅领导，主动表示理解，并欣然接受，这时领导就会从内心感激。与领导的关系，也会因此更进一步。

4. 做好领导的参谋 身在基层，很多问题就能看到比较真实的一面。平时要多思考，以全局意识多给领导献计献策，这也是对自己的锻炼。

5. 不背叛领导 遇到问题先找领导沟通，不越级汇报。人前背后都要维护领导的权威，绝不阳奉阴违，也不在背后发表不利于组织的任何言论。对领导正面的评价，最好通过其他人传到领导的耳朵，就能更赢得其信任。

案例分享

小潘是××医药公司人事部门新招的一名员工，有一年的工作经验，基本素质比较优秀。实习期过后，她被安排做一些复印、打印、会议安排等一些简单、机械性工作。过了不到一个星期，小潘就找到部门经理要求调整工作内容，觉得自己的能力完全能够胜任更重要的工作，而且当初换公司就是为了不再做这些简单、机械的工作。部门领导没有同意她的要求，认为还需要进一步考察，小潘觉得很委屈。

想一想 小潘的能力不差，部门领导为什么不给小潘机会去胜任更重要的工作？

二、用诚信证明人品

人无信不立。诚信是一个人立足的根本，也是别人喜欢与其结交的前提。构建诚信的人品，可以通过以下几个方面：第一，不自欺欺人，对就是对，错就是错。平时多做少说，言而有信，不要不懂装懂。第二，参加会议、培训或日常的工作都要守时守纪，平时谨言慎行，不媚上欺下，更不能信口开河，满嘴跑火车，或妄加评论他人。第三，做到坦诚、多肯定他人、信守承诺。第四，上下级汇报时，实事求是，可以侧重汇报，但不可以罔顾事实，甚至弄虚作假。第五，正确对待批评，遇到领导批评时，要诚恳地接受。

案例分享

数年前，有一名座椅制造商雇用一批年轻人，以手工来制造椅子。商人依据每人制作出来的椅子数量，每周付款一次，但有一个条件：每一张椅子要在合格检验后，工人才能取得应获得酬金。这名制造商非常留意其中两名青年人。这两个人每周都分别造出很多好的椅子，而且很少有不合格的情形。随着时光的流转，制造商需要找一位监工了。他想到要从这两人之中选出一位来担任。

想一想 如果你是那名制造商，你会怎么决定呢？

三、用业绩证明能力

俗话说："没有功劳，苦劳就是'白劳'。"可以看出，在职场中无论是个人还是带领一个部门，都需要用出色的业绩证明自己。如果带领的是一个部门，就要用关键业绩指标的提升来证明；如果是个人，就要做好本职工作，把每项职责内的工作都力争做到最优。如果竞争激烈，确实在业绩上难有突出地表现，那就打造一项出众的特长，当具备别人没有的特长时，也会让领导刮目相看，正所谓《孙子兵法》曰："以正合，以奇胜。"另外，只要是重大工作事项、没人愿意挑头的工作、代表部门的工作，或者公司组织的自己力所能及的活动，都要尽量参与。遇到复杂问题时，也不要被表面的现象所迷惑，要学会创造性解决问题。只有展示自己，才能让领导更多地了解自己。即使最终结果不理想，领导一般也不会给予否定。毕竟这类工作涉及的因素太多，努力了也就足够了，至少态度摆在那里，一旦成功则将大放异彩。

案例分享

小欧和小沙同时在××医药公司做销售，小欧可以依靠个人能力做出10万业绩，在大多数同事当中算得上佼佼者了。小沙虽然个人能力没有小欧强，但是，她通过10个人，完成了100万业绩。

想一想 如果你是老板，你会提拔谁？给谁加薪？为什么？

四、用靠谱赢得放心

通常，领导常用“你办事，我放心”来评价下属。因为在执行力越来越稀缺的今天，任何一位领导，都不希望自己的想法和计划落空，他们都希望自己的想法能够得到很好地贯彻和实施，并获得理想的结果。让领导感觉靠谱，需做到以下几个方面：

1. 做事有始有终 无论是领导交给的工作还是自己职责内的工作，都要善始善终，不能虎头蛇尾。当遇到困难时，不是被动地等待甚至置之不理，而是积极地想办法克服。在大事上，要前有计划、中有监控、后有总结；在小事上，要根据紧急、重要程度统筹安排。

2. 为结果负责 所有自己经手的工作，无论是否中途有接手的人，到自己这里都要变成问题的“终点站”，要为结果负责，不留任何后患。

3. 实事求是 跟领导或同事交流时，要如实叙述，既不夸大，也不缩小。久而久之，就能获得“诚实”的评价。

4. 承担责任 自己担当的工作出现失误或结果不理想时，要主动承担责任，不推诿找借口。此时的经济损失，其实是吃小亏赚大便宜。只有这样，领导才会放心把更重要的工作托付给你。

5. 保守机密 无论是企业的核心机密、重大的人事安排，还是他人隐私，只要不宜公开的，都要严守机密。当领导可以毫无顾忌地向你袒露心迹时，你就有机会参与更多的决策。

案例分享

小张被临时派了一个任务，去集市采购鸡蛋回来用作药店药品促销活动。店长问小张：“集市上是否有鸡蛋？”小张说：“有”。店长又问：“有多少家在卖？”小张赶紧又跑回去问。回来后，小张说：“有5家。”店长又问：“那平均价格多少？为什么不打听一下？”小张很委屈：“您交代任务时没让我打听价格呀！”只好又匆匆跑回去一趟。

想一想 如果你是小张，你会怎么做？

五、用人格获得尊重

在职场上，对任何人都要做到不卑不亢。在职位上可以有差别，但在人格上必须相互平等，任何时候都不接受侮辱性的语言和行为。在工作中，什么事情该做，什么事情不该做，要有自己的原则，对方该做、能做而不做的，一定要拒绝；小事上不斤斤计较，也不争强好胜，否则因一时痛快驳倒了对方，往往也四面树敌，尤其在与领导观点相左时，更要给对方留足面子，不去挑战领导的权威；对待与自己有关的流言，只要不是原则性问题，则一笑而过。另外，工作时，也要有独立的见解，而非人云亦云，人都是以心换心，态度谦逊、尊重别人、多赞扬别人，也会换来对方的尊重。

案例分享

小花是××医药公司的老好人，同事之间只要有求，她就必应，很少拒绝人。时间久了，其他同事养成了习惯，把分内的任务，甩一部分扔给小花。别人优哉游哉早九晚五，小花每天加班加点。公司有另外一个人品有问题的女孩儿叫小丽，仗着小花好说话，把自己分内的工作压在小花的身上。有一次，本来是小丽负责的一个项目，晚上临走前必须完成，没想到完成了一半，到晚上5点的时候，说要陪男友看电影，把这个任务甩给小花。小花就默默地答应了，忙到晚上10点多才下班。第二天，因为项目出了问题，老板追究小丽的责任，小丽说是小花干的，小花成了吃力不讨好的人。

想一想　小花为什么会成为吃力不讨好的人？

活动二　学会与领导沟通的方法

职场中对很多人来说，跟领导沟通都很有压力。与领导间不对等的气场往往让下属头脑混乱，并导致沟通效果与真正想要达到的沟通效果相差甚远。怎样才能更有效地与领导沟通呢？我们一起来看一下与领导沟通方法。

一、掌握合适的时机和场合

与领导沟通时尽量选择领导时间充分、心情舒畅的时候提出意见或申请。通常推荐在上午十点左右或午休结束后的半小时里，和领导采取面对面，一对一，以委婉方式提出意见或申请。因为此时领导会有更好的体力和精力，下属提出的意见或申请也比较容易引起领导的思考和重视。

案例分享

《三国演义》中有这样一段文字：时操已醉，乃取槊立于船头上，以酒奠于江中，满饮三爵，横槊谓诸将曰："我持此槊，破黄巾、擒吕布、灭袁术、收袁绍，深入塞北，直抵辽东，纵横天下。颇不负大丈夫之志也。今对此景，甚有慷慨。吾当作歌，汝等和之。"乃歌《短歌行》，歌罢，众和之，共皆欢笑。

忽座间一人进曰："大军相当之际，将士用命之时，丞相何故出此不吉之言？"

操视之，乃扬州刺史，沛国相人，姓刘，名馥。当下操横槊问曰："吾言有何不吉？"馥曰："'月明星稀，乌鹊南飞。绕树三匝，无枝可依。'此不吉之言也。"

操大怒曰："汝安敢败吾兴！"手起一槊，刺死刘馥。

想一想　为什么刺史刘馥仅仅因为谏言就被曹操刺死了呢？

二、坦诚主动地多问多沟通

工作中，当自己和自己的团队有问题时要学会及时发现、及时解决，多坦诚主动地直接与领导沟通、探讨，寻求领导帮助，而不是问题出现后再去越级打小报告。这样既能增加领导与下属的感情，又能得到领导的认可，还可以得到同事的支持。

案例分享

小美是××医药公司业务主管，性格温和，对待员工也是出了名的友善，但正因其管理风格温和，员工大多松散，而且迟到现象较多。小美的上级主管凯尔为此间接警告过小美多次，但小美依然我行我素，之后，凯尔突击参加小美的部门早会，当众严厉批评了该部门所有人，小美不认同凯尔的做法，于是伙同下属在集团四处宣扬凯尔的做事方法不对，并集体 E－mail 给凯尔的上司打小报告，事情闹得很大，小美也一直没有得到提升。

想一想 如果你是小美，对于领导的批评你会如何处理？

三、乐于主动思考提出想法

与领导沟通时，应乐于主动思考提出想法。如在向领导汇报工作前，建议每次准备两个以上的方案让领导选择，即便方案不成熟，领导也会认为你在用心做事情。另外，汇报时也需要想好答案再汇报，并不是简单地抛出问题，虽然裁决权在于领导，但领导的决策并非十全十美，可以在领导提供办事方向后，适当向其提出自己的见解或困惑。以便拓宽领导思路，彰显个人能力。

案例分享

小杜是××医药公司新任的业务主管，其上级领导对他栽培甚多，但时间一久却惯出了小杜的坏毛病，芝麻大点的事小杜都会直接找到领导，并抛出问题求助，刚开始领导还与小杜悉心讨论，多次后，领导有些反感，一看到小杜找上门就借口离开，年度评级时，小杜被以“不具备相应能力”为由，受到降级处理。

想一想 及时向领导传达情况却遭到降级处理，如果你是小杜，你该怎么做？

四、精确地用数字数据说话

领导喜欢听数据。我们在汇报工作时不是主观臆断的去和上司沟通，而是应该精确地用数字数据描述，以量化的方式准确地告诉领导，而不是讲很多也许、差不多之类比较含糊的语言。如果是重要的汇报，还要事先针对汇报内容做模拟练习，从把控时间、汇报语言、逻辑框架等几方面准备，做到熟练掌握，烂熟于心。

案例分享

××医药公司安排小可执行新的项目，可着手没几天，小可就察觉到公司项目质量太差，任务根本无法执行，所以她第一时间与领导沟通，滔滔不绝地表达了自己的感受，当时领导没有表态，次日才找到小可说：“你认为项目质量有问题，你先暂停，我让婷婷去试试。”婷婷接手项目后，受到的阻挠与小可说的一样，但婷婷在向领导汇报前做了一份数据分析，足以证明项目质量低得无法执行，后来领导根据婷婷的报告停掉此项目。同时安排了更多新项目给了婷婷而非可可。

想一想　如果你是小可，你是否会知道自己为何不再受领导器重？

五、了解领导的性格和内心

与领导沟通时，要多了解领导性格与内心真实的想法，适度适时的恭维，按领导的想法完成工作任务，并在工作过程中反复和领导确认，最终得到领导的认可后由领导最终拍板决定，宣布结果。

案例分享

从新入职到××医药公司的绩效主管小叶，接到上级工作任务：深入下级子公司视察人事专员工作情况。小叶巧用工作技巧，将基层人事专员的错误一一洞察并列明。之后，在总部召开的常务会议上，将其发布，并对各区域人事专员批了个体无完肤，没想到此事一出，竟掀起了轩然大波，各地人事部联名提出了辞呈，并以罢工表示抗议，最后公司常务副总亲自出面调解，才免于动乱。事件平息后，上级找小叶谈话，表示自己只是让其做调查，而非全部进行否决，而且她的标准过高，拿这个标准要求大家着实难以做到，小叶委屈不已。

想一想　如果你是小叶，你如何面对自己受的委屈呢？

活动三　学会与领导沟通的技巧

在职场实践中，我们发现，能够得到重要和提拔的不一定是最能干的人，但一定是最能得到领导信任的人。那如何向领导提出问题、确认需求、寻求支持和汇报工作等来得到领导的信任和重用呢？我们来看看以下的6种技巧，帮助我们和领导进行高效地沟通。

一、领导权威受尊重

领导的权威是指领导者在被领导者心目中的威望和地位，其权威主要源自领导者的人格魅力，但下属对领导的尊重，也是提升其权威的一个重要方面。在职场中，有的下属经常自以为比别人聪明，在与领导的沟通中，自觉或不自觉地流露出某种优越感，喜欢与领导称兄道弟，或随便揭露领导的短处，让领导感到很没面子，这种沟通效果之差可想而知。因此，在与领导沟通时，特别是公共场合，要处处为领导利益着想，积极维护领导的尊严和面子，尊重领导的权威。

案例分享

小万刚刚拿到某名校的药物制剂专业硕士学位证，就应聘到了某药厂的生产部，成为生产副总。读研之前，他也曾有过3年多的工作经验，因此，小万对自己负责的生产工作感觉很有经验了，他的直接上级是总经理小李，他和小万的年龄相仿，本科毕业后，一直在集团工作，一年前晋升为总经理一职。

小万一到生产部，感觉对其他老总、经理和部门经理们，称呼起来都很容易，在姓后面加上职位就可以了。可是对于自己的直接领导，年长的同事都称呼他为小李，而年轻的同事，职位都低于小李，都叫小李为李哥。因此，小万认为自己和小李年龄相仿，就直呼其名好了。但他发现小李刚开始听到这个称呼时一愣，表情有些尴尬，虽然小李也勉强地答应着，但工作起来，他们之间便有些隔阂了。

想一想 小万刚开始称呼小李名字的时候，小李的表情为什么会尴尬？接下来他们之间的工作为什么会有隔阂？到底是哪里出了问题呢？

二、恪尽职守不越位

在职场中我们不仅要严守自己的岗位，谨慎认真地做好本职工作，还要服从领导，并且有执行力。即使领导的命令或决定不尽如人意，甚至和自己的意见完全相悖，也要立即执行。因为下属执行领导的命令或决定，即使做错了，领导也不一定会责怪你，但反过来情形就会完全不一样。

案例分享

××医药公司的丁经理即将退休，她想在公司年会上讲讲自己的退休感想。于是就把江秘书叫到办公室想征求下她的意见。

丁经理和蔼地说："小江啊，我有个想法，听听你的意见。你看，我很快就要退休了，明天可能是我参加的最后一次公司年会，我想做完工作报告后，借机谈一谈退休的感受。"

"丁经理，这恐怕不太合适。"江秘书与丁经理的交流一向直言不讳："虽说您已经到了的年龄，传闻上级也研究了接替人选，但正式命令没到之前，不宜在这个场合谈论自己退休的事宜。"

"哦。"丁经理略有所思地说："你说得也有道理，让我再想想。"

江秘书并不知道，在年会上讲自己退休的感受，是丁经理经过深思熟虑的，江秘书的建议并没有动摇丁经理的决心。丁经理早就把自己想要在年会上讲的心里话写在了报告稿的后面。她把稿子交到江秘书手上，让她最后再校对一遍，与其他文件一并印发与会人员。江秘书拿着稿子回到办公室，边校对边想，刚才自己已经给丁经理提了建议，不要在年会上讲个人退休的事宜，报告后面怎么还有这一段内容呢？她想当然地认为，大约丁经理是想让自己在校对时把这段给删去。于是，他大笔一挥，把丁经理那段退休感言全部删掉，之后就复印了。

临下班前，丁经理拿到了全套会议材料。他打开年度工作报告稿一看，自己亲自加的那段情真意切的退休感言没有了，心里很不高兴，一个电话打给了江秘书："小江啊，我看见会议材料了，你怎么随意删改我的讲稿呢？"

江秘书一时被批懵了，不知如何回答才好。

电话那头丁经理严厉地说："按原稿重印！"

"是！"江秘书心情郁闷地忙了大半个晚上，才把发出的文件收回来，把重印的文件发到与会人员手中。

想一想 丁经理为什么会批评江秘书？

三、请示汇报有分寸

领导通常都是特别忙的，下属在跟领导请示汇报工作的时候，应当根据问题的重要与否，选择领导乐意听取报告的时机进行请示汇报。如果不知道领导什么时候有空，可以通过 QQ、微信或写纸条的方式提前跟领导约定面谈的时间、地点。并提前想好请示汇报的目的和核心要点，还需要注意将重要的事情放在最前面说。当我们和领导讲话时没有重点、语义不详、东拉西扯时，我们可以从领导紧缩的眉头、紧闭的嘴巴察觉到领导强忍的情绪，所以连自己都没想清楚的事情就不要急着去找领导，到时只能越说越乱。

案例分享

小陈想建议领导对××药降价。拟定了两种汇报方案：

方案一："领导，鉴于目前激烈的竞争环境，特申请××药降价5%。理由如下：竞争对手普遍降幅10%左右；而我们产品定位稍高，不适合也降10%，对品牌形象有损害；但是为了进一步吸引客户，我们可以在降低5%的同时，附赠小礼品；经过核算，这样一来，我们整体销量上升10%，利润率虽然降低，但是利润总额提高"。

方案二："领导，最近我们日子很不好过啊，竞争对手降价10%了，抢了很多我们的客户，客户也抱怨，老给我们打电话，说我们怎么价格那么高，前几天南区老陈的一个项目就快丢了……"

想一想　对比一下以上两种沟通方式，哪个会令领导更加喜欢？哪个沟通更加高效？为什么？

四、有胆有识受器重

作为下属，不仅工作态度要认真，更重要的是有良好的沟通能力，要争取让自己的才能得到上司的认可，自身受到上司的器重。职场是个追求效率的领域，如果对领导持畏惧心理，事事谨小慎微，如履薄冰，那就很难与领导进行沟通。不能与领导沟通的下属，如何让领导相信你的才能？领导不知道你的才能，又如何器重你呢？

五、患难之交见真情

职场中每个人都会有自己的难处，领导也不例外。下属要和领导建立良好的情感关系，就要多体谅和理解领导的难处，并能在关键时刻挺身而出，为领导排忧解难，这样才能让领导感觉到自己的下属具有良好的思想品质和突出的工作能力，能胜任目前的工作，并能担任更重要的工作。

案例分享

某药厂因药品质量问题而引起社会公众的投诉。当电视台记者到该厂采访时，最先遇到的是班长小刘。小刘怕担不起这个责任，就对记者推却到："我们品质主管正在办公室，你们有什么事直接去问他吧！"记者闯进品质主管办公室，把品质主管逮了个正着，品质主管想躲也躲不开了，又没有一点心理准备，只好硬着头皮接受了采访。事后，品质主管得知是小刘不仅没有及时反映情况，还将责任推卸于自己，很生气，很快就把小刘炒了鱿鱼。

想一想　小刘为什么会被炒鱿鱼？

六、化解误会赢信任

在日常工作中，有时也会出现这样的情况：某件事情明明是领导没有处理妥当或耽误了，可在追究责任时，领导却指责下属没有及时汇报。在这种情况下下属若甘心为领导"背黑锅"来化解误会，可能眼下会挨几句批评，但往往最后会赢得领导的信任和重用。

案例分享

在××医药公司曾出现过这样一件事情：市食品药品管理局下达了一个关于药品质量检查的通知，要求各区的医药公司届时提供必要的材料，准备汇报，并安排必要的检查。××医药公司收到这份通知后，人事小王先把这份通知送交了办公室主任陈军，陈主任看到此事比较急，当日便把通知送往总经理办公室。当时，总经理正在接电话，看见陈主任进来后，只是用眼睛示意一下，让他把文件放在桌上即可。于是，陈主任照办了。然而，就在检查小组即将到来的前一天，市食品药品管理局来电话告知到达日期，请安排接待时，这位总经理才记起此事。他气冲冲地把办公室陈主任叫来，一顿呵斥，批评他耽误了事。在这种情况下，陈主任深知自己并没有耽误事，真正耽误事的正是总经理自己，可他并没有反驳，而是老老实实地接受批评。事过之后，他又立即到总经理办公室找出那份通知，连夜加快班、打电话、写材料，很快他把需要的材料准备齐整。这样，总经理也愈发看重这位忍辱负重的陈主任了。

想一想 总经理为什么会愈发看重这位陈主任？

趣味测试

说服上级领导的能力测试

在和上级领导沟通时，你会：

1. 能自始至终保持自信的微笑，并且音量适中（　　）

A. 一贯如此　　B. 经常如此　　C. 很少如此

2. 善于选择领导心情愉悦、精力充沛的时候作为谈话时机（　　）

A. 一贯如此　　B. 经常如此　　C. 很少如此

3. 已经准备好了详细的资料和数据以支持你的方案（　　）

A. 一贯如此　　B. 经常如此　　C. 很少如此

4. 对上级将会提出的各种问题胸有成竹（　　）

A. 一贯如此　　B. 经常如此　　C. 很少如此

5. 语言简明扼要，重点突出（　　）

A. 一贯如此　　B. 经常如此　　C. 很少如此

6. 和领导交谈时亲切友善，能充分尊重上级的权威（　　）

A. 一贯如此　　B. 经常如此　　C. 很少如此

说明：选择A得3分，选择B得2分，选择C得1分。得分在15~18分之间说明你有很强的说服上级领导的能力；得分在12~14分之间说明你具有一定的说服上级领导的能力，需要适当的训练；得分在6~11分之间说明你说服上级领导的能力还比较薄弱，需要加强训练。

附：职场人的性格类型分析

心理学家把人的性格分为4种类型，即多血质型、胆汁质型、黏液质型和抑郁质型。不同的性格，有不同的嗜好和行为方式，其性格特点、喜欢的类型群体、厌恶的类型群体和对下属汇报工作的注意方式都会不同。当然，性格也不是绝对的、一成不变的，一般以哪种特点居多，就归为哪种类型，而且有时情绪也会影响性格的变化。下面一一介绍，以供参考。

一、活泼型多血质

1. 性格特点 活泼好动、善于交际、思维跳跃、易于授权、善于激励他人、容易接受新鲜事物。但感性多于理性，比较情绪化，也容易轻信他人，健忘，且执行力不够。

2. 喜欢的类型 对方比较阳光，能善于倾听，喜欢肯定和赞扬自己。

3. 厌恶的类型 吹毛求疵、无法互动、不认可自己。

4. 汇报工作时 汇报场合随意不拘泥，只求结果，不在意过程。这类人对信息接收属于感觉型，可用新奇的汇报方式吸引其注意力。

5. 这类人的识别 开朗热情、滔滔不绝，喜欢开玩笑，做事“差不多就行”，是个和事佬。

二、力量型胆汁质

1. 性格特点 喜欢表现、思维敏捷、坦率热情、精力旺盛、自信心强。但容易冲动，脾气暴躁，权力欲强，有时朝令夕改。

2. 喜欢的类型 支持他、顺从他、附和他，喜欢对方迅速采取行动，能在重压下工作。

3. 厌恶的类型 员工不忠诚，喜欢质疑并挑战自己的权威，并且不服从管理、懒惰、做事拖沓。

4. 汇报工作时 信息接收大多属于视觉型，汇报时要先说重点或结果，再说提纲。最忌直接开始细节汇报，在解释重点内容时，可以边说边画辅助。

5. 这类人的识别 手势多、语速急、脾气大、没耐心、行动迅速、咄咄逼人，时常变来变去。

三、平和型黏液质

1. 性格特点 情绪稳定、善于忍耐、考虑问题全面、不喜形于色、目标坚定。但容易墨守成规、缺乏热情、反应缓慢、不善创新。

2. 喜欢的类型 心态平和、亲切友善、温柔以待，并认同自己。

3. 厌恶的类型 对方咄咄逼人、过于热情、急于求成，对上级的要求过高。

4. 汇报工作时 信息接收大多属于触觉型，在汇报时要选安静的场所，尽量用书面的方式，让他能触摸得到。汇报语速要慢，给出其思考的时间。

5. 这类人的识别 说话慢条斯理、固执、安静、姿势总是很放松（习惯坐着或倚着）。

四、完美型抑郁质

1. 性格特点 追求完美、性格内向、不怕困难、责任心强，对工作有高要求。但容易吹毛求疵、过于敏感、优柔寡断、缺乏自信、悲观负面、行动迟缓。

2. 喜欢的类型 做事严谨、思想深邃、心胸宽广、守时守纪，并给其安全感。

3. 厌恶的类型 穿着邋遢、肤浅随意、半途而废。

4. 汇报工作时 信息接收大多属听觉型，汇报时要强调因果关系和逻辑，细节描述要生动，汇报内容的格式要整洁美观。必要时，可以用细节故事打动他。

5. 这类人的识别 内向腼腆、不苟言笑、穿着一丝不苟。说话、做事的逻辑严谨，生活、工作规律强。

答案解析

即学即练

1. 如何赢得领导的赏识？
2. 与领导沟通的方法和技巧有哪些？

实践实训

讲述自己在生活中的成功或失败沟通情景

实训内容：举一个自己生活中成功或失败的沟通经历，并分析原因。

训练要求：训练过程应包括案例表述、原因分析、教训启发、同学点评等方面。

目标检测

答案解析　知识回顾

一、单项选择题

1. 职场中每位领导者的秉性、观点或者处事风格都会（　　）

A. 有所不同，同样一件事情，可能在不同领导的眼里，评价会完全不同

B. 相同，同样一件事情，可能在不同领导的眼里，评价会完全不同

C. 有所不同，同样一件事情，在不同领导的眼里，评价会完全相同

D. 相同，同样一件事情，可能在不同领导的眼里，评价会完全相同

2. 遇到领导难以安排下去的工作时，自己要（　　）

A. 等待安排　　B. 学会逃避

C. 主动站出来承揽　　D. 不搭理

3. 工作中遇到问题先找（　　）沟通，不越级汇报。

A. 教练　　B. 领导　　C. 下属　　D. 恩人

4. 职场中无论是个人还是带领一个部门，都需要用（　　）证明自己。

A. 出色的业绩　　B. 勤奋的工作

C. 踏实的作风　　D. 诚恳的态度

5. 在大事上，要（　　）

A. 前有计划、中有监控、后有总结　　B. 前有监控、中有计划、后有总结

C. 前有总结、中有监控、后有计划　　D. 前有计划、中有总结、后有监控

6. 在职位上可以有差别，但在人格上必须相互（　　）

A. 健康　　B. 攀比

C. 反感　　D. 平等

7. 与领导沟通时尽量选择领导时间充分、心情舒畅的时候提出意见或申请。通常推荐在（　　）

A. 早上刚上班时　　B. 上午十点左右或午休结束后的半小时里

C. 中午午休时　　D. 下午下班后

8. 在向领导汇报工作前，建议每次准备（　　）的方案供领导选择。

A. 一个　　B. 一个以上

C. 两个　　D. 两个以上

9. 我们在汇报工作时不是主观臆断的去和领导沟通，而是应该精确地用（　　）描述。

A. 文字　　B. 数字数据　　C. 语言　　D. 短信

10. 当领导的命令或决定不尽如你意，甚至和自己的意见完全相悖时，应（ ）

A. 立即执行　　B. 不去执行

C. 按自己的意愿做　　D. 不理睬

二、多项选择题

1. 无论哪类领导都会喜欢（ ）的下属。

A. 态度积极　　B. 忠诚　　C. 勤奋　　D. 负责任

2. 对领导安排的工作要（ ）

A. 积极响应　　B. 不挑三拣四

C. 不找借口　　D. 推诿

3. 构建诚信的人品，可以通过以下哪几个方面？（ ）

A. 不自欺欺人，对就是对，错就是错

B. 做到坦诚、多肯定他人、信守承诺

C. 上下级汇报时，实事求是

D. 正确对待批评

4. 工作中，当自己和自己的团队有问题时要学会（ ）

A. 及时发现　　B. 及时解决

C. 多坦诚主动的直接与领导沟通、探讨　　D. 寻求领导帮助

5. 在与领导沟通时，特别是公共场合，要处处（ ）

A. 为领导利益着想　　B. 积极维护领导的尊严

C. 积极维护领导的面子　　D. 尊重领导的权威

6. 向领导请示汇报工作前，如果不知道领导什么时候有空，可以通过（ ）方式提前跟领导约定面谈的时间、地点。

A. 直接　　B. 微信

C. 写纸条　　D. QQ

三、简答题

1. 让领导感觉靠谱，需做到哪几个方面？

2. 领导的权威指什么？其权威主要源自哪些方面？

3. 怎样选择与领导沟通的时机？

四、案例分析题

"野心过大"的小东

小东在××医药公司中做事认真积极，业务能力出众，连续 8 个月以月销售排名第一的业绩晋升销售主管。慢慢地，小东开始膨胀了，在上司的领导下他感到很压抑。他对顶头上司越来越感到不满。于是他开始想办法挤走上司。在工作上，小东也是越俎代庖，权力上"架空"越过上司向总经理打小报告。上司和小东二人关系公然破裂，开始斗争。最后的结果是，小东被迫辞职。原因是，上司是该公司的创业元老员工之一，上级领导很重视他，走的人只能是小东。

问题

1. 小东为什么会被迫辞职？

2. 此案例给我们什么启示？

任务三　学会与同事沟通

PPT　微课

实例分析

实例　某医药营销公司新招来一名优秀的医药营销员莉莉。莉莉刚来公司不久，业绩非常出众，颇受领导的赏识。但莉莉从来不与其他同事交流，也不知道怎么与同事处好关系。时间一久，就招到同事明明的排挤。明明是公司的老员工，工作积极性高，自尊心强，见新来的莉莉很快抢了风头，平日对自己又不理不睬的，不免心怀不满。莉莉却不以为然。渐渐地两人地矛盾就激化了，甚至有一次为了一件小事，当众争吵了起来。刚开始，领导只是规劝莉莉，让她多担待。可后来领导需要调解矛盾的次数一多，就不耐烦起来。虽然他欣赏莉莉的工作能力，却觉得她不会处理与同事之间的关系。最后，领导只好将她调到其他部门。

问题　1. 在职场中应该怎样与同事交流？

2. 与同事交流时应该注意哪些问题？

答案解析

活动一　学会与同事沟通的方法

一、同事间需要有效沟通

1. 有效沟通的内涵　所谓有效沟通是指信息发出者通过某种途径和方式，如视觉、听觉和触觉等，将信息有效地传递给接受者，接受者能正确地理解，并能有效地反馈的过程。同事间有效的沟通可以减少彼此不必要的误会，从而拉近双方的关系，能够更好地在工作上合作。

案例分享

心理学家曾做了一个小的测试，他邀请几名大学生到一间屋子观看节目，节目中间播放了好几次广告，最后他将电视关掉，让大家分别来回忆刚刚所看见的广告有哪些。最后，大家都不能真正全面的说出刚才的广告信息。

案例评析　在沟通的过程中，由于各种原因造成沟通受阻，而不能真正地实现有效沟通，甚至会丢失某些重要的信息。现实生活中因为沟通不良而造成的冲突更是时有发生，同事之间应建立起友好合作、团结互助的良好关系，有效的沟通能促进同事间关系的协调融洽。

2. 同事间有效沟通的重要性　石油大王洛克菲勒说：“假如人际沟通能力也是同糖或咖啡一样的商品的话，我愿意付出比太阳底下任何东西都珍贵的价格购买这种能力。”由此可见有效沟通的重要性。

（1）同事间有效的沟通可以互通消息，交流思想，增进合力，有利于提高工作效率和质量。美国著名未来学家奈斯比特曾指出：“未来竞争是管理的竞争，竞争的焦点在于每个社会组织成员之间及其外部组织的有效沟通上。”同事之间通过有效的沟通能够掌握、传播信息，交流思想，交换工作经验，使组织内部成员之间共同交换工作中有用的信息，使团队共有互动，减少工作内容的重叠，达成资源共享，进而推动整个工作的进程，提高工作效率。

（2）同事间有效的沟通可以增进了解，减少摩擦争执与意见分歧，改善人际关系。人与人之间的交流，如果不能有效的沟通，对方就不能真正地理解自己说话的意图，这样就会引起误会甚至会使关系破裂。在职场上，往往与你走得近的不是领导，而是同事。同事间关系的融洽和谐往往能直接影响你工作的顺利与发展。有效的沟通是促进同事间友好关系的纽带。

案例分享

珍珍是一家药品医疗机构的质量检验员，主要负责药品质量监测，性格内向，不喜欢与人交流。去年10月，一次重感冒使得她不得不请假暂时在家休息。而此时正是药品上市的重要时间，领导只好将她的工作临时交给同事兰兰来做。兰兰虽然也是制药工程的技术人员，但仍然对新接手的工作不太熟练，于是，给在生病中的珍珍打电话咨询。可珍珍觉得自己是在生病期间，又请了病假，没必要再关心工作上的事，就将手机关机了。期间，也不再跟单位的同事打电话了解情况。兰兰没办法，只能自己慢慢揣摩，大大影响了工作效率，为此还遭到了领导的批评。兰兰因此感到很委屈，她不敢向领导抱怨，最后就将气撒给了回来上班的珍珍。从此，两人关系破裂，误会由此而生。

想一想　珍珍在与同事沟通的过程中出了什么问题？应该如何避免同事间的摩擦和争执？

（3）同事间有效的沟通能疏导人员情绪、消除心理困扰。同事间有效沟通还具有心理保健作用，可以帮助彼此消除工作压力，缓解紧张情绪。同事情绪出现变化、思想有波动的时候，我们通过有效的沟通可以了解和满足同事的情感需求，增进心理的健康。

3. 影响同事间有效沟通的因素　信息的沟通往往会受到某些因素影响，这些因素有可能来源于环境，也可能来源于信息的发送者或者接收者。不了解这些因素，就会使人际沟通受到阻碍。信息的有效沟通是人与人之间正常交流的前提。

同事间有效的沟通能够增进友谊，推动工作有序地发展。无效的沟通往往会引起误会甚至还会闹笑话。影响同事间有效沟通的因素有社会地位的不同、文化背景的差异、认知偏差、情绪作用。

（1）社会地位　每个人在社会上都扮演着不同的角色，有着自己的社会地位。我们知道，由下对上不好沟通，而由上对下却很容易。领导的一句话，我们就会服从。而往往下属的建议却不好对上传达。不同阶级的成员，对同一信息会有不同的看法。讲话适应理论认为，人们在人际互动的过程中，倾向于适应彼此的讲话风格以改善沟通。但是，在职场中，具有较高地位、较高威望的人就会强调他们讲话风格的差异性，以显示自己的领导身份。而具有较低地位、较低威望的人就会向前者的讲话风格靠拢，这其实就是地位差异造成的。

（2）文化背景　不同的文化有不同的背景，比如在中国，朋友之间见面寒暄之时总会问起对方的身体状况如何，最近身体是否健康，父母身体是否安好。因为我们认为身体健康比什么都重要，关心对方自然也应该关心对方的身体。然而，在很多西方国家则不以为然。他们很忌讳别人过问自己的身体状况，觉得那是自己的隐私。可见，不同的文化有不同的看法，在职场上与同事沟通时，要多注意来自不同地域、不同民族、不同国家的同事间文化、风俗习惯的差异。否则，就有可能会发生这样的事情：我们自以为但人家却看成是一种负担；自以为是一种解释，但人家却认为是一种冷语；自以为是一种直言，但人家却觉得是一种嘲笑。

(3) 认知偏差　认知偏差是人们在感知自身、他人或外部环境时，常因自身或情境的原因使得感知结果出现失真的现象。典型表现有显著性偏差、生动性偏差等。《了不起的盖茨比》里面有一句话："每当你觉得想要批评什么人的时候，你切要记着，这个世界上的人并非都具备你禀有的条件。"这其实也是在警醒我们不要陷入认知的偏差。

案例分享

《列子·说符》："人有亡斧者，意者邻之子，视其行步，窃斧也；颜色，窃斧也；言语，窃斧也；动作态度，无为而不窃也。俄而掘其谷而得其斧，他日复见其邻人之子，动作态度，无似窃斧者。"这里说的就是一个人丢了斧子，怀疑是他邻居家的孩子偷的，就暗暗地注意那个孩子。他看那个孩子走路的姿势，像是偷了斧子的样子；他观察那个孩子的神色，也像是偷了斧子的样子；他听那个孩子说话的语气，更像是偷了斧子的样子。总之，在他的眼睛里，那个孩子的一举一动都像是偷斧子的。不久，他在刨土坑的时候，找到了那把斧子，原来是他自己遗忘在土坑里了。从此以后，他再看邻居家那个孩子，一举一动丝毫也不像偷过斧子的样子了。

想一想　这个故事告诉了我们什么道理？同事间沟通的过程中如何消除认知偏差？

(4) 情绪作用　职场上，同事间的沟通往往还会受到情绪的影响。我们常说"关键是看你的态度"，情绪就是你对待沟通交流时的态度。当你沮丧难受时，你传递的就是垂头丧气的态度；当你焦灼不安时，你传递的就是焦虑的态度；当你欣喜若狂时，你传递的就是兴奋的态度。沟通法则强调的是"不在乎你说什么，关键在于你怎么说"，"怎么说"就包含着情绪因素在内，而且情绪因素是其中的主要因素，同样的沟通信息在不同的情绪下会有不同的传达方式。同事间交流时，良好的情绪会直接影响到彼此交流的顺畅与关系的拉近。

练一练

信息传递游戏

材料准备：一则摘自报纸杂志或者网络的简短文章。

场地：教室及可利用的教室外的场地（比如走廊）。

形式：5人一组，并将各组成员从1~5号分好次序。

时间：10~12分钟。

游戏步骤：请每组1号留在教室内，其他人先出去，将文章念给各组的1号听，但不允许他们提问或做记录。然后让2号从教室外进来，每组的1号负责将文章复述给2号听。3号再进来，2号将文章再复述给3号听。以此类推，直到每组的5号都听到了故事。老师让每组的5号学员将听见的内容复述一遍。

想一想

1. 每个传递者都遗忘哪些内容？
2. 是什么影响了我们沟通信息的有效传递？

二、与同事沟通的方法

1. 认识和了解同事　认识和了解同事是沟通的前提，只有正确认识了同事，才能克服所有影响有效沟通的重重障碍，与同事达成共识，建立良好的同事关系。在职场上，了解自己很有必要，读懂同事同样重要。同事每天与你并肩作战，如果你不能了解他们，就不可能与他们产生高度的默契，更不可能理解对方，这样交流起来，难免会使得你们沟通陷入困窘，有时还会产生不必要的误解。认识和了解同事，才能使你们的沟通更加顺畅，相处更加融洽，工作也会更加的高效。

案例分享

案例 1 春秋战国时期，耕柱是墨子的得意门生，但他却老是遭墨子的责骂。有一次，墨子又责备了耕柱。耕柱觉得自己委屈极了，因为在众多的门生之中，耕柱是大家所公认的最优秀的人，但又偏偏常遭到墨子的指责。耕柱再也忍不住了，他愤愤不平地问墨子："老师，难道我在这么多学生当中是如此的差劲吗，以至于要时常遭您老人家的责骂？"

墨子听后毫不动肝火："假设我现在要上太行山，依你看，我应该用良马来拉车，还是用老牛来拖车？"耕柱应答到："再笨的人也知道要用良马来拉车。"墨子又问："那么，为什么不用老牛呢？"耕柱回答说："理由非常简单，因为良马足以担负重任，值得驱遣。"墨子说："你答得一点也没错，我之所以时常责骂你，也只是因为你能够担负重任，值得我一再地教导与匡正。"

案例评析 墨子总是被老师批评，以为老师是不喜欢他。后来终于忍不住问了老师责骂自己的原因，墨子才知道原来老师的责骂其实是对自己的看重，他的责骂不过是一种教导方式。只有对自己的老师有了正确的了解，才能真正地明白老师的用心良苦。

想一想 1. 你对你身边的同事了解吗？如何才能真正地了解身边的同事？

2. 学会与不同类型的同事进行有效沟通。

案例 2 办公室来了一位新同事小华，工作很努力也很积极，常常会主动承担起部门的很多事情，对于某些工作，常常有自己的见解，有时甚至比领导想得还要细，往往上面没有安排的方案，他也要主动加班去拓展。自己做不完的，就拿出来让大家一起做，下达任务，并告知完成的时间和目标。办公室的同事都很不愿意多做自己分外的事，纷纷暗自议论，觉得小华又不是领导，为什么要来主导别人的工作呢？自己想要出风头多干事，还要分摊给大家来做。对他很是不满。

想一想 1. 小华是属于什么类型的同事呢？

2. 如果你遇见像小华这样的同事，你应该怎样与他相处呢？

2. 不同类型同事有不同的沟通方法

同一单位的同事来自全国各地，跨国企业更有来自全球的人士。由于所受的教育程度不同、文化背景不同、生活的地域环境不同，其性格也是千差万别。要处理好与同事之间的关系，就要学会与不同类型的同事沟通交流，而不是故步自封，不懂得灵活应变。以下是在职场中的几种常见人物类型。

（1）支配型 支配型的人在职场中，往往喜欢左右他人的思想，事业心很强，喜欢冒险。做事情自信果断，以自我决策为主导，直奔结果，不注重细节，当机立行，掌控全局。

优点：自信、做事果断、不畏艰难、勇于创新，工作积极性高，有很好的带头风范。

缺点：过于注重工作的结果，不太注重周边人的感受，喜欢以自我为中心操纵他人，工作要求过高，好胜心强，不太会与人交往。

与支配型的同事沟通，我们要尽可能地理解对方的工作作风，积极配合其雷厉风行的做事风格。尽可能地发挥共同协作的精神，与他们站在同一阵线上共同达成工作目标，这样他们也乐于保护你，与你分享他们的成就。对于他们在工作中喜欢操纵别人、忽略别人感受的性格，我们可以让他们知道自己的感受，将感受告诉他们后，他们自然也会注意到。我们不要过度地批评对方，因为支配型的人不容易妥协，不愿意接受直接的批评，这样，反而容易发生争执。应该是用真心对待他们，让他们感受到我们的真实想法，获得对方的理解，慢慢地使彼此能够相互理解，融入对方的感受。在和支配型的同事交谈时，一定要直截了当，不要拐弯抹角，直奔主题或许能更容易解决你工作中的难题，这是因为支配型的人做事讲究效率、看重结果。在与支配型同事沟通时还要注意有自信心，缺乏自信的你会让他对你的话产生怀疑，所以在沟通的过程中，要有一定的目光接触，声音洪亮，表现出强烈的自信，身体略微前倾，表达出对对方的尊重。

（2）表达型　重视外在形象，好表现自己，对人热情大方，善于交际，广交朋友，性格开朗，情感细腻丰富。

优点：性格热情奔放、好交朋友、口才流畅、富有同情心。

缺点：容易情绪化，在工作上需要有技术能力强、理智性强的人引导。

表达型的人在工作上喜欢表现自己，与他们相处时，可以将更多的表现机会让给他们以激发他们的工作激情。表现型的人善于表现自己，公众的认可和鼓励会让他们更加的有信心去展示自己的才华。我们可以经常的称赞他们，留给他们展示自己表达自己的时间，并表现出自己对他们的话题很感兴趣，认真倾听。对于好的方面。我们可以运用身体语言，加强目光接触，表现出积极的合作态度。重要的事情一定要与他们书面签字确认，避免因为对方的感情用事有所变化。热情大方，积极与对方建立良好的关系，对于对方时而表现出的情绪化，我们要加以理解，适当沉默。给予对方一定时间宣泄，再靠近对方，真诚地面对，共同交流，好好沟通。

（3）精确型　做事严于律己，谨慎含蓄，注重细节，追求完美，思维灵敏，分析事物能力强，精确度高，谨守分寸，忠于职责，容易钻牛角尖，困于某个思维胡同中无法自拔。

优点：思维敏捷，做事严谨、精准度高，忠于职责，重视传统礼节，纪律严谨，善于考察事物细节并想出合乎逻辑的解决方法。

缺点：过分追求完美、精益求精，有时不免表现出过于传统保守。性格内敛，行事讲究制度化，事事求依据、循规律，重规则、轻情感，事事以规则为准绳，并以之为主导思想，与人沟通往往陷于教条化、流于形式，不善言辞。

精确型的同事往往做事比较严谨，爱岗敬业，守纪律重承诺，很受领导的欢迎。但是，他们过于谨慎，做事重规则，追求每件事都做到完美、精准，行事讲究制度化，事事讲究依据，不善于与人沟通，有时甚至会忽略别人的感受。这样，在与之沟通时，我们可以多试着主动与他们接触，充满热情地与他们打招呼，注意运用微笑的面部表情，以热情来感染他们，多观察他们，发现他们的兴趣爱好，围绕对方关心的、有兴趣的话题展开交谈，尽量遵循对方的原则，不要打破对方的常规，以此来缩短彼此的距离。

（4）耐心型　耐心型的人性格善良平和，待人友善，做事稳健，有过人的耐力。

优点：善良，和蔼可亲，很善于体察别人的感受，关注别人的情感，能与各种性格的人友好相处。

缺点：做事容易受感情的影响，容易感情用事“受别人的支配”很难坚持自己的观点。

耐心型的同事既受领导的欢迎，也受同事的尊重。他们性格温和，说话声音轻柔，为人和善，喜欢和谐友好的工作氛围，时时体恤对方的感受。与这类同事相处时，可以主动与他搞好关系，学习他们身上优秀的待人处事的品质和做事耐心、不骄不躁的敬业精神，不断完善自我。做好自己的本分事情，不要利用对方的善良过分要求对方，对于对方赞同性、鼓励性的语言我们要给予积极回应。

（5）综合型　综合型的人性情中庸、立场中立、适应环境的能力强，喜欢和各类型的人交朋友。

优点：职场环境适应性强，能够和各类人搞好关系。

缺点：处事较圆滑，没有预设立场，可以随时改变自己的角色以适应对方。

综合型的同事职场环境适应能力强，喜欢在领导面前拍马屁，较受领导的喜欢，在同事面前又能很快地融入集体。性情较中庸，立场中立，在职场上容易当墙头草，为适应不同类型的同事随时扮演不同的角色，不与任何同事树敌，这是他们处事的原则。和这种同事相处说话要尽量谨慎，要尽可能地适应他们的说话方式，不管他们的赞美真诚与否都应该乐于接受。与他们沟通时，我们也要随时做好对应的转换，适应他们的各种说话风格，与他们保持适当的安全距离。

3. 将心比心，多站在对方的角度讲话　在与同事沟通的时候，要站在对方的角度讲话，这样，对方会感觉你是在从他的角度考虑问题，自然会尊重你，愿意与你沟通。在工作中，难免会因为一些鸡毛蒜皮的小事闹得不愉快。但是，我们若能设身处地地为对方想一想，将心比心，很多矛盾和冲突就不会发生。同事之间交流，我们要多为对方考虑，说话时不妨多用“你”少用“我”，或尽量使用“我们”，换个角度说话，会使对方倍感尊重。在与同事交谈时，尽量少谈自己的感受，少说我怎么样怎么样，我觉得什么；注意不要强调你为对方做了什么，而要注重对方的感受是什么，强调对方能获得什么，或者能做什么，站在对方的立场上说话，会更能打动人。

案例分享

年轻的小护士第一天来医院实习，为一位病人输液，她扎了两次针也没能把针扎进血管里，眼见着针眼处已有了血痕。病人焦灼不堪，却对满头是汗的护士给予安慰和鼓励：“不要紧，再来一次。”第三针，果然成功了。小护士连声说：“谢谢阿姨，能让我有勇气扎第三针，这是我第一次给病人扎针，太紧张了。”病人告诉她：“我也有个女儿，跟你差不多大，正在医科大学读书，她也会面对第一位患者，真希望我的女儿也能在第一次扎针时得到患者的鼓励与宽容。”

案例评析　病人在被年轻的小护士连续扎了两针未成功后，疼痛之时仍旧强忍住内心的情绪给予对方鼓励，这是因为她也有一个即将面对第一位患者的医学生女儿。自然容易产生宽容之心。将心比心，站在对方的立场上处事，是一种品质，也是一种基本的道德教养。同事之间的交往也应该懂得遵守这一黄金法则，能时时做到从对方的想法出发，对他人的失意、挫折和伤痛进行换位思考，以一颗包容的心去了解，关心他人，以此建立良好的同事关系。

想一想　我们在与同事沟通的过程中，如何才能做到将心比心？

4. 对同事的承诺要慎重　同事之间要做到信守约定，对同事的承诺要慎重，不管是答应交往对象所提出的要求，还是自己主动向对方提出建议，或者是向对方许愿，都一定要深思熟虑，量力而行，一切从自己的实际能力以及客观可能性出发，切勿草率行事。同事之间的承诺，一旦许诺必须兑现，要真正地做到“言必信，行必果”。同事之间，相互帮助可以提高工作效率，但是，有时遇见一些特殊的情况，不要轻易的许诺。如帮同事汇报工作、帮同事签字等等。职场中，很多事情是必须亲力亲为的，不能代办，这是一种工作的责任和职责。对于已经许下的承诺，万一由于难以抗拒的因素，致使自己单方面失约，或是有约难行，需要尽早向同事进行告知和解释，并给予深深的致歉，千万不可避而不谈，甚至拒绝向同事道歉。

5. 学会正确处理同事间合作与竞争的关系　职场上，同事之间既有相互合作的共赢关系，也有彼此竞争的利益关系。对待同事，我们要学会公开公平竞争，不要过多的以自我为中心，过分看重个人利益。工作中斤斤计较，喜欢占小便宜，只顾眼前利益，这样的人定会被同事讨厌。在工作中应体现你的大度，与同事要保持正确的竞争和团队合作关系，一定要避免恶性竞争，竞争的前提是合作，合作的同时进行良性竞争，只有这样你才能赢得同事的信任和尊重，当你在工作中遇到难处需要别人的信任和帮助时，也才会得到别人的关心和支持。

活动二　学会与同事沟通的技巧

案例分享

药剂师小李正准备为一名赶时间的患者拿药，可是对于医生处方的字迹辨认不清，这时，焦急的患者不停地催促，并戏谑药师不识字。小李只好亲自去找医生，“张医生，你的处方到底写的什么呀？我一个也不认识，拿药的患者就只知道冲我发脾气。”张医生冷冷地看了小李一眼，继续给排队的病人看病。

案例评析　同事间的沟通应该以尊重为前提，不懂得基本沟通技巧的人，必将在工作中处处碰壁，作为一名药剂师，要树立好个人的职业形象，学会药学服务中的沟通技巧。

想一想　同事间沟通的技巧有哪些？

一、同事沟通从尊重对方开始

尊重同事是与同事有效沟通的前提。每个人都有自尊心，都希望能时刻获得别人的尊重。与同事沟通，要注意以相宜的礼貌表示尊重，交谈的过程中要保持人格平等，亲切谦和、平易近人，要时刻注意对方的感受，不要一味地只顾自己，滔滔不绝，也不要过于沉默不语。与多位同事交谈，要关照到每一位同事，不要只集中于某一位同事交谈而忽略了其他同事，冷落到任何一个同事都是失礼的行为，与同事交流可以用某些方式来表达你的尊重。

1. 记住同事的名字　记住同事的名字，会让同事倍受尊重。这是与同事美好交流的开始。在与同事沟通中，能准确地喊出对方的名字，会让对方觉得自己在你的心目中有着和别人不一样的分量，从而对你产生好感。一位心理学家也曾说过，在人们的心目中，唯有自己的名字是最美好、最动听的，对能记住自己名字的人他们会倍感亲切。

法兰西国王拿破仑三世，曾夸下海口说自己可以记住他所见过的任何一个人的名字。能够牢牢记住别人的姓名，是一项重要的人际交往能力。

2. 掌握赞美的尺度，选择正确的赞美方式　人的自我价值感主要来自人际交往过程中他人对自己的反馈。肯定的反馈信息会让对方增强自我的价值感，从而感觉倍受尊重。赞美的语言可以辅助被赞美的人形成健康的心理态度，有利于相互的积极交往。同事间的赞美要掌握好赞美的尺度，掌握好赞美的方法。

（1）赞美的方式　赞美同事应该直接明了，不要害怕面对面称赞别人，满足同事被尊重的需要。要坚持实事求是，真心诚恳的态度，对待同事不要虚情假意，瞎吹乱捧。在不同的场合赞美同事要选择不同的赞美语言。

（2）赞美的尺度　对同事的赞美一定要把握好尺度，称赞对方要依据事实，用诚恳的态度来赞美，语言不要太夸张，要避开阿谀奉承之嫌。不要过于频繁的赞许同事，过多的赞许，就失去了真实鼓励同事的意义，将赞美当成了家常便饭，反让人反感，觉得不真实。

不要在有求于同事的时候才去表示赞美，这样会让人觉得你功利性太强，进而感觉不愉快。不同的人，应该称赞不同的事，根据其具体值得称赞的地方加以称赞。要对自卑或身处逆境的同事多加称赞，给予艰难时候的鼓励。要懂得人前赞赏，不如人后赞赏，要时常在同事之间给予第三方的赞赏。

二、适度“暴露自我”拉近距离

案例分享

小芳是公司里的老员工了，人长得漂亮，做事也很认真，可是在公司却没有一个同事愿意接近她，小芳虽然已经习惯了独来独往的生活，但有时仍然为自己身边没有真心的朋友而苦闷。这是为什么呢？她身边的同事都表示，她太神秘了，别人很难了解她。和她接触过的同事都说，刚开始和她交往时，感觉她是个活泼的女孩儿，但是相处一段时间后就会发现她其实很封闭，久而久之就疏远了。原来，小芳对自己工作以外的个人生活一直讳莫如深，从不谈起，怪不得同事们都觉得她神秘。

想一想　为什么同事们都疏远小芳呢？

所谓“自我暴露”，就是向别人说心里话，坦率地表白自己内心真实地感受。即一个人自发地、有意识地向另一个人暴露自己真实且重要的信息。职场里与同事交谈，适度的“自我暴露”有利于拉近彼此的关系。

自我暴露有四个层次：

第一层：兴趣喜好方面，如：个人兴趣、生活习惯等。

第二层：态度及看法方面，如：对某人或某事的观点和个人的看法观点、世界观、价值观等。

第三层：自我认知、人际关系情况，如：个人的亲朋好友关系、个人的生活圈子、个人的优缺点等。

第四层：个人的隐私方面，如：私人的秘密、私生活等。

与同事相处交流，不妨坦诚地告知对方自己的真实感受，适当的暴露自我，让对方能够真正地了解自己，看清自己真实的一面，不虚假，不做作，彼此建立信任合作的关系，增进亲切感。让同事适当的了解自己的兴趣爱好、看法观点以及个人的生活习惯等，坦率的表露自己、陈述自己、推销自己，坦诚相待，势必可以促进同事关系。

“自我暴露”也要注意适度，切不可过多或频繁的暴露自己的所有，凡事过犹不及，过多地暴露反会给对方增加压力。“自我暴露”讲究对等的原则，只有当一个人的自我暴露与对方相当时，才能使对方产生好感。比对方暴露得多，会给对方增加压力、威胁，会使对方避而远之；暴露得少，又会显得缺乏交流的诚意，同事间便不可坦诚相待。“自我暴露”还应循序渐进，与同事第一次见面就过多的自我暴露，自然是不恰当的，会让人感觉突兀，反而会增加对方的不信任感，认为你不稳重，从而拉大了彼此的心理距离。与同事相处一段时间，彼此很熟悉时，方可适当的“自我暴露”。“自我暴露”还要分清场合和对象，不要在公众的场合或者工作的时间公开自己的私事，这样会让人看轻自己。也要区分对象，应充分了解对方的背景、兴趣爱好，有针对性暴露效果才会更好。不同性别的同事之间，自我暴露应区别对待，一般同性之间自我暴露更加深入，异性之间应避开一些隐私的话题，保持一定的距离。

三、掌握交谈的技巧

与同事交谈，把话说好，这并非一件容易的事，话不宜过多，也不能沉默不语。有的人在职场里，总是滔滔不绝，参加各式各样的“茶话会”，殊不知，别人对自己的话过耳即忘，甚至根本就没有关注你在说什么。有的人在职场上寡言少语，不知道如何与人沟通，很难与同事走得亲近。只有掌握一定的交谈技巧，才能在谈话中“伸缩自如”，交际中也才能如鱼得水。

1. 巧用语言 诗人海涅曾说过：“言语之力，大到可以从坟墓唤醒死人，可以把生者活埋，使侏儒变为巨人，也能将巨人彻底打垮。”与同事交谈，我们要学会巧妙地运用语言。

（1）言简意赅，摒弃重复的词句，少用口头禅 职场中有的人与同事交往该说时不说，他们见面时不及时问候，分别时不及时告别，反而在某些时候喋喋不休，议论不止。比如，自己工作上不顺心受到领导批评时，受到委屈不满时不断地在同事耳根前道是非，这样不仅浪费了彼此的时间，还会给人留下不好的印象。说话尽可能用简单的方式表达自己的意图，抓住重点，摒弃重复的语句。交谈前，将要表达的信息在头脑里进行条理的整理，再清楚地表达出来，做到干净利落，说一遍就可以，不要过多的重复。面对同事的询问，有的人习惯性地说“好的、好的、好的”，其实，一个“好的”就可以表达自己的意思，又何必多加几个呢？过多的重复，反而让人觉得你很不耐烦。过多的口头禅也会给人一种不明朗的感觉，比如有的人总喜欢在话语的结束加上“这个你居然都不知道”，有一种高高在上，和同事命令式的交流的感觉，不利于同事之间的沟通。

（2）语言要得体，适当运用幽默的言语 同事之间交谈要讲究语言得体，尽量通俗易懂，少用修辞、格句，不要使用很华丽的辞藻去堆砌。使用形象的语言来表达抽象的概念和深刻的道理，听众既喜欢又容易理解。此外，在交谈时，适当运用幽默的语言，也会使我们的讲话不至于枯燥乏味，容易让人接受，也容易引起对方的注意和兴趣。

（3）注意说话的语气，使用受欢迎的语调 在和同事交谈中，我们还要学会发挥语气的重要作用，语气就是说话的口气，就是语句在思想感情处于运动状态下的声音形式。同样一句话，如果用不同的语气表达，会产生不同的效果。如：“你今天这身衣服可真漂亮！”这句话用真诚的语气说出来，那是发自内心的真心的赞美。如果用疑问的、讥讽的语气说出来，那就带有否定的意思了。说话要充分表达自己的情感，就得把握好不同语气的尺度，这样才能达到说话预期的效果。

语调，即说话的腔调，就是一句话里快慢轻重的配置和变化。常言道：“一句话可以把人说得笑，一句话也可以把人说得跳。”不同的语调说出来的话给人的感觉也是不同的。说话面带笑容，把握好说话的节奏以及控制好语调的快慢、高低，发出的声音最易于让人接受。

案例分享

小王是一家医药公司的销售经理，她最关心同事的销售问题，平时也乐于帮助同事解决问题，但是她说话声音总是尖声尖气，让人难以接受。同事们私底下都说，她的声音又尖又孩子气，让人感觉说话不真实，自以为是，没有诚意。所以同事们都不愿意和她交谈。显然，这是因为小王说话的语调不合适而缺少了亲和力。

想一想 小王在与同事交谈时应该使用怎样的语调才能使大家接受呢？

2. 适时保持沉默 俗话说，雄辩如银，沉默是金，在与同事交流，某些时候多听少说，甚至不说，往往能产生更好的效果。譬如，同事正在气头上，我们不需要据理力争，应保持沉默，可以给彼此都留有余地，从而使局面不至于僵持，冷静下来再心平气和地讨论问题才能进行有效沟通而不至于相互争论指责。当我们不了解对方情况的时候，也不可盲目的开口，保持沉默，静观其变才是最好的说话方式。

案例分享

春秋楚庄王临朝执政三年，没有发布命令，没有执行政事。右司马侍候在旁给楚庄王打了个谜语暗示说："有只鸟栖息在南边的土丘上，三年不动翅膀，不飞翔也不鸣叫，沉默无声，为何？"楚庄王说："三年不展翅，是要因此长成羽毛；沉默无声，是要观察、思考与准备。虽不飞，飞必冲天；虽不鸣，鸣必惊人！先生你放心吧。我知道你的用意了。"就这样过了半年，庄王便亲自处理政事。所废弃的法令有10条，所兴起的事情有9件，惩处大臣5个，提拔有才干的读书人6位，把楚国治理得很好，致使国家昌盛，天下归服。

想一想 你在与同事交流的过程中能否做到适时沉默？

3. 善用暗示 积极的暗示能给我们的交流带来有益的帮助，促进构建良好的同事关系。积极的暗示能给同事增强战胜困难的信心。比如，一名新来的同事对刚刚接手的工作不知所措，焦虑不堪，这时候，我们在他旁边轻轻地对他说："你能行，你一定能做得更好。"这样的暗示一定能给新人鼓励，激发他的工作潜力。

同事间交谈不妨采取一些巧妙的暗示，对于想要结束的谈话，我们不妨通过看看钟表等动作来暗示今天交谈的结束。对于不愉快的话题，可以巧妙地转移，给予暗示，而不要直接地拒绝或者否定。让对方意识到自己的意图是最礼貌的方式，也是对彼此的一种尊重。巧妙运用暗示往往比直截了当更容易解决问题。

案例分享

王强是一家大型连锁店的经理，有一次他去店内巡视，看见一名顾客正站在柜台前等待，售货员们却在柜台远处嬉笑闲谈，没有一人去接待。身为经理的他很不满，决定要纠正这种不负责任的行为。他一言不发，默默地站在柜台后面，亲自接待那位顾客。售货员们看到了这一幕，从此以后就再也不好意思在上班时间闲谈了。

想一想 经理王强在这里运用了什么样的沟通技巧？

4. 巧妙提问 提问是收集和核对信息的重要方式。同事之间的交谈通过提问可以更准确地把握对方话语的观点和意图，明确准确的意思，可以避免不必要的误解。提问要注意掌握提问的方式，提问有两种方式，开放式和封闭式。

开放式提问：常常运用包括"什么""怎么""为什么"等词在内的语句发问。这样的方式提问能够获得对方更多的想法和情绪。如：你觉得我今天对患者用药的指导怎么样？对方就会全面的帮助你分析，给予相应的指引。

封闭式提问：在一定范围中提问或者在题目中预设答案，让对方选择。常常运用包括"是不是？""对吗？""是……还是……"。如：你想来我们公司做销售员还是药剂师？

两种提问方式，开放式提问能够提出范围较大的问题，对回答的内容不受限制，给对方以充分自由发挥的余地。同事之间交谈应更多地选择开放式的提问，来获取更多的职场讯息，交流更多的经验。

5. 懂得反馈 交谈的过程中还要学会适当给予对方反馈的信息，懂得给予和接收反馈信息是职场中一项重要的沟通技能。对于同事提供的有效信息要及时地反馈，让对方体会到你对他话语的重视和肯定。给予反馈也意味着给予赞扬，简单的话语诸如“做得很棒！”会给同事极大的工作激励。同样，你也要懂得恰当地接收别人给予你的反馈，用心聆听别人的反馈，努力搜集同事在工作中对你的反馈意见，才能更快成长。

6. 话不要说太满，要给对方“留有余地” 每一个人都希望能得到别人的重视和尊重，要获得同事的尊重，首先要懂得尊重对方，说话“留有余地”是尊重别人的体现之一。话不说太满，适当隐敛，这不仅给自己留有了余地，也是对他人的宽容，给他人留有了余地，多一分宽容才会多一分理解。不懂得在适当的时候收敛自己的锋芒，咄咄逼人，又或许对任何事情都用肯定的、绝对的词语回答，感情色彩过于强烈，难免会让对方误解甚至记恨，与同事交谈，尽可能地多用一些“或许”“尽可能”等词语，既给自己留有回旋的余地，也是给他人一定的思想空间。即使许诺的事情不能完成，也能很好地沟通，达成情感的交流。

四、掌握倾听的技巧

莎士比亚说：“最完美的说话艺术不仅是一味地说，还要善于倾听他人的内在声音。”倾听，可以掌握对方的真实想法，促进同事间情感的交流与互动。根据人性的特点，我们知道，人们往往对自己感兴趣的话题比较关注，一旦有人专心倾听我们的谈话，就会感觉自己很受重视。一位职员在与同事们兴致勃勃谈起近几年工作的长远计划和具体方案时，其他同事却在自己的座位上埋头做自己的事情，以至于这位职员当场脸色大变，极为难堪。如何倾听，在职场上就显得尤为重要。

1. 做好倾听的准备 倾听前不妨先调整好身体的姿态，靠近说话者，集中自己的注意力，两眼注视对方，深呼吸，做好倾听的准备。

2. 适当的反应知会对方 以适当的反应让对方知道，你正在专注地听。倾听的过程中要与对方有目光的接触，表现出你对话题的兴趣。适时的给予点头，用言语响应，可以说“嗯，对”“确实是”“不错”。对重要的内容可以做好记录，或重复一下重点语句。

3. 交流互动 倾听的过程中，要适时的提问，听说双方有问有答，互动交流才有利于倾听内容的准确性。

4. 控制情绪 要静心听完全部内容，控制好自己的情绪，不要一知半解就打断对方的谈话，做出情绪过激反应（如反驳、质疑）。

5. 组织听到的信息 倾听者应一边听一边整理好得到的信息。包括：接受信息—分析真正的意思—形成自己的准确理解。

6. 注意接收非语言的信息 听话的同时还要学会察言观色，注意观察对方的肢体动作、表情变化等非语言信息，以确保正确理解倾听到的内容的准确情感。

五、学会运用非语言进行沟通

有人总是疑惑，我明明话已经说得很清楚了，为什么对方还是听不懂呢？其实，沟通并不是仅仅通过声音，通过言语就能完全表达清楚话语的意思，说话过程中伴随的非语言在人际沟通中占有很大的比例。在沟通中，信息的内容部分往往通过语言来表达，而非语言则提供解释内容的框架，表达信息的相关部分。

手势、眼神、肢体动作这些都是非语言沟通，掌握好非语言沟通技巧并加以合理地运用能帮助我们在职场上更好的处理人际关系，对我们表达情感、传达真实的信息起着很好的补充和诠释作用。

1. 眼睛的沟通 在沟通管理学上，非语言沟通中以“眼神”居首位。在职场上，新员工总会留意身边同事的眼神开展工作，信任、激励的眼神往往能够让新同事干劲十足，相反，轻蔑、漠视的眼神会使同事丧失工作的信心。当你和你的同事说话的时候，眼神切忌斜视或由上向下打量，抑或是翻白眼、死死盯着对方，这些都是很不礼貌的行为，最好尽快调整身体和脸部的角度，正面向着对方。在交际中，我们要学会真诚地用眼睛注视对方，一般来说，投向对方双眼和嘴唇组成的三角区域的目光，是最让人感到舒服的眼神。同事之间交谈，更应如此，方能给对方留下友好的印象。我曾到一家药店买保健品，柜台营销员一见我走近，立刻起身，眼睛平视着我，向我投来关注的眼神，顿时让我有备受“看重”而舒适的感觉。

2. 面部表情的沟通 面部表情是指通过眼部肌肉、颜面肌肉和口部肌肉的变化来表现的各种情绪状态。面部表情具有外露性强、复杂丰富的特点。面部表情是人们情绪、情感的流露，反映人们的内心活动，对人们所说的话起着解释、纠正、强化的作用。同事间沟通时应注意常常保持微笑的表情，才能拥有亲和力。

案例分享

茉莉是一个很随和的人，公司的同事们都非常喜欢与她交流。她很喜欢对人微笑，哪怕只是办公室打扫卫生的清洁员工，她也会面带微笑地对她说声“辛苦了”。

有一次，公司领导给她布置了很多工作，茉莉感觉压力很大，心情也很烦闷，这时候，有一位同事到办公室来找她帮忙，请她帮忙寄一个快递。尽管茉莉当时心情很不好，但依然微笑着对同事说：“好的，等我下班就尽快帮你邮寄。”后来，同事知道茉莉在自己还有一堆工作没有做完的情况下，仍然微笑着给他帮忙，心里非常过意不去，于是主动帮助茉莉同心协力地完成了领导下达的工作任务。

案例评析 在职场中，微笑是一种巨大的力量，始终保持自己的微笑，这不仅是在尊重同事，也有利于自己在职场上的发展。

想一想 与同事沟通时，我们还应该具备哪些非语言沟通技巧？

3. 姿势/动作的沟通 如果我们渴望和同事有良好的人际沟通，那么不妨从端正自己的姿势/动作开始，让身体的表情不再只是拘泥于嘴部或脸部，而是更自然地伸展肢体空间。例如，对方在说话时，我们适时的给予点头；对方做事获得成功时，我们用鼓掌给予祝贺；对方遇到挫折时，我们给予温馨的握手或拥抱等。

（1）手势 手势又叫手姿，是指用手和手指的动作来传递信息的一种非语言沟通形式，它是人类最早使用的、至今仍被广泛运用的一种交际工具。常用的手势有鼓掌、挥手、握手等。在职场中使用手势一定要正确、规范，否则不仅会使自己的意思表达不清，还会引起误解。正确地使用手势可以使我们的形象更有魅力、更优雅，有助于培养彼此的默契，拉近同事间的关系。

如：当同事获得事业成功时，我们应鼓掌表示祝贺。鼓掌时双手虎口张开，四指并拢，右手掌心向下，用右手四指有节奏的拍击左手手掌部位，必要时可以起身鼓掌。与同事初次见面我们可以用握手来表达友好。与同事握手时，要注意握手的姿势，与人握手时上身应微微前倾，在距离对方约一步的距离，伸出右手，虎口张开，四指自然合拢，掌心微凹，手掌和手指全面接触对方的手，用力适度，上下稍许晃动三四次，握手时间控制在3～5秒，随后松开手来，恢复身体姿势。握手时还要注意表情微笑，目光注视对方，以表诚意。与同事交谈还应注意避免使用一些不礼貌的手势，如用食指指着对方说话。不同国家、区域、民族之间因为文化习俗的差异，在使用手势时还要注意鉴别同一手势表达的不同意义。

（2）头部动作　常见的头部动作有点头、摇头、低头等，与同事交谈，我们可以时不时地点点头表示对对方话题的赞同，给予对方鼓励，可以将头微微地向说话的对方倾斜，表示对对方话题的关注和感兴趣。与同事见面，我们也可以一边主动地点头，一边向对方问好。另外，与同事交谈时，不要过分地点头称“是”，这样会给人一种阳奉阴违之嫌。

（3）身体姿势　良好的身体姿势会传递给对方被尊重和接纳的信息，有利于同事间有效的沟通。不良的姿态传递给对方的则可能是轻视、抵触的信息。例如：双腿站不直，歪依斜靠，给人一种漫不经心的感觉。双臂交叉，抱在胸前，这种姿势会传给对方一种傲慢自大的信息。

在职场上，无论是伏案工作还是业务洽谈，都要非常注意自己的姿势。懂得运用体态礼仪对待同事，对增进同事间关系有着积极的促进作用和现实意义。

课堂游戏

站姿训练

请10名同学分成5组，每2人一组，背靠背站立。将两人的后脑、双肩、臀部、小腿肚、脚后跟紧靠在一起。在两人肩部和小腿部相靠的地方，分别夹一张明信片，要确保明信片不能滑落，看哪组保持的时间最长，哪组就评为优雅站姿组合。

4. 安全距离法则的沟通　同事间沟通交流应保持适当的距离。例如，办公室的同事们，不论是领导，还是平级的同事，都有着属于自己的“私人空间”，通常是在以自己办公桌为中心的方圆几步内。当我们有事去交涉时，也应站在对方的办公桌以外，保持适当的距离，让他（她）有足够的安全感。例如，当我们要与同事谈论事情时，发现同事刚刚从外面回到办公室，最好不要马上走到他（她）的跟前与他（她）讨论事情，而应该让他（她）休息几分钟，再站在距其办公桌1m处询问：“我方便向你咨询一件事情吗？”

总之，只有保持适当的交谈距离才能让对方更容易敞开心扉，愿意和我们沟通。常有一些营销员，从顾客一进店门就开始紧紧地跟随其后推销产品，这样反而适得其反，会使顾客急于离开，这也是他们不懂得保持距离的缘故。

活动三　模拟职场沟通训练

案例分享

研究生毕业的小王很健谈，口才甚佳，对于求职方面的自我介绍，他自认为不在话下。所以他从来不准备，见什么人说什么话。他的求职目标是当一名执业药师。有一次，他去应聘本地一家大型医药公司，在做自我介绍时，他大谈起了医药行业的走向，由于跑题太远，面试官不得不把话题收回来，自我介绍也只能“半途而止”。

案例评析 毕业生小王应聘执业药师这一岗位，自我介绍刚做一半就以面试失败告终。可见，职场上的有效沟通对于一个人的职业生涯是极其重要的。职场上的有效沟通需要掌握一定的沟通技巧，要能够体现热爱祖国、爱岗敬业、诚实守信、服务群众、奉献社会的职业修养，树立正确的职业理想。我们可以通过模拟职场的方式进行沟通训练来提高沟通能力。

想一想 从小王的应聘面试经历看，应如何进行有效沟通才能面试成功？

一、面试的技巧

1. 做好面试前的准备工作 面试前，应把自己准备带去参加面试的文件包整理一番，带好所有的求职材料。求职材料包括：个人简历、毕业文凭复印件、毕业生登记表复印件、其他证书（如英语四级/六级证书、计算机等级证书、各种获奖荣誉证书、认证资格证书或成果）的复印件等。

注意着装礼仪，个人仪容仪表的修饰是面试环节中不可忽略的环节。面试时着装应以职业套装为主，男士可以选择裁剪良好、款式经典的西服套装，颜色以深灰色、深蓝色为宜，女士以黑色等稳重的颜色为主，款式宜保守传统，裙长以过膝盖为宜；头发在面试前要注意打理，男士头发应做到前不覆额，后不及领，不染发，女士头发应保证整齐清洁干净，披发时要注意打理；在饰品的佩戴上，男士一般不建议佩戴饰品，领带的佩戴要注意色彩的搭配，保持领带的平整，女士可佩戴一两个同色同质地的简单配饰，不宜佩戴过多或很夸张的饰品；女士可以化淡妆，但不要喷太浓烈的香水，男士应注意保持个人形象干净整洁，不留胡须；还要注意鞋袜的穿搭，注意手和指甲。

2. 面试的过程中要学会运用沟通技巧

（1）保持良好的心态 面试时要克服紧张的心理，增强自信心，以平常心对待面试。我们可以通过深呼吸，亲切有神地与对方进行目光交流的方式来消除紧张情绪。另外充分的个人准备也可以增加面试时的勇气，做到胸有成竹，遇事镇定，如面试前的道德、知识、技能、心理准备，以及了解和熟悉求职的常识、技巧、基本礼节，必要时同学之间可模拟考场，事先多次演练。

（2）学会倾听是面试成功的关键 面试的过程中，要身心投入地感受考官在谈话中表达的言语信息和非语言信息，积极地倾听，排除个人的成见和期望，全神贯注地理解考官的谈话内容，耐心聆听，正确把握考官问题的真实意图。倾听的过程中，还要注意避免一些小动作，如，不停地看手表，心不在焉地翻阅文件等。对于不明白的提问，可以适当地给予询问。

（3）学会说话是面试成功的必要条件 面试过程中无论是自我介绍还是回答考官的问题，说话都占有很大的比重。准确恰当的语言表达，清晰明了的沟通思路，合乎语气逻辑的遣词造句都是面试沟通时需要注意的。沟通时用语一定要规范，掌握好沟通的言语技巧。

面试时要做到言简意赅，突出重点。面试时自我介绍用语要简洁、说话不要啰唆，传递的信息要重点突出，篇幅短小。考官的注意力范围有限，错综复杂的表述反而会使对方难以接收到准确的信息，从而降低沟通质量。

用语要浅显易懂，信息清楚。口头表达不同于书面语言，切勿采用“背诵”口吻进行自我介绍或回答考官问题，而应使用灵活的口头语进行组织。在语言表达时还要注意声线，尽量让声调听来流畅自然，充满自信。

在进行表述时要找好切入点，不要偏题。面试交谈时，要找准主题，应多谈与现在应聘公司的业务性质、应聘岗位有关的话题，无关的内容应少谈或不谈。在介绍个人成绩时，说的次序也极为重要，应该把你最想让考官知道的事情放在前面，这样的事情往往是你的得意之作，也可以让面试官留下深刻的印象。

（4）保持优雅的体姿　面试过程中还应注意非语言的合理运用。面谈时要注意目光的交流，坚定的握手，保持优雅的站姿、坐姿和走姿，待人接物要讲礼仪。面试过程中不要做小动作，如：回答问题时捂住嘴巴；回答错误时吐舌头；低着头走路；双手交叉胸前跷二郎腿；走路时将手放在裤兜里等。这些小动作都会有损我们的职业形象，会给考官留下不好的第一印象。

3. 面试结束后的注意事项　面试结束后，求职者应该礼貌道谢，立即退出会议室。不要急于打听面试结果。面试后要以电话或感谢信的方式及时表示感谢，要做好被录取或被淘汰的两手准备。

二、模拟职场沟通训练

1. 训练目标

（1）学会运用职场沟通的技巧和方法，解决求职面试、同事间的沟通问题。

（2）培养谦虚稳重、宽容开放的沟通素养，提升沟通技巧的实践运用能力。

2. 训练要求

（1）用物准备　办公室一间、办公桌、椅子、电脑、办公材料等。

（2）师生准备　①学生应按照职场礼仪要求着装，做好充分地准备。②根据案例情景编排需要进行角色的划分，分组进行情景模拟。③熟悉相关的理论知识。

（3）教师示教　教师先对情景模拟训练内容进行分析讲解。

（4）学生展示　学生以小组为单位通过案例进行职场情景模拟训练。

场景一

明明去应聘医药公司的营销员，5人一小组，在一个大的办公室内面试。面试环节要求每位应聘者先作自我介绍，再围绕话题自由讨论。明明口才甚佳，十分健谈，对这样的面试胸有成竹。他与前面应聘者一句一顿的介绍不同，他很早就做了充足的准备，将自我介绍编写成一篇文绉绉的话，还做了不少的修饰，听起来颇具文采。满怀信心的明明这次却以面试失败而告终。

芳芳面试时注意到了面试的很多细节，穿着得体大方，面试前还化了淡妆，面试时十分注意面试礼仪。在做自我介绍时，芳芳表情自然，言语得体，使用灵活的口头语进行组织，围绕竞聘岗位相关的内容进行介绍，成绩突出，语气中肯、声线优美。在这次应聘中，芳芳成功入选。

1. 小组成员（角色身份）

明明、芳芳以及其余3名应聘者、考官甲、旁白（由一人通读）、工作人员。

2. 人物

明明、芳芳及其他3名应聘者、考官、工作人员。

3. 场所

公司办公室。

4. 事件

旁白：明明和芳芳分别进入办公室参加面试。明明胸有成竹、趾高气扬地走进办公室。

面试开始，考官说：请你做一个自我介绍。

明明：我叫明明，本人毕业于某医科大学，市场营销专业，具备医药营销员这一岗位所需要的所有专业知识和专业技能。曾获得相关的奖励多项、证书多个（一一拿出相应的获奖资料）。本人才华横溢，爱好广泛，有踔绝之能。可谓粗缯大布裹生涯，腹有诗书气自华。平时酷爱读书，也爱参加课外活动。深知路漫漫其修远兮，吾将上下而求索的深刻道理，我会为自己的理想不断的发愤图强（边讲边伸出右手紧握拳头，弯曲手臂做出努力奋斗的样子）。我已深深了解医药营销这一岗位的职责，天高任鸟飞、海阔凭鱼跃，我一定能在这样的岗位上发挥自己的专业所长，开辟一片新天地。

旁白：明明自我介绍完毕便离开了面试场地。考官摇摇头，宣布下一位入场。

明明面试时在自我介绍这一环节里虽做足了准备工作，但是里面采用的语言表述过于书面化，还用了不少的名言警句，这样听起来反而显得不太真实，动作太过于做作、气势过高，反让人觉得心高气傲，眼高手低，不免会适得其反，而导致面试失败。

旁白：芳芳面试前画好淡妆，衣着整洁的来到办公室门前，彬彬有礼的敲门，然后，沉着冷静、步履轻盈地走进办公室。

面试开始，考官说：请你做一个自我介绍吧。

芳芳：（带好准备充分的面试材料，调整好自己的坐姿，背挺得直直的，面带微笑，目光正视考官，用心倾听考官的提问后，用优美的声音、适中的语速、自信的语调做好自我介绍）

大家好，我叫芳芳，毕业于某医科大学，市场营销专业，非常感谢贵公司给我这次面试机会。通过4年的学习，本人已经掌握了医药营销的专业知识以及专业技能。曾多次获得各类奖学金以及各类证书，性格开朗，有较强的沟通能力和实践能力。积极参加各种活动，成功参与了学校医药文化节、双选会等现场策划方案的拟定。有丰富的社会实践经历，利用假期完成了市场营销工作，如做手机销售、食品零售等。实习期间，积极配合带教老师做好各项工作，业绩突出，对市场营销岗位工作的实际情况有了比较全面系统的认识。这些经历都锻炼了我的自学能力、组织策划能力、语言表达能力。最后，我坚信，凭着我对这一岗位的热爱，以及强烈的事业心和责任感，一定能克服各种困难和挑战做好这份工作。

旁白：芳芳面试完毕，起身向考官恭敬的行鞠躬礼，并礼貌道谢后退出办公室。

点睛：求职面试与考官沟通做自我介绍时应注意用语通俗易懂，信息清楚，言简意赅，突出重点，保持优雅的体姿，给考官留下很好的第一印象。

场景二

李华与方明同时在一家国际医药公司上班，他们的外语水平都很不错，平时对外语的学习也很下功夫。

有一次公司接到了一个很大的订单，但是因为是与这个客户第一次合作，因此，李华与方明都觉得应该慎重对待。于是，两人分别找上司提出实地考察的建议。李华找到了他们的部门经理，提出了很多宝贵的建议，并极力表明自己能够出去考察，可没想到，经理听了李华的讲话后很不高兴，直接否决了他的建议。

方明看到李华垂头丧气的回来，听闻了李华的建议后，经过分析，发现李华在提建议时，过多地在意了自己的想法，而忽略了经理的感受。于是，他用自己的沟通方式，获得了经理的同意，并得到了领导的赏识。半年后，方明得到了升值加薪，而李华还在默默地坐着冷板凳。

1. 小组成员（角色身份）

李华、方明、总经理、旁白（由一人通读）。

2. 人物

李华、方明、总经理。

3. 场所

公司办公室。

4. 事件

旁白：李华与方明同时受雇于一家国际医药公司。两人的起点一样，都是从最底层做起。可是，不久以后，情况发生了变化。方明得到总经理的赏识，一再被提升。而李华却仍然在底层原地踏步。他俩距离的拉开从一件关于考察的事情开始。有一次，公司接到了一个很大的外国订单，但是因为跟这个客户是第一次合作，因此，李华和方明都觉得应该慎重对待，最好去实地考察。于是，两人分别去找部门经理提出建议。李华相机而动，第一个前去推开了经理办公室的大门。

李华说："经理，你好，关于这次与新客户的项目合作，我有些自己的看法，也有些建议，希望能向你说说。"

经理点点头说，"好啊，说说你的看法。"

旁白：李华提出了很多好的建议，说得头头是道，极力说服经理派人到国外出差，实地考察，言语间还暗示了自己愿意出去的态度。

可是，经理听完李华的话后，表情冷冷的，兴趣并不浓厚，只是随意地问了问："那么，依你看，到底谁去合适？"

李华自信地说："当然是我去了，我会外语啊，除了我还能有谁去可以办好呢？"

经理听了李华这样的回答，很不高兴地说："难道我不会外语？我每年与外商谈成的生意还少吗？"

旁白：就这样，经理直接否决了李华的建议。方明知道后，仔细地分析了李华沟通失败的缘由，又重新构思了一下与经理的对话，轻轻地敲开了经理办公室的大门。

方明毕恭毕敬地走进经理办公室，用请教的语气对经理说："经理你好，刚到公司就听言你的工作能力是很少有人能比的，你每年与外商谈成的合作项目更是为公司增收了不少呢！近日，公司又将有一笔新的大订单，还想向经理您讨教讨教，真心学习学习本事。""是吗？我也是慢慢才积累起来的经验罢了。你们虽刚到公司不久，但是各方面能力也还是有的，多加锻炼也会很快成长起来的。公司这个新的国外订单，正是锻炼的好机会，我正还想听听你们年轻人的建议呢。"

旁白：方明双眼平视着经理，微笑着看着对方，仔细倾听经理的话语。并顺着经理的话，展开了话题，用诚恳的态度谈了自己对这个订单所做的实地调研，还与经理详细的分析了实地调查的好处。最后，虚心地问经理："您的经验丰富，您看，我们需要派人到国外实地考察吗？"

经理微笑着回答："当然要调查了，否则，随意地接下订单会有风险的。"

方明又说："那恐怕只有经理您亲自出马了。我们的经验都不及你丰富啊。由您在身边指导着还行，要是自己出去恐怕都不知道从哪里着手，搞不好啊一出去，就回不来了哦。"

经理哈哈一笑："没想到，你还这么幽默啊。那看来，只有我亲自去一趟了，不过，我也需要一个助手，我看你外语不错，又对那边做了详细的市场调研，不如你就跟我一起去吧，也跟着锻炼锻炼。"

方明忙说："那太感谢您了。这可是很难得的一次学习机会啊。"

旁白：3 天后，派人出国考察的事得到了批准，经理和方明一起去了国外。因为方明通晓英语，对国外的情况又很了解，不断地得到经理的好评，成了经理得力的助手。半年后，方明得到了升值加薪，而李华还在默默地坐着冷板凳。

点睛：李华和方明同样的提出出国考察的建议，而领导却欣然接受了方明的意见，并主动提出与他共同出国。难道真的是方明的建议更完善吗？当然不是，而是两人沟通方式的不同引起了经理不同的回答。李华在提出建议时，拼命突出自己的能力，自己的观点和意见而忽略了经理，大部分的领导都不太喜欢在他面前过于随便、爱出风头的下属。显然，李华的建议不会被接受了。而方明则很好地运用了同事间的沟通技巧。在向领导提出建议时，以领导为中心，由领导掌握主动权，做出相应的决定，意见很快得到了领导的认可。

工作需要积极主动的精神，但也需要掌握与同事、与领导的沟通技巧。同一件事情，以不同的沟通方式进行沟通，达到的效果是不一样的。好的沟通方式会帮助我们达到好的沟通效果，达成最终的目的。相反，不好的沟通方式，只会使事情适得其反。我们在与同事、领导沟通时一定要态度诚恳、谦虚谨慎，切不可夸夸其谈。同时，在关键的时候还要懂得换位思考，要学会维护领导的形象，说话做事，不要只顾着突出自己而忘记了对方的感受，不要总去抢夺领导的风头，以自我为中心。那样，只会让你的梦想越来越遥远。努力与同事建立良好的人际关系，适应团队中各种性格的人，你的工作才能顺利进行。

（5）师生讨论　学生以小组为单位完成剧情设计和角色扮演，并回答老师的有关问题。全班同学对各小组内成员的表演进行讨论并做出点评。

知识链接

职场沟通艺术

1. 对同事的工作表示兴趣
2. 融入同事的爱好之中
3. 巧用非语言增进情感
4. 关注交往中的细节
5. 巧用幽默的力量梳理人际关系
6. 做个好听众
7. 用真诚的语言换取信任
8. 调整心态，积极管理好自己的情绪
9. 融入环境，赢得认同
10. 低调处事，谨慎为人
11. 把你的微笑传给他人
12. 耐心倾听懂得基本的礼貌
13. 谨慎许诺，信守诺言
14. 察言观色，多闻善问
15. 拒绝对方要委婉
16. 巧妙寒暄，适时沉默
17. 将心比心，换位思考

职场沟通禁忌

1. 在背后谈论同事的是非
2. 为自己的错误找借口
3. 和同事公开对立争论
4. 当众炫耀自己的工作能力
5. 说野心勃勃的话
6. 无聊的话题
7. 运用攻击性的语言
8. 当众批评同事
9. 随意打断对方的话题
10. 议论他人的隐私
11. 快人快语，口无遮拦
12. 说话说得太满

即学即练

答案解析

1. 在求职过程中，面试技巧有哪些？
2. 怎样才能使同事之间的关系更融洽？

实践实训

应聘模拟

情景：模拟整个应聘过程，岗位是医药公司药品销售员，招聘经理需询问应聘者对岗位的认识、个人基本情况（包括自我介绍、学历、工作经历等）、对本行业的了解程度、对公司的要求如薪酬等，面对招聘经理的询问，应聘者应该如何应对？

实训目标：考核与训练学员的语言组织能力、语言表达能力、心理观察能力、非语言的运用能力、现场应变能力。

实训内容：按照情景内容，选择角色扮演，进行有效沟通。

实训设施：办公室、办公桌椅、扮演角色的学员。

实训步骤：选择情景—角色扮演—有效沟通—点评。

目标检测

答案解析　知识回顾

一、单项选择题

1. 因道路施工，某公司的简报上刊登了一条提醒员工绕道通行的通知，后来发现许多员工都是走到了施工路口才原路返回，根本不知道前方在施工，原因是大部分员工根本不看简报。从沟通的原理看，这次无效沟通的原因是（　　）

A. 简报的信息表述不清楚

B. 沟通渠道选择不当

C. 缺乏反馈

D. 外界环境的干扰

2. 资料表明，信息的全部表达=7%语言+38%语调+55%表情，职场上的有效沟通除了通过言语表达外，还应借助体态语言来传达信息。根据这一资料，你认为以下观点正确的是（　　）

A. 这份资料有谬误，因为人们交流时最常用的是语言，语言不应该只占有7%的比例

B. 体态语言太原始，在文字、语言发达的现今社会大可不必重视它

C. 人与人间的沟通，体态语言难以理解，没有现实意义，还是口头语言好

D. 在职场沟通中，体态语言起着十分重要的作用

3. 阿秋进公司不久就被领导提拔为医药公司销售总监，上任后，同事们却不是很支持他的工作。正在这时，上司又交给他部门一项很紧急的工作，该部门的人各具才华，若能团结协作，联手完成这项工作不在话下。阿秋应该如何去完成此项工作任务呢？（　　）

A. 在这种情况下，他应当利用自己的职权，指挥和命令部门下属去完成该项工作

B. 去找上司，取得上司的帮助

C. 应当与部门同事进行充分的沟通，取得他们的支持，团结协作才能完成此项工作

D. 多关心下属，了解他们的需求，尽可能满足他们意愿，以此来激励下属工作的积极性

4. 在一次公司的中层干部会议上，办公室张主任批评人事处李处说：“公司现在需要的是高级技术

人才，招聘方向应该以高学历的专技人才为主，而你却招来些学历都只是专科层次的技术工，你这到底是在做什么？”李处反驳说：“公司的发展计划你知道吗，我们这样做是有依据的”。张主任回答说：“公司不发展，没有技术，任何计划都是凭空而谈。”对于此，你认为最恰当的是（　　）

A. 张主任不对，他不应该当面指责别人的过错

B. 李处不对，应该注重人才的引进

C. 公司内部管理沟通系统存在问题，应尽快加以解决

D. 公司经理不对，他应该制止办公会上出现这种争吵

5. 下列哪一个不属于开放式问题（　　）

A. 请问一下，今天是几点钟开会呢？

B. 请问今天下午的会对参会者有哪些具体要求呢？

C. 你对这个方案有什么看法？

D. 你觉得今年公司的工作交流会应该怎么办比较好？

6. 向领导提建议地最佳时间是（　　）

A. 上午 10 点左右　　B. 刚上班的时候

C. 快要下班的时候　　D. 午休前

7. 你正在主持会议，而有两位下属却在下面窃窃私语干扰开会现场，你应该（　　）

A. 给说话的下属难堪，让其下不了台

B. 严厉地批评说话者

C. 装着没有看见任其发展

D. 幽默地劝告对方可以会后再讨论

8. 去与一个重要的客户见面，你会（　　）

A. 像平时一样随便穿着

B. 精心打扮，化上精致的妆容，喷上浓烈的香水

C. 化上淡妆，穿上得体舒适的职业套装

D. 简单搭配，不很糟糕就行

9. 对于喜欢与下属交流互动的领导，在与其沟通时应该（　　）

A. 私下与同事交流，在领导面前忌发言

B. 积极发言

C. 提出各种建议，抒泄不满情绪

D. 忌用肢体语言

10. 在和上级领导相处时，有责任感的下级应该（　　）

A. 投其所好　　B. 直言不讳

C. 服从上级　　D. 一味讨好

二、多项选择题

1. 同事间有效沟通的重要性有哪些（　　）

A. 可以互通消息，交流思想，增进合力，有利于提高工作效率和质量

B. 增进了解，减少摩擦争执与意见分歧，改善人际关系

C. 能够疏导人员情绪、消除心理困扰

D. 同事间的有效沟通有很多影响因素

2. 影响同事间有效沟通的因素（　　）

A. 社会地位　　B. 文化背景

C. 认知偏差　　D. 情绪作用

3. 求职材料一般包括（　　）

A. 个人简历

B. 毕业文凭复印件、成绩单

C. 毕业生登记表

D. 各类荣誉证书、英语、计算机等各类等级证书

4. 求职面试时，当考官结束面试后，应聘者应该（　　）

A. 微笑　　B. 起立

C. 感谢　　D. 离场

5. 怎样做比较容易使领导接受你的建议（　　）

A. 不断地强调自己的能力，表达自己的观点

B. 维护领导的面子

C. 让领导觉得你说得很有道理

D. 委婉地提出自己的观点

三、简答题

1. 与同事沟通的方法有哪些？
2. 与同事沟通的技巧是什么？
3. 简述有效倾听的方式和技巧。

四、实例分析题

安生是公司销售部的一名新员工，工作努力，性格温和，与同事们关系相处都不错。可是，没过多久，同一部门的媛媛开始处处针对她，还喜欢说些风凉话。起初，安生并没有多在意，觉得都是同事，忍一忍就算了。但是一段时间以后，媛媛仍然挤对她，安生没有办法，就一赌气把她告到了经理那儿。经理于是把媛媛批评了一通，但结果是从此安生和媛媛成了一对冤家。

问题

1. 从上述案例可知，媛媛是一个什么样的人？
2. 当媛媛不断排挤安生时，安生应该怎么运用职场的沟通技巧去处理这件事呢？
3. 经理的做法错在哪里？他应该怎么做才能化解安生和媛媛的矛盾？

模块四　个人沟通魅力培养

习题

学习引导

一直以来“魅力”都是一个充满吸引力的话题，一个有沟通魅力的人会使人喜欢、信任乃至追随。假如你一出现在某个场合，人们就会注意到你，期待听到你说的话，并急切地想得到与你沟通的机会，获得你的肯定与赞赏，这种独具魅力的状态岂不快哉？沟通魅力不是天生就有的，是要靠自我培养、学习锻炼才能够展现出来的。魅力是由具体的非语言行为、语言行为生成的，譬如美德、自信、演讲、礼仪等。

本模块主要介绍魅力的构成，自信、演讲、个人礼仪的定义；阐述自信与其他人格系统的联系，克服演讲紧张的方法，言谈举止如何能得体；学会提升自信、魅力演讲；学会仪容仪表礼仪、举止礼仪、见面礼仪。

学习目标

1. **掌握**　自信、个人礼仪的概念；克服演讲恐惧心理的方法；交谈礼仪；介绍礼仪、握手礼仪；行路礼仪；会运用 FACAD 法消除负面情绪；会运用 SPOT 法实现美好愿景。

2. **熟悉**　保持和提升自信的技巧；魅力演讲听众导向的几个策略；仪容礼仪、仪表礼仪；称呼礼仪；特定公共场所礼仪。

3. **了解**　沟通魅力的构成；自信的获得与发展的四个阶段；个人礼仪的运用原则；聆听礼仪；乘坐公共交通工具的礼仪。

任务一　领悟个人沟通魅力

PPT

实例分析

实例　石医生是某儿童医院心脏外科副主任医师，在进行一台儿童心脏外科手术前，一名两岁的小患者在手术室因恐惧而不停哭泣。作为该手术的主刀医生之一，他把裹在手术服里的小患者抱在怀里，从手机里翻出“趣趣英语”来分散孩子的注意力，趁着孩子止住哭声专注手机时，麻醉师火速进行了手术麻醉，小患者随即进入“梦乡”，使手术得以顺利实施。

“在手术室里，医护人员对孩子都会用语言、眼神、拥抱等方式去安慰他们，手术室里几乎所有人都这样做过，这种画面十分常见。”他说。“如果大家都多一点耐心、包容和理解，社会矛盾就会越来越少。”有人问，是否每次术前疏导都这样？石医生的回答很诚恳：“只要有空都会这么做。”

就是这样一名医生，在自己的岗位坚守，满怀对患者的爱心和关怀，希望用自己的一点力量帮助更多的儿童患者不恐惧手术，更信任医生。

问题 1. 这位医生有魅力吗？

2. 魅力的核心是什么？如何做一个有魅力的人？

答案解析

活动一　自信让我如此美丽

从字源上看，“自”即“自己”“己身”，“信”即“信从”“信任”；“自信”即“自己相信自己”。早在春秋时期，我国古代著名思想家孔子就有“吾心信其成，则无坚不摧；吾心信其不成，则反掌折枝之易亦不能”的论述。西方文化对自信的理解是，只要你在某件事情上认为自己是对的，或者认为自己能做某件事就可以拥有自信。可见自信对个人健康的心理和积极的行为都非常重要。

不自信和没沟通魅力虽然不能划等号，但自信对沟通魅力有很大影响。不自信的状态往往对魅力有减分作用。如弯腰、低头、谦卑的走路降低魅力；吞吞吐吐的回复、支支吾吾的叙述影响魅力；腼腆与扭捏减少魅力；畏缩不前，与成功失之交臂丧失魅力。自信能起到放大和稳定我们在别人面前魅力的作用。

一、自信的定义

自信是一个具有复杂层次结构的心理构成，是个体对自己的积极肯定和确认程度，是对自身能力、价值等做出客观、正向认知与评价的一种稳定性格特征。

案例分享

一位药学专业的学生去一家生物科技公司应聘求职，同时参与面试的还有另外一位求职者。人力资源经理问了两个专业问题：“液相色谱操作熟练吗？”另一位求职者点头说：“熟练。”她低头答道：“操作得不好。”（其实她在学校期间，操作水平位于班级前列）

经理又问：“假如把你分到质管部，有没有把握学会运用公司的原子吸收设备？”另一求职者：“努力确保学会。”她说：“我怕把握不大，会有人教我吗？”（其实她在校期间也操作过原子吸收设备）

经理依据面试者的言谈举止和回答内容后决定录用另一位求职者。结果，她错失了这一工作机会。

想一想 请说出导致她应聘失败的原因。

二、自信与其他人格系统的关系

自信与其他人格系统是密切联系、相互作用的。

1. 自信的反面谓之自卑　自卑者轻视自身，悲观厌世，自卑使人锐气殆尽，雄心丧失。当今社会竞争激烈，自卑者对自身的轻视，通常缺乏竞争意识，畏缩不前，自动退出，最终一定与成功无缘。

2. 自信过了头谓之自负　自负者唯我独尊，目空一切。偶然的点滴成功或微乎其微的一点特长，就能使他们自我陶醉，甚至发展到认为自己"一切都对，一切都行"的水准。自我膨胀的心态是极其危险的。

3. 自信的好伴侣是自谦　自谦使人虚怀若谷，不会被成功冲昏头脑。当我们成功时要提醒自己一时的成功并不能代表什么，只有持续充实自己，提升自己，才能不被社会淘汰，在激烈的竞争中立于不败之地。

当今社会发展迅速，人们每天生活在激烈的竞争中。当我们失败时理应承认"山外有山，天外有天"的现实，准确面对挫折，同时也要相信"尺有所短、寸有所长"，"天生我材必有用"，持续鼓励自己，提升自己，坚持自信，防止自卑情绪的产生。

不过，也有观点认为，自卑心是一种内心的警觉，是一种创造的源泉与动力，自卑感让人去追求成熟、优越及完美。著名的心理家艾尔弗烈·阿德勒说："人们所有的成长动力与行为目标旨在追求安全和克服自卑感。"解释了自卑的人为何更易于趋向成功。人的成就恰好是自卑的作用，人寻求卓越恰好是对自卑的一种补偿行为。其实，在这里自卑伴随自尊才会发生上述作用。保持自卑与自尊的对应与适度是人生活之本、动力之源。有自卑心却没有自尊，那就成了自卑状态。

三、自信的获得与发展的四个阶段

根据柏恩的"相互作用分析"理论，将自信的获得与发展阐述为以下四个阶段，体现了自信的发生及作用机制。

1. "我不行——你行"　认为自己不行，显然是不自信的。据柏恩的研究和理论，幼小儿童在面对成人世界时，很容易产生这种"我不行"的感觉。刚刚踏入药品专业岗位的学生，若遇上不注意激励下属的师傅或管理人员，这种"我不行"的自卑感就会逐渐产生，从而影响新员工的融入和员工间的沟通。

2. "我不行——你也不行"　这是一种带有敌意的自卑感。在柏恩的分析中，儿童开始断乳、独立行走或家庭中又有了新成员，此时父母对孩子照顾的方式和时间发生了变化，给孩子一种"我不行，父母不再关心我了"的印象和影响，就容易产生这种"我不行——你也不行"的感觉和心态。

3. "我行——你不行"　这种"我行"是以"你不行"为条件的，并非真正的自信。孩子的这种心态，主要是父母或监护人的失职所造成的。例如，父母脾气暴躁，不讲道理，常使孩子感到委屈、不被理解，于是就逐渐形成了"我行——你不行"的机制。这种机制在孩子长大后仍会持续发生作用，导致其不再相信他人，认为只有自己是正确的。

4. "我行——你也行"　只有"我行——你也行"才是真正自信的表现和反映。柏恩认为，"我行——你也行"包含着人类发展的希望，蕴含着自信的形成。要真正做到"我行——你也行"，首先就要避免以上"我不行"及"我行——你不行"的消极结果。由于"我行——你也行"的感觉和心态也是在生活中逐渐形成的，所以父母和监护人对此负有责无旁贷的重任。

知识链接

"相互作用分析"理论

相互作用分析理论由伯恩（E. Berne）提出。

相互作用分析理论认为，每个人的人格包含3种：从生活中习得的自我，即专断的“父辈自我”、无理性的“儿童自我”和理智的“成人自我”。3种自我总是通过人的外部态度和行为表现出来。

“父辈自我”的心态以权威和优越感为特征，权势作风突出，喜欢统治、支配、训斥他人。行为表现独断专横、滥用权威，凭主观印象办事。

“儿童自我”的心态以儿童样冲动、幼稚为特征。表现为服从和任性交替或跟着感觉走。行为表无主见、遇事依赖、易退缩、感情用事、情绪不稳定、易激怒。

“成人自我”的心态以理智和平等待人为特征。能客观、冷静、按现实原则作决定。行为表现有理性、待人处事平和、慎思明辨、尊重他人。

伯恩认为，3种自我构成人格，潜藏在人的下意识中，在一定的人际交往环境中会自然地表现出来或相互之间发生换。“父辈自我”和“儿童自我”由于不是从理性出发，常常导致消极的人际关系或交往困难。“成人自我”以理性方式行事，能导致稳定的人际关系和建设性的交往。因此，理想的人际相互作用是“成人”与“成人”的相互作用，人与人之间当以“成人”方式刺激他人并以“成人”的方式对他人的刺激做出反应。

四、判断自己是否自信

请按照以下量表认真完成测试，了解自己是否自信，有多自信。

趣味测试

自信心量表

量表简介：《自信心量表》（Rosenberg Self－Esteem Scale）由美国心理学家罗森伯格（M. Rosenberg）制订，它是世界上最常用的测量个人自信心的量表。它共有10个测题，用以测量个人对自我感觉的好坏程度。该量表具有简单易懂、操作方便、可信度高等特点。

指导语：以下是一组有关自我感觉的句子，请按你的情况作答。

1＝很不同意　2＝不同意　3＝同意　4＝很同意

1. 我认为自己是个有价值的人，至少基本上是与别人相等的。1 2 3 4
2. 我觉得我有很多优点。1 2 3 4
3. 总括来说，我觉得我是一个失败者。1 2 3 4
4. 我做事的能力和大部分人一样好。1 2 3 4
5. 我觉得自己没有什么值得骄傲的。® 1 2 3 4
6. 我对于自己是抱着肯定的态度的。1 2 3 4
7. 总括而言，我对自己感到满意。1 2 3 4
8. 我希望我能够更多地尊重自己。® 1 2 3 4
9. 有时候我确实觉得自己很无用。® 1 2 3 4
10. 有时候我认为自己是一无是处。® 1 2 3 4

计总分：

注：“® ”表示该测题要反过来计分。(1计4分；2计3分；3计2分；4计1分)

得分解释

10～15 分：自卑者

你对自己缺乏信心，尤其是在陌生人和上级面前，你总是感到自己事事都不如别人，你时常感到自卑。你需要大大提高你的自信心。

16～25 分：自我感觉平常者

你对自己感觉既不是太好，也不是太不好。你在某些场合下对自我感到相当自信，但在其他场合却感到相当自卑，你需要稳定你的自信心。

26～35 分：自信者

你对自己感觉十分良好。在大多数场合下，你都对自我充满了自信，你不会因为在陌生人或上级面前感到紧张，也不会因为没有经验就不敢尝试。你需要在不同场合下调试你的自信心。

36～40 分：超级自信者

你对自己感觉太好了。在几乎所有场合下，你都对自我充满了自信，你甚至不知道什么叫自卑。你需要学会控制你的自信心，变得自谦一些。

五、选择科学方法、真正树立自信

心理学家认为，人自信的组成 20% 外在表现，如你的长相、穿着；而另外 80% 是来自你内在的涵养，如你的言谈举止、气质、个性、处事方式等等。所以，自信心的树立需要从你关注内在和外在的两方面，尤其是从内在的方面进行。

要出色地完成沟通，成为最好的自己，树立足够的自信心非常重要。美国心理学权威人士罗布·杨博士在《自信力：成为最好的自己》一书中提出了两种操作性很强的方法。一是彻底扫清内心消极观念和负面情绪的 FACAD 法，二是实现美好愿景的 SPOT 法。

（一）FACAD 法

当你情绪低落时，请拿起一个笔记本坐下来，按照 FACAD 技巧的 5 个步骤实践一遍。FACAD 法是由感受（Feeling）、行动（Action）、情形（Circumstance）、不时产生的消极想法（Automatic negative thoughts）和漏洞（Defects）五个单词的首字母构成的。

1. 感受（Feeling） 首先写下你当下的情绪，比如生气、绝望、焦虑、嫉妒、害羞、尴尬等，然后根据每种情绪的强度对其打分（0～10 分）。

2. 行动（Action） 写下你的行为在情绪的影响下有何改变，因为情绪，你无法完成什么事情？或者你的情绪在催促你去做些什么事情？比如因为情绪，你很想摆脱某种情境或者不想见某人；你想对某人大吼大叫；你想一个人流眼泪、酗酒或者表现出其他没有意义的行为。

3. 情形（Circumstance） 接下来，请描述一下让你产生这种情绪的情境。这些情境可能已经过去，可能正在发生，也可能是在你看来将要发生的。它们可能是一件事、别人的一种行为甚至可以是头脑中的某种想象或记忆。

4. 不时产生的消极想法（Automatic negative thoughts） 请写下你的头脑中不断冒出来的想法和观念，注意其中有关你自己的消极观念、批评言论和评价，比如“我没希望了”“他们一定认为我是个傻瓜”“现在做来不及了，就这样混吧”等等。

5. 漏洞（Defects） 最后，寻找这些观念中的漏洞和不足之处。针对你的每一个不时产生的消极想法进行打分，以0~10的分值来描述你对这些观念的信任程度。然后寻找挑战这些消极观念的方法。想象一下，如果你的朋友有这种消极想法，你会对他说些什么？你可以用哪些有建设性的、合乎情理的观念替换它们。

虽然要掌握FACADE法需要花一点时间，但它是目前心理学中用来去除消极想法的最有效方法之一。你一定要根据FACAD法的5个步骤写下答案，不可以只是动动脑筋就算结束。只有动手去做，你才能将想法与情绪分离开，从而找回那个自信十足的自己。

（二）实现美好愿景的SPOT法

没有目标是非常可怕的，没有目标的人生状态可以用浑浑噩噩、随波逐流、前途渺茫、自信全无这些词来形容。SPOT法帮助我们科学制定目标，从而实现目标、树立自信、展现魅力。

很多心理学研究都主张设置有效的目标。一项又一项的研究表明，当人们认真思考什么时候、什么地方以及可以怎样朝目标努力的时候，人们更能把目标坚持到底。因此，你现在需要做的就是记住“SPOT”这4个字母代表的5个内容。

“SPOT”中的字母“S”是2个“S”，代表有拓展性和有意义（Stretching and Significant）。也就是说，你的目标应该既有挑战又有价值。

第一个“S”指的是拓展性。目标至少应该能让你燃起斗志，这样才能不断激励你去实现它。研究发现，人们常常会低估自己的能力。其实你可能比自己想象的还要优秀。所以，你应该为自己设置一个可以拓展自身能力并具有挑战性的目标。这样做可以让结果远远超出你的想象。

但是，再有韧劲的橡皮筋也会拉断，所以不要为自己设置可望而不可即的目标。稍微有些挑战性的目标比轻易就能达成的目标更能激励你，但是不现实的、无法达成的目标可能只会让你感到挫败和厌烦。所以，目标要有拓展性，但也要现实。

第二个“S”指的是重要性。你的目标必须是重要、有意义、有吸引力、有诱惑力的，让你觉得必须要去实现它。如果目标不是那么让人兴奋，也就没有意义了，因为最终你会为其他事而分心。例如，学习一门新语言是好事，但你是因为觉得自己应该学才学，还是因为你非常喜欢学习，迫不及待想飞到国外去尝试新的语言技巧呢？另外，升职也让人感觉很酷。但是，你渴望晋升是因为你的另一半在给你施加压力，还是因为你迫不及待地想承担更多的责任呢？不同的目标会给你带来完全不同的感受。所以你要确保自己选择的是那些自己愿意不顾一切为之奋斗的目标。

SPOT法中的字母“P”（Positive）代表积极正面的目标。当你设置一个目标后，你就找到了自己要专注的东西。所以，一旦你设置了一个消极的目标，比如“我不想担心”，你的大脑就会专注于“担心”，结果你变得更担心了。当你告诉自己“我不想让自己在开会时感到尴尬”，你的大脑就会注意到“尴尬”这个词，最后你会感到前所未有的尴尬。可见，含有“不要”“不”或者“更少”的目标会给人带来挫败感。因此，最好为自己设置积极的目标，比如“我想更乐观”或“我想在开会时做一个自信的参与者”。

研究也证实了上述观点。实验室研究发现，与那些设置消极目标（这些目标是关于他们想避免什么）的人相比，那些设置积极目标（这些目标是关于自己想要什么的）的人更可能实现目标。所以，我们应该用“发展”“赢得”“磨砺”这些积极的词语来描述我们的目标。

SPOT法中的字母“O”代表着可见的目标（Observable）。就拿你为自己设置了“在聚会上更左右逢源”的目标来说吧。你怎么知道什么时候这个目标就算实现了呢？和20个陌生人聊天就能证明你实现目标了吗？那么，如果你只和10个，6个或者1个陌生人谈话又怎样呢？

一个有效的目标，它的实现与否应该是能被旁人判断出来的。除非你能量化自己的目标，否则你就不知道什么时候自己需要为实现目标而快马加鞭。目标应该足够具体，并且是可以判断的。这样，公正的旁观者对你是否达成目标就可以点头说“是”，或者摇头说“不”了。

比如，下面的目标就是可见的目标：在会议上我至少要发言 3 次；我想让公司的名字登上一家国内媒体的版面；每天尝试一个小的、新鲜的体验，变得更有冒险精神；每周要给父母打一次电话，每次至少聊上 10 分钟。这几个可见的目标变为不可见的目标，是如下的描述：在会议上我想得到关注；我想成为一名著名的企业家；我想在生活中做更加冒险的选择；我必须多花时间和父母沟通。

SPOT 法中的字母“T”代表着有时限的目标（Timed）。你想让老板给你加薪，克服演讲的恐惧，找到约会对象，做慈善工作的志愿者，还想创立自己的公司，但问题是：“你什么时能做到呢？”

给自己设立最后期限具有激励作用。如果你向自己承诺会在一个特定的日期完成某事，这比你只是随便说个日期的作用更大。最后期限就像一个有力的提醒，能从心理上约束你。但是不要将最后期限设置得太遥远，比如“2050 年我要加薪”，不然还不如没有这个最后期限呢！可如果你想下个月就要实现这个目标，那么你给自己的时间压力就太大了。所以，你要选择一个对你达成目标而言既有挑战性又比较现实的截止日期，选择一个可以迫使你采取行动但又不会让你太担心如何才能按时完成任务的截止日期。

如果你能选择一个重要日子作为最后期限就更好了。它可以是你明年的生日、学期结束的那一周、春节，或者其他让你印象深刻的日子直到你能达成目标为止。

你可能在想：“如果到了指定的最后期限，我没有成功实现目标的话，那该怎么办呢？是不是可以留一些额外的时间，来保证我一定可以按时完成目标呢？”答案是“不”！一个大大的“不”！如果你已经答应要在特定日期前提交工作方案或者帮朋友排忧解难，你就一定要遵守诺言。而谈到追求个人目标时，一个能让你早点采取行动的目标总要胜过一个可以允许你晚些再行动的目标。最后期限到来时已经完成了 80% ~90% 的目标总要胜过截止日期近在限前面只好不断推迟行动要好。给自己一点时间来检验到底什么样的截止日期更适合自己。

总之，消除负面情绪，具备了自信的前提。科学制定目标、实现美好愿景，才能帮助我们真正树立自信。

需要强调的是，有了科学目标不等于树立了自信。因为自信是行为的结果，而是意图的结果。许多人都有很好的意图，比如为了健康说我要锻炼、我要减肥、我要戒烟等。除非意图转变为行动，否则就是纸上谈兵。

六、不断保持和提升自信心

自信心的保持和提升需要不断注入新动力，需要不断开发自己的自信源泉。自信心的保持和提升可以通过以下 10 种方式实现。

1. 客观正确地评估自己，发现自己的长处，并肯定这些长处和能力。同时也能如实地看到自己的短处，通过其他途径缩小自己的不足。

2. 给自己一个自信的形象，有很多人因为外表的不自信，使自己内在的信心全无。在正确认识自信构成的同时，能通过整洁干练的衣着、坚定的说话的语气等给自己一个自信的外表。

3. 与了解自己的乐观的朋友在一起，这也会让您更乐观。不要浪费时间去阅读别人不幸的新闻，乐观的朋友能够向你提供有效的忠告，消除你的自卑和不安，树立信心。

4. 能热情的帮助别人，通过不断地帮助别人，你会找到更多事业上的支持者，使你的工作更加顺利，从而增强自信。

5. 在做决策方面，能让自己更理性和果断一些，在人际交往上，应能体谅和包容他人。

6. 提升工作能力，需要深入了解本职工作需要何种人才，自己欠缺的能力到底在哪里，能通过学习和努力提升这些能力。

7. 给自己制定合适的行动目标和行动计划，让自己的行动更有方向，并能不断修正计划，当遇到执行不成功时，不能轻易放弃，能不断鼓励自己。

8. 做出自信的身体姿态。

9. 开展自我激励。

10. 回忆自己成功的过去。

实践实训

组织学生开展“我成功、我自信”公众宣示活动

训练要求：首先，每位同学写出自己至今较为成功的5件事；其次，5～7人一个小组，互相对比评出每个人更为突出的3件事。第三，小组成员依次在小组内依次公众宣示“我曾经在3件事上成功过……未来，我会更加努力!”。最后，各组各选取最有特色的一位同学再进行公众宣示，教师注意鼓励演讲者，注意鼓动学生听众给予热烈响应。

练习当众说话。当众说话是建立自信最快的手段，在会议中或社交场合要尽量发言，记住，只要敢讲，就比那些不敢讲的人收获大。不用担心别人会反对你的意见，有人反对是正常的，正像总会有人同意你的意见一样。尽管大胆去说!

做排除影响自信的杂念的训练。做法：写出消极暗示，然后在旁边打“×”把它抛弃。如：“找工作实在是太难了，太不容易了!”“我天生比别人笨。”“我的早期教育很差，比不上别人。”“我虽然明白了以上道理，可惜太晚了。”“我的家境一般，不可能成功。”等。

案例分享

药店营业员的重要任职要求

药店营业员对药店的经营有着举足轻重的作用，一个药店如果有一支既懂药品专业知识又懂服务技巧的营业员队伍，那这个药店就一定能在激烈的市场竞争中异军突起，不断地发展壮大。一个真正合格的营业员有一个重要的任职要求就是要保持乐观自信的心态。

人们常说“自信是成功的一半”，信心是从事事业的精神支柱。对药店来说员工的信心是企业成功的保证。营业员要有乐于沟通的愿望，把顾客当作自己的朋友，能够用自己的乐观、快乐感染每个进来的顾客，获得顾客的认同。人是情绪化的动物，客户亦然。大部分人购买策略是建立在情绪化的、感性的基础之上的。销售人员决不可以把不好的情绪传递给客户。因为这样做的结果只会给顾客一个不好的印象，使销售失败。

想一想 1. 假如药店营业员不自信，顾客是否会信任药店和药品?

2. 药店营业员自身应如何保持和提升自信?

微课

活动二　学会演讲

心理学家归纳总结出人类的三大恐惧：怕火、怕高、怕上台演讲！当人学会当众演讲后，就能快速突破自我，拥有超人般的自信，绽放无限的个人魅力。

案例分享

小明是药学专业的毕业生，他想找一份符合专业、成就大、收入高的好工作，通过专业网站他找到了一家招聘医学信息沟通专员（医药代表）的企业。他发现这个工作岗位的日常工作内容总计 14 项：四期临床验证；不良反应收集；区域学术沙龙；特殊病例收集；国际、国内各项指南的解读；CFDA 临床路径释义的传达；国际、国内最新学术论文的传递；国际、国内、省级年会的专家邀请、信息传递；MDT（多学科综合治疗）的方法介绍；公司药物的配伍禁忌说明；相关专科专业学会的学术活动落地执行——CSCO 卫星会、CMA 心身医学分会、IDAC 中华感染与抗微生物治疗论坛等；卫健委推行的合理用药的处方点评；公司相关产品药物经济学的介绍；公司相关产品的破损处理和对接。小明发现其中的介绍、解读、说明等有许多关于沟通表达的要求以及还需要更高要求的演讲，如区域学术沙龙、论坛等工作，而小明平时却忽略了相关能力的锻炼。

想一想　小明还能胜任这份工作吗？

案例评析　提高包含演讲能力在内的沟通能力是药学、中药学、药学服务等医药卫生专业的重要课程。魅力人生需要沟通、需要演讲！

一、演讲的含义

演讲是面对公众，以口头语言为主要形式、非口头语言为辅助形式，就某一问题发表见解、阐述事理，并相互交流信息思想，互有影响的沟通活动，也叫演说。

演讲中的演即表演，一般用场景、体态、表情、道具等去表演。演讲中的讲即讲话，用语言、声音、语气、节奏等去阐述。其最终目的是塑造自身魅力、传播信息思想、积极影响公众。

二、了解个人演讲水平

你曾有过当众讲话失败的惨痛经历，抑或你害怕有这样的经历。可能曾经发生的某些事情让你产生了刻骨铭心的痛苦记忆，因此，你决定不让历史重演。这种痛苦促使你获得了一些专业知识，可能你已经确定有些东西阻碍了自己，并且这种阻碍来源于自己的说话方式。因为你还没有学会如何快速有力地将思想表达出来，这不利于你树立威信，也会妨碍你的发展。本任务会帮助你找出这些无效的习惯，让你摆脱不良的说话方式。

无论是基于以上哪种原因，为了自己的演讲能力更进一步，你需要知道你现在的演讲水平如何。

趣味测试

请填写下面的评估内容，仔细阅读每一个问题，然后严格诚实地给自己打分，完成相关操作。

（一）演讲内容测评

1. 对演讲内容做了精辟的分析和深入细致的考察，并用证据和例子来阐明和论证我的观点。

2. 我说话时富有激情、充满智慧，能满足听众的需求。

3. 演讲中，运用故事和生动的比喻帮助人们感觉到、看到我正在描述的事物。

4. 演讲首尾呼应，浑然一体——既强调了我的观点又让听众很满意。

5. 开头很少说我自己的事情，而是讲听众在乎的内容，且能打动听众。

6. 我的演讲像讲故事一样展开，而不只是展示一系列的幻灯片、罗列系列的要点及数据。

7. 通常我以一个主题或中心句开始谈话或演讲，并在整个过程中加以强调。

8. 我以一种连贯、完整的叙事方法组织我的思想，并环环相扣，让听众更容易理解。

9. 我讲话简洁，从不喋喋不休、拖沓冗长，听众听完后都很清楚我说的内容。

10. 我注意自己说话的对象。我知道自己演讲的原因、清楚自己想从特定的观众或听众那里得到什么。我的听众会逐渐被打动，并产生新的见解、决定或者行动。

（二）演讲风格测评

1. 我的语言鲜活生动、易于理解。我很少使用模糊不清或容易产生歧义的行话、缩写词或陈词滥调。

2. 对他人讲话时，我会全身心地关注听众的细微变化，我能看到并且理解听众的反应，在需要时适时调整自己。

3. 在一大群人面前我能自如地运用手势，从来不会感到尴尬。

4. 我总会倾听人们的诉说，并表现出我很在乎他们的想法。

5. 我会在精神上和身体上都做准备，这样，无论我面对一个人还是一百个人讲话，都会处于最佳状态。

6. 演讲开始时我会和他人建立融洽的关系。进入正题之前，我会以可与听众产生共鸣的话题开始演讲。

7. 讲话时，我会坚持用眼神交流。

8. 我的语言和音调是温和的、有个性的、口语化的。

9. 我运用幻灯片、讲义或其他媒介作为我演讲的辅助工具，我不会让幻灯片显得比我自己还重要。

10. 讲话时，我知道如何运用节奏、音调和音量来表现讲述内容的细微差别与变化。

（三）演讲测评水平分析

根据如下标准评分：几乎总是——5 分；通常情况下是——4 分；有时候是——3 分；通常情况下不是——2 分；几乎从来不是——1 分。分别计算出演讲内容得分和演讲风格得分。

如果你的得分均低于 25 分，那就麻烦了。说明你在演讲内容和演讲风格两方面的得分都比较低，听众可能难以理解你的思想，也难以接受你的风格。因此，他们会对你的讲话不耐烦。更糟的是，他们会走神、犯困，甚至发怒。不管是在演讲内容还是演讲风格上，你都得努力。

如果你的得分演讲风格得分高于 25 分，演讲内容得分低于 25 分，即演讲风格总得分高，这意味着你的表达方式——手势、表情及声音，对听众来讲很受用，但是你的演讲缺乏实质的内容。你需要进一步努力，使演讲更加清晰、切题、简洁。尽管此时你的演讲打动了听众，得到了听众的欣赏，但是，听众并没有从中获得智力上的滋养。

倘若你的得分中，演讲风格得分低于 25 分，演讲内容得分高于 25 分，即演讲内容方面的总得分较高，但是演讲风格的总得分较低。那么，你的演讲思想性很强，但是你的声音和身体并没有相应的变化来支持你要传达的信息。你阐述的观点明确，材料组织得当，内容也有针对性。但是你的演讲风格可能是苍白、沉闷的，听众很难与你持续互动。听众要想听到你的好想法，得费很大劲，这让他们倍感沮丧，因此，这种情况也是危险的。最糟糕的是，单调乏味到一定程度，会产生负面的影响。

如果你的得分均高于25分，这说明你的思想明确，内容切题，组织良好。你的演讲方式富于变化、风格令人瞩目。在演讲时，你的能量、激情运用得恰到好处，清晰的思维给听众带来了价值。你不仅在激励人们，而且正在创造你想要的结果。听了你演讲之后，人们都想去做一些事情。这种水平的演讲是最有魅力的，分数越高魅力越大。

三、演讲中的紧张心理

你是否出现过以下一些的场景。你在台下静静等待，马上就要上台发言或者演讲了。你双手冒汗，不时翻看手机或者写好发言文字的小卡片。你已经将这些小卡片排好了顺序，但卡片掉到了地上，等捡起来时，顺序全乱了。应该说些什么呢？你也不记得了。你已经花了很长时间准备演讲。你的领带与衣服搭配吗？你又上上下下检查了一遍。早上看起来还精致得体的西装，此刻感觉皱巴巴的，而且穿在身上太紧了。你感到脸红发热。如果忘了要说什么该怎么办？如果听众不喜欢你又该如何？如果他们问你刁钻的问题，你该如何应答？如果他们发现你没有想象中那么聪明呢？如果有听众知道的东西比你还多，而你确信台下真有这样的听众，又该怎么办？不知道怎么上的台，说了开场白后，你久久没有说话……这样的情景是不是很尴尬呢？这其实都是紧张心理造成的。

四、有魅力的演讲应以听众为导向

如果一个演讲仅仅考虑自己，或者过多考虑自己，都难以引起演讲听众的共鸣。要做到以演讲听众为导向，演讲者可以从以下几方面着手。

（一）对听众的称谓要得体

得体的称谓可以把演讲的情感传导给听众，使听众与之同欢乐、同悲伤、共希望、共愤怒，创设融洽的氛围，拉近彼此的距离。

当面对多层次听众参与的场合时，可以使用泛称，如“朋友们”“同胞们”“同志们”“各位小姐、各位先生”“女士们、先生们”“姐妹们”等。当遇到一些特殊行业、特殊年龄、特殊层次的听众时，就要使用特称，如“总统先生”“总理先生”“尊贵的客人们”“在座的各位老师”“尊敬的教练”“各位评委”“未来的工程师们”“尊敬的白衣天使”“可爱的小友们”“祖国的卫士们”等。在一般情况下可运用“朋友们”的称呼。

（二）少谈自己，多关注听众，注重听众所需所想

以听众为导向就要少谈自己，多关注听众，注重听众所需所想，对演讲听众的称谓、演讲内容等均需体现这一理念。我们通过两个实例来比较体会：

大家好，我叫小明，是这里的高级副总。我想说，今天能站在这里很高兴，我已经在这家公司工作16个年头，期待这一天已经很久了。我确实对此充满热情。我只想说，过去我是那种经常说“这可能永远也做不到”的人。我以前从来不相信我们能获得如今已有的市场份额。因此，今天，我想让你们知道我对我们即将要做的事情是多么激动。我想让这里的每个人都做出承诺。我想让你们今天从这里走出

去之后准备好承担重任。我知道我们可以做到这一点。运用新技术，再加上我们每个人的全情投入，本季度我们的市场份额要从10%提高到15%。我知道我们可以实现这一目标。

小明的演讲多次提到自己如何如何，关注自己过多，关注听众很少，演讲不是以听众为导向。同样的演讲主题，内容也基本相同，但关注的角度发生了变化，就成了如下的演讲：

对你们许多人来讲，今年是艰难的一年。我们这个团队取得的成就已经证明了你们的毅力和承诺。我们的市场份额提高了，下一步我们一起努力提升市场份额到15%。我们的产品正在改变更多人的生活。这一成绩的取得只依赖一件事，那就是你们的努力。谢谢你们！现在，尽管我们仍然在竞争中保持领先，但是对手就在身后不远处，且正向我们不断靠近。所有人都记得当我们遥遥领先于对手时我们是多么的自豪。现在，我们必须比以前更加努力地工作，体现出我们对客户的服务是首屈一指的。现在是利用企业已创文化、已定战略及已得声誉，显示我们本色的时候了。我们每天都要努力，向人们展示我们的产品和服务仍然是市场上最好的。你们会与我并肩作战吗？

小明的第二个演讲，开场白就提到“你们许多人”，过程中多次提及“我们”“所有人”等词，给听众足够的关注，演讲内容也是围绕听众的需要，做到了以听众为导向开展演讲。关注听众，注重听众所需所想。

（三）注重听众参与、给予听众赞赏

如果没有听众的某种形式的参与，讲台上的人和讲台下的人之间往往隔着一堵墙，利用听众的参与则可以消弭这堵墙的隔阂。

在演讲中，如果你提到听众中某个人的名字，如果你挑选听众来协助你展示某个论点，或将某个意念戏剧化地表现出来，或者组织听众共同完成一个游戏或活动，听众对你的注意便会显著地增加。由于知道自己是听众，所以当某位听众被演讲者带入“表演”中时，所有听众便会敏锐地感知所发生的事。

没有人喜欢受到指责，即使你指责的是他所在的群体。公然批评听众必然招来怨恨。对他们所做的值得称赞的事表示赞美，你就能赢得进入他们心灵的通行证。但是，赞扬要注意得体，不能用夸张、肉麻的词句，否则，听众会认为你是刻意献媚而感到憎恶。

五、修炼魅力演讲的几个要点

（一）在演讲中注重激发听众情感

情感相较于信息和思想，是沟通的最高层次。情感一旦被激发，即能使人精神振奋，进而对客体产生一种不可估量的能动作用。正如马克思指出的那样：“热情、激情是人类走向他拼命追求的对象的本质力量。”演讲中，激发听众的情感正是在于启动和发挥这种“本质力量”，使之高度关注、思索、领悟、品味演讲过程的全部言辞与全部情态。激发情感可以用到以下技巧：

1. 以情动情 俗话说，人心都是肉长的。这就是说，喜怒哀乐、七情六欲是人的共性，而且具有感染性，尤其当处在大致相同的境遇中时，这种感染性更加强烈，于是人们便有“同病相怜”“兔死狐悲”的一些说法。演讲者常常以此来激发听众的情感。

2. 融情于事

以下是题为“宜将寸草报春晖”的演讲。演讲中，叙述了一个感人的故事。

有一位母亲，她的两个孩子在水边玩耍，不小心一同掉进了水中。母亲闻讯赶来，看到在水中挣扎的孩子，她什么也没想，什么也没说，一头扎进水里，奋力把两个孩子顶出水面。孩子得救了，可她自

己却永远地沉到了水底。

这段叙述使听众为之动容。为什么呢？第一，演讲者是怀着对这位母亲极其崇敬的情感在叙述故事的，这种情感直接感染了听众。第二，通过演讲者的叙述，把当时的情景“再生”出来了，也就是说，演讲者把听众带到了可以想象得出的情境中去了，设身处地，将心比心，怎能不为之感动呢？

3. 寓情于理　情理兼备才能使演讲者与听众产生共鸣，才能收到预期的效果。没有一丝人情味，只有干巴巴的说教，只有一些抽象的概念或一些现象罗列，怎能感动听众呢？因此，不少优秀演讲者也以伦理的方式去激发听众的情感。

（二）演讲中要少一些抽象，多一些具体

“你需要有个好心态”，就是一句很抽象的话。减少点抽象，可以说“你需要变得更积极一些”。稍微具体一点，“你需要抱怨得少一些”。更具体点，可以说“你对工作太辛苦的抱怨需要减少一些”。特别具体，可以说“你对在周末加班工作的抱怨需要减少一些”。

（三）演讲中善用目光语做魅力互动

演讲中的目光语很重要，用好目光语需要很多技巧。下面介绍运用目光语的6种方法。

1. 前视法　演讲者视线平直向前面弧形流转。立足听众的中心，兼顾两边，直到视线落到最后的听众头顶上。视线推进时，要顾及坐在偏僻角落里的听众。

2. 环视法　有节奏或周期性地把视线从听众的左方扫到右方、从右方扫到左方，或从前排扫到后排、从后排扫到前排，视线每走一步都是弧形，弧形又构成一个整体环形。这种方法要注意中间的过渡，演讲时要注意衔接。此种方法主要用于感情浓烈，场面较大的演讲。

3. 点视法　在很特殊的情感处理或听众出现不良反应时，可大胆运用此法。此法对制止听众中的骚动情绪有很大的帮助。

4. 虚视法　“眼中无听众，心中有听众”。这种方法在演讲中的使用频率很高，尤其是初上场的演讲者，可以用它来克服紧张与分神的毛病，从而不至于使自己看到台下那火热的眼神而害怕。这种方法还可以用来表达演讲时的愤怒、悲伤、怀疑等感情。

5. 闭目法　人眨眼的频率一般是每分钟5~8次，若眨眼的时间超过一秒钟就成了闭眼。演讲到英雄人物壮烈就义或演讲者与听众极度紧张、心情难以平静时，可运用此法。

6. 仰视法和俯视法　在演讲时，不要总是注视听众，可以根据演讲内容运用仰视法和俯视法，如表现长者对后辈的爱护，怜悯与宽容时可把视线向下；表示尊敬、撒娇或思索、回忆时可把视线向上。

要特别说明的是，视线的运用往往是各种方法综合考虑、交叉运用的，同时要根据演讲内容的需要，和着感情的节拍，配合有声语言形式与手势、身姿等立体进行，协同体现。

练一练

即兴演讲

演练目标：能够快速思维，进行即兴演讲。

演练内容：

第一轮：随意演讲。以身边物品为题，进行30秒的即兴演讲。

第二轮：预设情绪。1分钟即兴演讲。

情景物品：破球鞋。预设情绪：喜悦。

情景物品：圆珠笔。预设情绪：愤怒。

情景物品：一笼包子。预设情绪：惊奇。

情景物品：地球仪。预设情绪：恐惧。

第三轮：主题表达。3 分钟即兴演讲。

情景物品：梳子。

情景物品：尺子。

情景物品：钥匙串。

知识链接

为什么好多人演讲时“大脑一片空白”

许多人都有在一大群人面前发言恐惧的心理，好不容易开始发言却又发现大脑一片空白，说不出话来。为什么会这样呢？人类大脑里有两个微小的、杏仁状的神经组织，叫“杏仁体”。作为最古老的大脑神经系统的组成部分，“杏仁体”仅有一项功能，不是助人思考，而是让人身体保持安全。“杏仁体”从不休息，它们是人类早期警系统的一部分。它们不断扫描危险事物，一旦你遭到威胁，它们就向你的身体发出警告。当你站在讲台上的那一刻，当感觉到有几百双眼睛在盯着你时，大脑确切地知道这意味着什么——意味着你将成为一顿盘中餐。你大脑里的杏仁体马上行动了起来。它们会用力挣脱高度进化的大脑的控制，并且将信息传回到掌控求生本能的大脑的原始部分。肾上腺开始分泌肾上腺素并将其注入你的身体系统。此时，呼吸更加急促，为血液补充氧气；心跳加快，为行动做准备；你开始出汗，手变得腻滑、难以抓住；目光变得锐利起来，血液回流转向胳膊和腿部的肌肉群，你已做好战斗或逃跑的准备。不幸的是有一个器官，即大脑中处理语言的前额叶的血液供应被抢走了，当血液从前额叶流走时，你为演讲而精心准备的话也会从大脑里消失。那一刻，你大脑一片空白，觉得自己很愚蠢。实际上，你正处于称之为“杏仁体劫持”的状态。

六、如何消除紧张心理

建立自信、充分准备和适应变化是消除紧张心理的主要途径，在演讲过程中，我们还可以运用以下克服紧张心理的 7 种具体方法来消除紧张心理。

（一）自信暗示法

演讲者不应在上台演讲前多想可能导致演讲失败的因素，如“不要紧张、不要害怕”“我忘了演讲词怎么办”“听众嘲笑我怎么办”等，这种负面的自我暗示往往会导致失败的结局。从心理学角度讲，人的潜意识分不清楚是非对错、正确与否，它只接收肯定的信息。类似“不要打碎”“不要尿床”“不要紧张”“不要害怕”等否定信息一概被排斥，潜意识只接收打碎、尿床、紧张和害怕等肯定信息。所以，演讲者对自己的演讲题材和演讲效果要充满自信，更要在精神上鼓励自己去争取成功。演讲者可以用以下积极正面的文字反复暗示、刺激自己：“我的演讲内容对听众具有极大的价值，听众听了一定会喜欢”“我非常熟悉这类演讲题材，我定会成功”“我已准备得非常充分了”等等。每次在演讲前暗示自己：“我会讲得很好，会讲得很成功，听众会非常喜欢听我的演讲。”想象演讲结束，听众掌声雷动的场面。

（二）提纲记忆法

初学演讲者常常把能够背诵演讲稿作为准备充分的标志。背诵记忆，对于初学演讲者可能是一种必要的准备方式。但是，背诵依赖的是机械记忆，逐字逐句的记忆不仅耗费演讲者大量的时间，而且容易造成演讲者心理麻痹。在实际的演讲过程中，一旦因怯场、听众骚动、设备突然出现故障而打断演讲者的思路，机械记忆的链条往往就被截断，演讲者脑海中会一片空白，导致演讲停顿。此外，单纯的背诵记忆，还极易形成机械单调的“背书”节奏，丧失了演讲应该具备的激情和热情。

对于大多数的演讲来说，我们提倡用提纲记忆法。提纲记忆的一般程序是：首先，就有关演讲的主题、论点、事例和数据等做好演讲笔记，并整理成翻阅方便的卡片；然后，对笔记或卡片上的材料深思、比较并补充，整理出一份粗略的演讲提纲，提纲注明各段的小标题；最后，在各段小标题下面按序补充那些重要的概念、定义、数据、人名、地名和关键词句。至此，一份演讲提纲基本完成。在整理演讲材料和编排纲目的过程中，演讲者应反复思考和熟悉了解自己的演讲内容，而在演讲时仅仅将演讲提纲作为提示记忆的依据。

（三）目光训练法

初学演讲者往往害怕与听众进行眼神的交流，于是出现了低头、抬头、侧身等影响演讲效果的不正确的姿势。演讲者正视演讲对象，这不仅是出于礼貌，更重要的是演讲者与听众全方位互动交流的需要。初学演讲者不妨找人与自己对视，并且在此过程中不要讲话。

（四）呼吸调节法

适度的深呼吸有助于缓解紧张、焦躁、烦闷的情绪。演讲者在临场发生怯场时，可以运用深呼吸法进行心理和生理调节：演讲者全身呈放松状态，目光转移到远方景物，做缓慢的腹式深呼吸，根据情况做5～10次，甚至更多次。很多运动员、歌星、主持人，他们在上场时也做深呼吸来调节自己的情绪。其实，这在心理学上叫注意力转移法。开始时是把注意力放在担心上，现在不过是把注意力转移到深呼吸上，以此来让自己放松平静下来。

（五）调节动作法

你在台上紧张的时候，会发现你的浑身肌肉紧缩着，绷得紧紧的，这个时候你换个动作、换种姿势，会直接减轻你的紧张程度。或者是握紧双拳，握得不能再紧之后放松，这样反复练习，多做几下，身体就会慢慢放松下来。

（六）专注所说法

专注自己的说话，就是把注意力全部专注在你要演讲的内容上，而不是放在听众怎么评价我、对我形成什么样的印象上。其实演讲的最高境界就是忘了自己，面向听众，专注所说。

专注自己的说话，其实也是注意力转移的一种方法。我们常常是面对听众会紧张，但自己说话不会紧张，所以将注意力全部放在讲话本身上，而无暇顾及听众的反应，无暇关注听众，自然就会减轻紧张程度。

（七）预讲练习法

与前面的几种方法相比，更重要的是多讲多练，积累成功的经验。讲一次不行，讲10次、30次、50次，肯定会越来越熟悉演讲的过程，消除紧张。预讲练习有两种方式：

第一种，为了纠正语音，锻炼遣词造句的能力，训练形体语言，演讲者可以自拟一个演讲题目，或模仿名家的演讲，在僻静处独自演练。著名演讲家、美国第16任总统林肯，青年时代就经常模仿律师、传教士的演讲，独自一人对着森林和玉米地反复练习。

第二种，为了参加正式的演讲比赛或在规格较高的会议上发表演讲，有必要进行试讲。这种试讲最好邀请一些亲朋好友充当听众，一则可以模拟现场气氛，二则可以听取亲朋好友的意见和建议。

大量的预讲练习可以帮助演讲者建立充分的自信，而且还利于自己更好地去发挥，避免因准备不充分或不适应演讲环境而引起的惊慌失措。中国有句古语叫“熟能生巧”，就是这个道理。

答案解析

即学即练

1. SPOT法中的字母“S”代表的含义是？（　　）

   A. 拓展性　B. 重要性　C. 可见的目标　D. 拓展性和重要性

2. 公众演讲时，演讲者为何容易出现“大脑空白”？

实践实训

运用魅力演讲地技巧，模仿医药企业总裁开展魅力演讲。

演讲词（节选）

各位同仁，大家上午好！

今天给大家分享的是××公司在大健康创新领域的思考和探索。大家能形成很好的交流环境，要感谢这一个平台。前面的几位演讲嘉宾都谈到了2020年新冠疫情的不期而遇，打乱的不仅是每一个人的生活节奏，更重要的是带来行业短期和长期影响，不仅在这个行业中，也包括整个世界经济、政治的格局。

大家也可以看到一些新的变化，到目前为止，新冠疫情在全球范围内并没有得到很好的控制，但在国内已经有较好的遏制。××公司在整个过程中既参与了整个疫情的上半场，国内抗疫；也积极参与了疫情的下半场，全球抗疫。直到今天，××公司的全球抗疫中心依旧在忙碌工作。在整个的抗疫过程中，××公司短短5个星期时间在全球采购了3300万套的防疫物资，也包括××公司自己的产品，如医疗救护车、呼吸机等。

……

当然会碰到各种的挑战，也会想各种的对策，中国的非公医药至少有4个维度可以实践。

第一个就在于医疗多层次产品量远远不足，除了公共医院这一基本医疗端，（其他领域）其实还有巨大的市场空间。是需求，并且是潜在的刚性需求。

第二是从医疗场景来看，智慧医疗是在医疗的场景进行的，但是医疗机构如果是一个健康管理的平台，如何做到更高效的现有资源，使人少生病，生了病及时得到救治，这个同样有巨大的市场前景，这个对发挥整个医疗资源最高效的作用也非常重要。

第三个维度也是非常重要的。我们必须面对现有的科技创新、科技创新带来的红利、科技创新对行业带来的变革。这个是根本性提升效率的很重要的手段。现在的互联网、可穿戴设备、AR、云计算、大数据这些技术全面的结合会带来整个医疗生态和效率的结合，会给医疗干预的手段带来衔接，创新的技术在医疗场景的使用上，同样又是一个机遇。

……

训练要求：目光与听众适度接触适度交流，尤其开头部分“各位同仁，大家上午好!”，注意提到“大家”一词时的语气、体态；必须有恰当的手势，尤其讲到“第一”“第二”“第三”的部分；注意体会听众导向，注意对听众的关注，侧重分享而不是阐述，整体注重上下互动。

目标检测

答案解析　知识回顾

一、单项选择题

1. 自信的反面是（　　）

A. 自负　B. 自卑
C. 自谦　D. 他信

2. 以下在魅力中具有核心作用的要素是（　　）

A. 美德　B. 自信
C. 礼仪　D. 演讲

3. 真正的自信应该秉持的理念是（　　）

A. 我不行——你行　B. 我不行——你也不行
C. 我行——你也行　D. 我行——你不行

4. 以下不属于消极想法的是（　　）

A. 永不言败
B. 人的命，天注定
C. 年龄越来越大，来不及做事情了
D. 我没希望了

5. 以下哪个目标属于可见的具体的目标（　　）

A. 在会议上我想得到关注
B. 我想成为一名著名的企业家
C. 我要好好学习
D. 每周给父母打一次电话，每次聊 10 分钟以上

6. 以下属于演讲风格得是（　　）

A. 演讲中的证据和例子　B. 自如地运用手势
C. 演讲中的故事　D. 以一个主题或中心句开始谈话或演讲

7. 提纲记忆法是全篇背诵法比较而言的，其优势不包括（　　）

A. 节约时间　B. 可能漏掉一些词句
C. 不易导致演讲停顿　D. 更易保留激情与互动

8. 演讲时对听众不恰当的称呼是（　　）

A. 女士们、先生们　B. 朋友们
C. 大家　D. 你们这些家伙

9. 以下提法不能显示给予听众更多关注的是（　　）

A. 我、我自己　B. 大家　C. 你们　D. 我们

10. 演讲中少一些抽象多一些具体，以下较为具体的语句是（　　）

A. 这个药起效很快　　B. 这个药起效特别快

C. 这个药服用 3 分钟内起效　　D. 这个药起效神速

二、多项选择题

1. 魅力的构成包括（　　）

A. 美德　　B. 魅力演讲

C. 自信　　D. 礼仪

2. 扫清内心消极观念和负面情绪的 FACAD 法包括（　　）

A. 感受和行动　　B. 漏洞

C. 情形　　D. 不时产生的消极想法

3. 实现美好愿景的 SPOT 法包括（　　）

A. 有时限（Timed）

B. 拓展性（Stretching）、重要性、有意义（Significant）

C. 积极正面的目标（Positive）

D. 可见的目标（Observable）

4. 下列没有魅力的行为有（　　）

A. 演讲时始终低头，与台下听众没有目光接触

B. 轻伤不下火线，坚守在工作岗位奋斗

C. 夜间市区为展现个人车辆远光魅力，开远光灯照射路人与前车

D. 公交车上为老弱病残孕乘客让座

5. 演讲时可运用环视法与听众互动，对有关环视法的描述正确的有（　　）

A. 主要用于感情浓烈，场面较大的演讲

B. 眼中无听众，心中有听众

C. 特别注视骚动的个别听众

D. 视线的跨度大

三、简答题

1. 魅力沟通的构成？

2. 消除内心消极观念和负面情绪的 FACAD 法的操作步骤是什么？

3. 魅力演讲如何提升听众参与程度？

4. 演讲中如何激发听众情感？

四、案例分析题

以下为《后浪》演讲稿节选：

今天，我们来说说药店“后浪”们。
2020 伊始，在药店这间或大或小的房间里，
在疫情防控斗争中，你们成为“疫”线的逆行者。
你们在困境中坚守，都在以行动书写最美篇章；
在火线上激扬青春力量，以无私无畏的精神放射出，
新时代中国药店人一代的荣光。

问题

请结合所学知识分析这段演讲的魅力所在。

任务二　留下美好的第一印象

PPT

实例分析

实例　小王是某知名大学经管类专业的一名应届毕业生。毕业前夕，通过朋友的介绍，她准备去一家国际知名的大企业应聘人力资源管理岗位。为了显示自己对面试的重视，给对方留下良好的第一印象，在面试前一星期，小王就花大价钱买了一件有骷髅头图案的吊带背心和一条低腰牛仔裤，准备在面试当天穿。为了显示自己的青春时尚，小王在面试当天还特意化了一个流行的烟熏妆，最后穿上自己最喜欢的一双凉拖鞋就精神抖擞地出发了。在面试的过程中为了显示自己的轻松和自信，她靠在椅背上，并跷起了二郎腿。然而事与愿违，小王自我感觉良好的这身时尚打扮，却偏偏坏了她的大事。面试考官直言小王个人形象不合常规，给人感觉过于前卫、随便，录用一事当然是泡汤了。

问题　1. 此案例中小王的装扮出现了什么问题？

2. 个人形象的塑造应注意哪些方面？

答案解析

活动一　个人礼仪要注意

案例分享

心理学家曾做过实验，他分别让一位挎着菜篮子、脸色疲惫的中年妇女；一位打扮入时、妆容精致的漂亮女郎；一位面部干净、文质彬彬的青年学者和一位邋里邋遢、举止粗鲁的男青年在公路边搭车，结果发现，这4个人中，搭车成功率从高到低分别为：漂亮女郎、青年学者、中年妇女、邋遢男青年。其中邋遢男青年尝试了十几次，只成功了一次。

想一想　请你说出导致测试结果出现的原因。

这个案例提示我们，不同的仪容仪表会使人有不同的际遇。这并不是“以貌取人”的偏见，而是第一印象的问题。为了保证人际交往的顺利进行，人们往往特别注意自己的言行举止对交往对象的影响。干净整洁的仪表、大方得体的举止、礼貌恰当的谈吐，直接影响了人际交往是否顺利。因此，在社会交往中，人们应注意个人礼仪，展现良好的个人风貌，以表达对交往对象的尊重，赢得交往的成功。

一、个人礼仪的概念

个人礼仪是社会个体的生活行为规范与待人处事的准则，是个人仪表、仪容、言谈、举止、待人、接物等方面的个体规定，是个人道德品质、文化素养、教养良知等精神内涵的外在表现。其核心是尊重他人，与人友善，表里如一，内外一致。

二、个人礼仪的运用原则

1. 以个人为支点 个人礼仪是社会交往过程中对所有成员行为规范的约束，并非对个别成员或特定的社会群体行为的限定。每个群体都由一定数量的个体组成，每个社会组织也由一定的组织成员所构成。因此，个人行为的好坏直接影响着一个群体、社会组织乃至整个社会的生存与发展。从这层意义上来讲，我们强调个人礼仪，规范个人行为，并不仅是提高个人修养，更重要的是促进社会发展的有序和文明。

2. 以修养为基础 个人礼仪不是简单的个人行为表现，而是个人的公共道德修养在社会活动中的体现，它反映的是一个人内在的品格与文化修养。若缺乏内在的修养，个人礼仪对个人行为的具体规定，也就不可能自觉遵守、自愿执行。只有“诚于中”方能“行于外”，因此个人礼仪必须以个人修养为基础。

3. 以尊敬为原则 获得尊重是人的一种心理需求。一个正常个体在社会中都希望融入社会，得到别人的尊重和认同。“敬人者，人恒敬之”，想要得到别人的尊重，就要先表达出对他人的尊重。在现实生活中，我们遵守这种自尊敬人、以诚相待的礼仪原则，可以促进人际间的友好交往，避免一些不必要的冲突。

4. 以适度为要求 个人礼仪是对自我形象的关注和塑造。在运用个人礼仪进行自我美化的同时，同样要注意自然适度的原则。好的个人礼仪的标准，除了考虑个人的年龄、社会角色等，还要考虑交往的对象和场合，不可盲目地塑造个人形象。以女性为例，不要一味地追求“减龄”和时尚。职业女性要注意自己的专业性和权威感。美化的过程中，要认清个人条件，有选择地运用一些要素美化自己，切不可跟风。

三、仪容和仪表礼仪

1. 仪容礼仪 仪容，通常是指人的外观、外貌。在个人的形象中，仪容是重点中的重点。它反映着一个人的精神面貌、朝气和活力，是传达给接触对象感官最直接、最生动的第一信息。它既可以使人看上去精神焕发，也可以使人看上去无精打采。一个人的仪容受两大要素的影响：一是本人的先天条件；二是本人的修饰维护。

（1）面部清洁

1）坚持勤洗澡、洗头、洗脸：洗澡可以除去身上的尘土、油垢，以及烟味、酒气、汗气等异味。有条件的话要常洗澡，至少也要坚持每星期洗 1 次。在参加重大礼仪活动之前还要加洗 1 次。洗澡一方面是为了保持干净；另一方面还可以使人清爽、精神焕发，不仅可以给对方留下良好的印象，还可以使自己充满信心。

俗话说：“远看头，近看脚”。头发是人体的制高点，因为人们的发型多有不同，因此颇受他人的关注。只有坚持经常洗头，方可确保头发不粘连，不板结，无发屑，无汗馊味。通常至少要 3 天洗 1 次头。

若脸上有灰尘、污垢、泪痕或汤渍，难免会让人觉得此人又懒又脏。所以早上起床后、晚上睡觉前以及脸上有脏物或油光满面时都要洗脸净面。清洁皮肤不仅要清洁皮肤表面的油光和灰尘，更要去除毛孔深处的污垢，才能由内而外地散发出皮肤的光彩。

2）去除分泌物：①去除眼角分泌物：它给人的印象很不雅，所以应经常及时地将其清除；戴眼镜者还应注意，眼镜片上的多余物也要及时揩除。②去除鼻孔分泌物：在外出上班或出席正式活动之前，要检查一下鼻孔内有无鼻涕，若有要及早清除。③去除口部的多余物：口部的多余物指口角周围沉积的唾液、飞沫、食物残渣和牙缝间的牙垢，它们看起来让人作呕，必须及时发现、及时清除。

3）定时剃须：一般情况下，男性公关、商务人员等不宜蓄胡须，因为在交际场合它显得不清洁，还对交往对象不尊重，因此男性最好每天坚持剃胡须，绝不可胡子拉碴地上班或会面。此外，还要注意经常检查和修剪“鼻毛、腿毛、汗毛”。在人际交往中，偶尔有一两根鼻毛黑乎乎地“外出”，会极大地破坏他人对自己的看法；如腿毛、汗毛过长，在出席正式的商务场合之前，必须进行修剪与遮掩，避免外露。

4）保持手部卫生：在每个人的身上，手是与外界进行直接接触最多的一个部位，它最容易沾染脏东西，所以必须勤洗手，除饭前、便后外，还要在一切有必要讲究卫生的时候洗手。另外还要勤剪指甲，绝不要留长指甲，因为它不仅不符合公关、商务人员等的身份，还会藏污纳垢，给人留下不讲卫生的印象。另外，手指甲的长度以不长过手指指尖为宜。

5）注意口腔卫生：坚持每天刷牙，消除口腔异味，维护口腔卫生，是非常必要的。有可能的话，在吃完每顿饭之后都要刷一次牙。吃完生蒜、生葱和韭菜一类带刺激性气味的食物应及时漱口。

（2）面部护理　皮肤分干性、油性、中性、混合性、敏感性。对于不同类型的皮肤需要用不同的方法加以护理和保养。

1）干性皮肤：干性皮肤的皮肤比较干燥，皮质白皙，毛孔细小不明显，易产生细小皱纹，毛细血管浅，对外界比较敏感、皮脂膜少，角质层水少，春冬季节易脱皮，易衰老。干性皮肤在选择清洁剂时，不要选择含碱性太强的香皂、洁面乳、沐浴露，可选用含蜜糖、牛奶、维生素 E 等偏油质的保湿产品，洁面剂每天一次，早上温水洗脸就好。

2）油性皮肤：油性皮肤的肤色较深，毛孔粗大，皮肤油腻光亮，易脏，产生痤疮，但不易起皱、衰老、不敏感，缺水。应选择清爽的水质保湿产品（保湿凝露、喷雾、润肤露）。睡眠是油性皮肤最好的保养方法。但睡前 2 小时不要进食液体否则易水肿，睡前清洗后涂上保湿产品并轻轻按摩 5 分钟。

3）中性皮肤：中性皮肤不干不油，水油均衡，肤质红润细腻有光泽性、通透性，富有弹性，毛孔较小，对外界不敏感。保养的重点是防晒。

4）混合性皮肤：混合性皮肤兼有油性和干性皮肤的特点。T 形区域呈油性，眼周和两颊呈干性。T 形区域偏油需使用含碱性高的清洁膏，两颊偏干则用含碱性偏低的清洁膏。

5）敏感性皮肤：敏感性皮肤较薄，对外界刺激敏感，易出现局部微红、红肿等现象，是皮肤中过敏最严重的皮肤。更有甚者需去医院，而且要长期使用护肤产品，因此不能随意选择护肤品牌。

（3）化妆修饰　化妆是修饰仪容的一种高级方法，特指使用专用的化妆品所进行的仪容修饰，以使自己的容貌更加靓丽。俗话说“三分长相，七分打扮”。化妆是生活中的一门艺术，化妆不仅可以改变个人形象，提升自信心，更是现代社交中必不可少的手段。同时，化妆既是自尊的表现，也表示你对交往对象的重视、尊重。化妆原则包括以下几个方面。

1）美化原则：化妆的目的是要突出自己最美的部分，使其显得更加美丽动人，并巧妙地弥补不足之处。平时要注意经常修整、打扮自己的容貌，或是采取措施改善明显不足之处，也就是说，要对自己容貌的优缺点做到心中有数，并通过化妆有意识地扬长避短。

2）自然原则：化妆最重要的是保持自然，那种似有似无、给人赏心悦目之感的妆容是最佳的。因此，对面部修饰既要讲究美观，更要合乎常情。像在职场中粉底不宜太厚，彩妆的色彩也要依肤色而定，一味地浓妆只会带来相反的效果。如果下班后要参加重要活动，再补一层妆也不迟。总之，化妆的要点是自然大方，素净雅致，要做到化妆不露痕迹，恰到好处。

3）协调原则：①妆面要协调。现代化妆艺术就是要通过突出第一印象——五官最诱人的部分，使分散的五官协调起来，被突出部分与其他部分必须是有联系的，不能给人以突然截断的感觉，化妆各部位之间色彩的搭配要协调，浓淡要协调，整体设计应协调。②身份协调。化妆时要考虑自己的职业特点和岗位特点，采用不同的化妆手段和化妆品。一些社会上流行的化妆方式，诸如金粉妆、日晒妆、印花妆、宴会妆等，都不适合在上班时采用。③全身协调。化妆时还必须注意与肤色、年龄、发型、服装、饰物的协调，力求取得完美的整体效果。

4）化妆步骤：洁面和护肤——修眉——打粉底——上眼影和眼线——打腮红——是画唇部。

知识链接

化妆禁忌

1. 不要在公共场所化妆。
2. 女性不要在异性面前化妆。
3. 不要非议别人的妆容。
4. 不要借用别人的化妆品。
5. 不要乱放自己的化妆工具。

（4）头发　头发必须经常保持健康、秀美、干净、清爽、卫生和整齐的状态。发型不仅反映个人的修养与艺术品位，而且还是个人形象的核心组成部分之一。发型修饰的基本要求是拥有整洁干净、款式适合、美观大方的头发。发型往往受到个人品位和流行时尚的左右，但最基本的要和年龄、脸型、体型、职业、场合、气质和谐统一，才能给人以整体美的形象。

2. 仪表礼仪　仪表礼仪又称之为着装礼仪。着装，作为一种文化，从外表上，能反映一个人的社会地位、文化修养和审美情趣，也能表现一个人的内在情感及其对生活的态度；从客观上，能反映一个民族的文化修养、社会风尚和精神面貌，反映社会的经济生活和科技发展的程度。得体的着装穿戴对于美化人的仪表、改善人的气质、完善人的形象有着极为重要的作用。心理学家曾做过一个有趣的实验：把 10 张小姑娘的照片给受试者看，其中 8 人容貌服饰姣好，另两位姑娘长相一般，衣服也破旧。心理学家告诉受试者，其中有人是小偷，结果，有 80% 的受试者认为后者是小偷。这说明人们总是喜欢那些看上去令人感觉舒适，有美感的人。而美好的长相、匀称的身材、美观大方的服饰均能增添人的仪表美丽，给人以舒服、美好的感觉。

（1）着装的基本原则

1）TPO 原则：T、P、0 分别是英语中 time、place、object 三个单词的首字母缩写。“T”指时间，泛指早晚、季节、时代等；“P”代表地方、场所、位置、职位；“0”代表目的、目标、对象。TPO 原则是目前国际上公认的衣着标准。着装遵循了这个原则，就是合乎礼仪的。

2）整体性原则：正确的着装，能起到修饰形体、容貌等作用，形成和谐的整体美。服饰的整体美构成，包括人的形体、内在气质和服饰的款式、色彩、质地、工艺及着装环境等。服饰美就是从这多种因素的和谐统一中显现出来的。

3）个性化原则：着装的个性化原则，主要指依个人的性格、年龄、身材、爱好、职业等要素着装，力求反映一个人的个性特征。选择服装因人而异，着重点在于展示所长，遮掩所短，显现独特的个性魅力和最佳风貌。现代人的服饰呈现出越来越强的表现个性的趋势。

4）整洁原则：在任何情况下，服饰都应该是整洁的。衣服不能沾有污渍，不能有绽线的地方，更不能有破洞，扣子等配件应齐全。衣领和袖口处尤其要注意整洁。

5）协调性原则：着装要满足充当不同社会角色的需要。人们的社会生活是多方面、多层次的，在不同的场合充当不同的社会角色，因此要根据情况选择不同的着装，以满足担当不同社会角色的需要。着装要和肤色、形体、年龄相协调。比如，较胖的人不要穿横格的衣服，肩胛窄小的人可以选择有衬肩的上衣，颈短的人可选择无领或低领款式的上衣，而中老年妇女不能像少女一样穿超短裙。着装还要注意色彩的搭配。色彩搭配的方法有两种，即亲色调和法与对比色调和法。亲色调和法是将色调近似但深浅浓淡不同的颜色组合在一起。对比调和法是将对比色进行搭配，使之对立，既突出各自的特征，又能相映生辉。

（2）色彩搭配　掌握主色、辅助色、点缀色的用法，主色是占据全身色彩面积最多的颜色，占全身面积的60%以上，通常是作为套装、风衣、大衣、裤子、裙子等的颜色；辅助色是与主色搭配的颜色，占全身面积的40%左右，通常是单件的上衣、外套、衬衫、背心等的颜色；点缀色一般只占全身面积的5%～15%，通常用于丝巾、鞋、包、饰品等，会起到画龙点睛的作用。点缀色的运用是日本、韩国、法国女人最擅长的展现自己的技巧。据统计，世界各国女性的技巧中，日本女人最多的饰品是丝巾，她们将丝巾与自己的服装做成不同的风格搭配，并且会让你情不自禁地注意她们的脸；法国女人最多的饰品是胸针，利用胸针展示女人的浪漫情怀。（注：衣服并不一定要多，也不必花样百出，最好选用简洁大方的款式，给佩饰留下展示的空间，这样才能体现出着装者的搭配技巧和品位爱好。）

自然色系搭配法，暖色系除了黄色、橙色、橘红色以外，所有以黄色为底色的颜色也都是暖色系。暖色系一般会给人华丽、成熟、朝气蓬勃的印象，而适合与这些暖色基调的有彩色相搭配的无彩色系，除了黑、白外，最好使用驼色、棕色、咖啡色。以蓝色为底的颜色都是冷色系。与冷色基调搭配和谐的无彩色，最好选用黑、灰、白色，避免与驼色、咖啡色系搭配。

有层次地运用色彩的渐变搭配，只选用一种颜色、利用不同的明暗搭配，给人和谐、有层次的韵律感。或者不同颜色、相同色调的搭配，同样给人和谐的美感。

主要色配色，轻松化解搭配的困扰，单色的服装搭配起来并不难，只要找到能与之搭配的和谐色彩就可以了，但有花样的衣服，往往是着装的难点。

知识链接

色彩搭配技巧

1. 无彩色，黑、白、灰是永恒的搭配色，无论多复杂的色彩组合，它们都能融入其中。

2. 选择搭配的单品时，在已有的色彩组合中，选择其中任一颜色作为与之相搭配的服装色，给人整体、和谐的印象。

3. 同样一件花色单品，与其搭配的单品选择花色单品中的不同色彩组合的搭配，不但协调、美丽，还可以变化心情感受。

活动二　言谈举止要得体

案例分享

楚庄王死了一匹心爱的马。悲痛之余，他打算以大夫的礼节来为马发丧，并且还准备让群臣参加送葬仪式。对此，人们议论纷纷。楚庄王知道很生气，下令道："再有劝我不以大夫之礼葬马者，就处以死刑。"于是众人闭口不谈葬马之事。

楚国的乐人优孟是一个能言善辩的人，他听到楚庄王要以大夫之礼葬马之后，便来到王宫。优孟一走进大门就仰天大哭起来，楚王问他为什么，优孟说："听说大王最心爱的马死了，这是多么悲痛的事呀。我们堂堂的楚国，要什么没有啊？可是大王却只以大夫礼发丧，这不是有点太薄了吗。我请大王以君王的礼节来埋葬这匹马。"楚王听了优孟的话后感觉十分舒服。他又向优孟问了一些葬马的细节，优孟便一一说了给马以什么样的封赏，应该摆多大的排场。楚庄王连连点头。不想最后优孟又说："您这样做了，天下人就会知道您是轻贱人而贵重马的。"说到这里，楚庄王才听出优孟是用反话来规劝自己。他一想，自己这么贵重马而轻贱人，那么那些有才能的人还有谁能帮自己出力呢？最后，他觉得优孟的话很对，便取消了用大夫之礼葬马的打算。

想一想　根据这个故事，体会、分析优孟说话的艺术。

美国前哈佛大学校长伊立特曾说："在造就一个有修养的人的教育中，有一种训练必不可少，那就是优美、高雅的谈吐。"交谈是人的知识、阅历、才智、教养和应变能力的综合体现。交谈，一般是指两个或两个以上的人所进行的对话。在交谈中必须遵从一定的礼仪规范，才能达到双方交流信息，沟通思想的目的。

一、交谈礼仪

1. 交谈的礼貌语

（1）敬语　敬语亦称"敬辞"，是表示尊敬礼貌的词语。敬语的运用场合：比较正规的社交场合；与师长或身份、地位较高的人交谈；与人初次打交道或会见不太熟悉的人；会议、谈判等公务场合等。

常用敬语有：日常使用的"请"第二人称中的"您"，代词"阁下""尊夫人""贵方"等，另外还有一些常用的词语用法，如初次见面称"久仰"，很久不见称"久违"，请人批评称"请教"，请人原谅称"包涵"，麻烦别人称"打扰"，托人办事称"拜托"，赞人见解称"高见"等。

（2）谦语　谦语亦称"谦辞"，是向人表示谦恭和自谦的一种词语。谦语最常用的用法是在别人面前谦称自己和自己的亲属。例如称自己为"愚"，称自己的亲属为"家严、家慈、家兄、家嫂"等。自谦和敬人，是一个不可分割的统一体。尽管日常生活中谦语使用不多，但其精神无处不在。只要你在日常用语中表现出你的谦逊和恳切，人们自然会尊重你。

（3）雅语　雅语是指一些比较文雅的词语。雅语常常在一些正规的场合以及一些有长辈和女性在场的情况下，被用来替代那些比较随便，甚至粗俗的话语。多使用雅语，能体现出一个人的文化素养以及尊重他人的个人素质。

在待人接物中，要是你正在招待客人，在端茶时说“请用茶”，假如你先于别人结束用餐，你应该向其他人打招呼说“请大家慢用”。雅语的使用不是机械的，只要你的言谈举止彬彬有礼，人们就会对你的个人修养留下较深的印象。

2. 交谈的声音 对于交谈的声音，可从音量、语速和语调三个方面来阐述。

（1）音量 特别要注意控制自己的音量。在国际礼仪中，说话声音的高低适度是有修养的表现。所谓适度，就是以能让交谈对象听清而不影响他人为准。声调略低，是职业的需要，有利于树立良好的职业形象。

（2）语速 交谈中陈述意见要尽量采用中速，平实稳重。为了表达的需要，在特定的场合下，也可以通过改变语速来引起对方的注意，加强表达的效果，比如语速变慢引起注意。不论何种语速都要以对方能够听清为主，这也是对对方的尊重。

（3）语调 要根据交际对象、交际场合恰当运用不同的语气、语调交谈。如面对上司、长者时，语气要平和、谦恭，给对方以敬重感；面对同事、客人时，语气要和缓、有礼；面对下属时，语气要亲切、随和。

3. 交谈的主题 交谈的主题指的是交谈的中心内容。适宜选择的主题有：

（1）既定的主题 既定的主题即交谈双方业已约定，或者其中某一方先期准备好的主题。例如讨论问题、传递消息、研讨工作这类的交谈，都属于主题既定的交谈。一般适用于正式交谈。

（2）高雅的主题 高雅的主题，即内容文明、优雅，格调高尚、脱俗的话题。例如文学、艺术、哲学、历史、地理等，都属于高雅的主题。它适用于各类交谈，但要求面对知音，忌讳不懂装懂，或班门弄斧。

（3）轻松的主题 轻松的主题，即谈论起来令人轻松愉快、身心放松、饶有情趣、不觉劳累或厌烦的话题。例如文艺演出、流行时装、美容美发、体育比赛、电影电视、休闲娱乐、旅游观光、名胜古迹等，它适用于非正式交谈，往往允许人们各抒己见，对其任意发挥。

（4）时尚的主题 时尚的主题，即以此时、此刻、此地正在流行的事物作为谈论的中心。此类话题适合于各种交谈，但其变化较快，在具体的把握上有一定难度。

（5）擅长的主题 擅长的主题指的是交谈双方，尤其是交谈对象有研究、有兴趣、有可谈之处的主题。需要注意的是，话题选择之道，在于应以交谈对象为中心。例如与医生交谈，宜谈健身祛病；与学者交谈，宜谈治学之道；与作家交谈，宜谈文学创作等。它适用于各种交谈。

4. 交谈的技巧 得体的交谈，除了选择恰当的主题，还需要注意以下技巧：

（1）委婉含蓄 要时时注意谈吐的柔和、用语的委婉，以利于工作的开展。语意的准确明白从来就不排斥用语的委婉，它不仅是礼仪的要求，也是职业的角色要求。同一种意思有不同的表述方法，有的人爱听，有的人听了会心生反感，所以应尽量避免使用强硬的、高压式的、措辞激烈的话语。例如法官打猎归来，两手空空。人们问向导：“法官今天收获如何？”回答是：“法官枪法高明，只是今天上帝对飞鸟太仁慈了。”

（2）学会赞美 爱听赞美之辞，出于人的自尊需要，是一种正常的心理需求。经常听到真诚的赞美，获得他人的肯定，就能明白自身的价值，有助于增强自信心。赞美他人不仅让他人得到快乐，自己在人际交往中也能得到意想不到的收获。从心理学角度讲，赞美是一种有效的交往技巧，能有效地缩短人与人之间的心理距离。所以要学会赞美，恰当的赞美能为自身和组织创造一个良好的人际环境。最有效的赞美不是“锦上添花”，而是“雪中送炭”。每个人身上早已众所周知的明显长处不是最值得赞美的，或者说不是最有效的赞美，最有效的赞美应是对蕴藏在对方身上的既可贵又尚未引起重视的优点的赞美，因为对对方来说这是以前没有得到过的赞美，所以最有实效。有的人习惯采用恰如其分的间接赞美，如“严师出高徒”“将门出虎子”等，其意义与效果并不亚于直接赞美。

（3）幽默风趣　英国哲学家培根曾说：“善谈者必善幽默。”具有幽默感的人，往往有较高的智商和较好的人际关系与工作业绩。据统计，那些在工作中取得成就的人，并非都是最勤奋的人，而是善于理解他人和颇有幽默感的人。幽默不仅可以让人愉悦，还可以解决问题、帮助人摆脱困境。在处理工作中的问题、矛盾时，若采用幽默的艺术，将会收到意想不到的效果。如一个旅游团在游览过程中，一位姑娘不慎扭伤了脚，导游和其他游客都很着急。这时，同行的几个男青年就对她说：“哈哈，这下子我们有机会背你啦！”姑娘也幽默地回答：“只许你们背我的脚和皮鞋！”大家在愉快的气氛中继续游览。

（4）礼貌拒绝　拒绝是一项高难度的专门技巧，要善于根据不同情况运用不同的拒绝艺术，才能收到理想的效果。断然地拒绝必将导致公众的不满，轻易地、直截了当地说“不”，只会让人以为你是一个毫无诚意的人。需要否定时，我们不妨在言语中安排一两个逻辑前提，不直接说出逻辑结论，逻辑上必然产生的否定结论留给对方自己去体会得出，这样的逻辑诱导否定法，如果是在面对上级组织或身处领导地位的公众时使用，效果往往比较理想。例如战国时，韩国大臣摎留就曾经有效地使用过这样的方法。有一次，韩宣王就欲重用两个部下一事征求摎留的意见，摎留明知重用二人不妥，但直言说“不”，一是可能冒犯韩王，二是韩王会以为自己嫉妒贤能。于是摎留用下面这段话表达了自己的见解：魏王曾因重用这两个人丢过国土，楚国也曾因重用他们而丢过国土，如果我们也重用这二人，将来他们会不会也把我国出卖了呢？摎留这种诱导式拒绝法的效果是显而易见的。

二、聆听礼仪

在与客人交谈中，不但要善于表达自己的意思，而且应善于聆听对方的谈话，这样才能使对方进行有效的交流。在聆听对方谈话时，应注意做到以下几点：

1. 要专心　要全神贯注地聆听，不要做无关的动作。在听对方说话时，应该目视对方，以示专心。要注意语言以外的表达手段。一个人的表达内容，并不一定都在他的话语中，因此，在聆听对方谈话时，还要注意对方的声调、情调、态度以及表情、手势、动作等，以便充分了解对方的本意。同时，以有礼而专注的目光表示认真聆听，对说话者来说也是一种尊重和鼓励，可以使其感到自己谈话的重要性和必要性。

2. 要耐心　注意听取对方的谈话，以耐心鼓励的目光让对方说完。对方在讲话时不要轻易打断或插话，不顾对方态度或谈话内容，中间插话打断、抢过话头等都是不礼貌的。插话如果违背了对方意愿或插得不着边际也明显表示出不尊重的味道。如果因未听明白或未了解情况而必须插话，应先征得对方同意，例如可以用这样的方式：“请等等，让我插一句”“请允许我打断一下”“请让我提个问题，好吗？”话听不明白就下结论，或在违背对方意愿的情况下发表你的意见，都是粗鲁无礼的，常常会引起争执而导致不欢而散。

3. 要热心　在交谈中，强调在对方谈话时目视对方、认真专心地去听，并不是说聆听者完全被动地、默默地听。经验告诉人们，在说话时，如果对方面无表情、目不转睛地盯着自己看，便会使谈话者怀疑自己的仪表或讲话有什么不妥之处而深感不安。因此，聆听者在听取信息后，为使对方感到你的确在听而非发呆，可以根据情景，或微笑，或点头，或发出“哦”“嗯”的应答声，甚至可以适时插入一两点提问，例如“哦，原来这样，那后来呢?”“真的吗?”等。这样就能够实现谈话者与聆听者不断的交流，形成心理上的某种默契，使谈话更为投机。

活动三　见面礼仪要知晓

案例分享

有一位先生为一位外国朋友订做生日蛋糕。他来到一家酒店的餐厅，对服务小姐说：“小姐，您好，我要为我的一位外国朋友订一份生日蛋糕，同时打一份贺卡，你看可以吗?”小姐接过订单一看，忙说：“对不起，请问先生，您的朋友是小姐还是太太?”这位先生也不清楚这位外国朋友结婚没有，从来也没有打听过，他为难地抓了抓后脑勺想想说：“小姐？太太？一大把岁数了，太太。”生日蛋糕做好后，服务员小姐按地址到酒店客房送生日蛋糕，敲开门后，服务员小姐有礼貌地说：“请问，您是怀特太太吗?”女子愣了愣，不高兴地说：“错了!”服务员小姐抬头看看门牌号，再回去打个电话问那位先生，没错，房间号码没错。再敲一遍，开门。“没错，怀特太太，这是您的蛋糕。”那女子大声说：“告诉你错了，这里只有怀特小姐，没有怀特太太。”随即把门重重地关上了。

想一想　1. 这位先生的做法为何引起外国朋友不满?

2. 称呼他人时应避免哪些禁忌?

人际交往，礼貌为先，与人交谈，称呼在前。正确、恰当地掌握和运用称呼，是交往中不可忽视的一个重要环节。

一、称呼

称呼也叫称谓，是指人们在交往应酬时，以表明彼此关系的名称。指在日常交往应酬中，人们彼此之间所使用的称谓语。它表示着人与人之间的关系，反映着一个人的修养和品德。

1. 称呼的功能

（1）呼唤功能。

（2）关系功能　称呼能反映出呼唤人与被呼唤人之间的关系。

（3）情感功能　称呼可以反映出两个人之间的态度和情感。

2. 称呼的种类

（1）工作中的称呼　在职场中所采用的称呼要正式、庄重而规范。大体上可分为4类：

1）职务性称呼：在工作中，以交往对象的行政职务相称，以示身份有别并表达敬意，是公务交往中最为常见的。在实践中，它具体又可分为如下3种情况：①行政职务：多用于熟人之间，如董事长、总经理、主任等。②姓氏+行政职务：适用于一般场合，如王董事长、李经理、林主任等。③姓名+行政职务：多见于正式的场合，如王某某董事长、林某某主任等。

2）职称性称呼：对于拥有中、高级技术职称者，可在工作中直接以此相称。如果在有必要强调对方的技术水准的场合，尤其需要这么做。通常，它亦可分为3种情况：①技术职称：适用于熟人之间，如总工程师、会计师等。②姓氏+技术职称：多用于一般场合，如宋教授、赵工程师等。③姓名+技术职称：常见于正式的场合，如陈某某研究员、赵某某工程师等。

3）学衔性称呼：在一些有必要强调科技或知识含量的场合，可以以学衔作为称呼，以示对对方学术水平的认可。它大体上有以下 4 种情况：①学衔：多见于熟人之间，如博士。②姓氏 + 学衔：常用于一般性交往，如孟博士。③姓名 + 学衔：仅用于较为正式的场合，如孟某某博士。④在具体化的学衔之后加上姓名：即明确其学衔所属学科，例如，经济学博士孟某某。此种称呼显得最为郑重。

4）行业性称呼：在工作中，若不了解交往对象的具体职务、职称、学衔，不妨直接以其所在行业的职业性称呼或约定俗成的称呼相称。通常分为下述 2 种情况：①职业性称呼：在一般情况下，常以交往对象的职业称呼对方。例如可以称教员为老师，称医生为大夫，称驾驶员为司机，称警察为警官等。此类称呼前，一般可加上姓氏或姓名。②约定俗成的称呼：例如，对公司、服务行业的从业人员，人们一般习惯于按其性别不同，分别称之为小姐或先生。在这类称呼前，亦可冠以姓氏或姓名。

（2）生活中的称呼

1）敬称：对长辈或有地位、有身份者，大都可以称之为“先生”。其前面亦可加上姓氏。例如，吴先生。对科技界、教育界、文艺界人士，以及其他在某一领域有一定成就者，往往可称之为“老师”。同样，在其前面也可以加上姓氏。例如付老师。对同行中的前辈或社会上的德高望重者，通常可称之为公或老。具体是在其称呼前加上对方的姓氏。例如杨公、夏老。

2）近亲性称呼：对邻里、至交，有时亦可采用大爷、大妈、阿姨等类似的称呼。它往往会给人亲切、信任之感。此类称呼前，还可以加上姓氏。例如高叔叔、马大姐、张阿姨等。

3）姓名性称呼：在平辈人之间或长辈称呼晚辈时，朋友、熟人可以直接称呼对方姓名。但晚辈却不宜如此称呼长辈。有时，朋友、熟人还可只呼其姓而不称其名，仅在前冠以老大、小。具体做法是：对年长于己者或平辈称“老”称“大”，对年幼于己者或晚辈称“小”。例如老周、小吕。

对关系较为密切的同性或晚辈，朋友、熟人之间还可以直呼其名而不其姓，例如国强、晓华等。但对异性却一般不宜如此称呼。

（3）普通性称呼　在日常交往中，对仅有一面之交、关系普通的交往对象，可酌情使用下述几种称呼：以其职务、职称或学衔相称；以其行业性称呼相称；以约定俗成的“泛尊称”相称，如“女士”“先生”等；以当时所在地流行的称呼相称，如在重庆，服务业习惯于称顾客为“老师”。

3. 称呼的原则　人际称呼不仅反映人的身份、性别、社会地位和婚姻状况，而且反映对对方的态度及其亲疏关系。不同的称呼内容可以使人产生不同的感受。因此，使用称呼语时要遵循以下 3 个原则。

（1）礼貌原则　这是人际交往的基本原则。每个人都希望被他人尊重。合乎礼节的称呼，正是表达对他人尊重和表现自己有礼貌、有修养的一种方式。现在常用的有“您”——“您好”“请您……”；“贵”——“贵姓”“贵公司”“贵方”“贵校”；“老”——“张老”“郭老”“您老辛苦了”等。在交际场合，切忌对任何交际对象用诨号、绰号。

（2）尊崇原则　按照中国的传统习惯，如对同龄人，可称呼对方为哥、姐；对既可称“叔叔”又可称“伯伯”的长者，以称“伯伯”为宜；对副科长、副处长、副厂长等官员，也可在姓后直接以职务相称，省略“副”字。

（3）适度原则　要视交际对象、场合、双方关系等选择恰当的称呼。在与众多的人打招呼时，还要注意亲疏、远近、主次关系，一般以先长后幼、先高后低、先女后男、先亲后疏为宜。

4. 称呼的禁忌

（1）错误的称呼　称呼对方时，记不起对方的姓名或张冠李戴、叫错对方的姓名，都是极不礼貌的行为，是社交中的大忌。对被称呼着的年龄、辈分、婚否以及同其他人的关系做出错误判断，也会出现错误的称呼，如将未婚妇女称为“夫人”等。

（2）使用不通行的称呼　不论是自称还是称呼他人，注意不要使用让对方产生误会的称呼，如中国人爱把自己的配偶称为“爱人”，而外国人则将“爱人”理解为“婚外恋”的“第三者”；还有“同志”“老人家”等易让外国人产生误会的称呼，不要使用。另外，也不要使用不通用的称呼，有些称呼具有一定的地域性，如山东人喜欢称呼“伙计”，但南方人听着“伙计”，肯定认为是“打工仔”。

（3）使用庸俗、绰号性的称呼　在正式场合，不要使用低级、庸俗的称呼，如“哥们儿”“姐们儿”“死党”等。对与自己关系一般者，切勿擅自为对方起绰号，也不应该道听途说而来的绰号去称呼对方。一些对对方具有讽刺侮辱性质的绰号，更是严禁使用。不论在任何情况下，绝不能使用歧视性、侮辱性的称呼。

二、介绍

微课

案例分享

某外国公司总经理史密斯先生在得知与××贸易公司的合作很顺利时，便决定携夫人一同前往中方公司做进一步的考察和观光，小李陪同××贸易公司的张经理前去机场迎接，经介绍后，张经理热情地与外方公司经理及夫人握手问好。

想一想　1. 小李应如何做自我介绍？

2. 小李为他人作介绍的次序是怎样的？

3. 张经理的握手次序对吗？

介绍是人际交往中与他人进行沟通、增进了解、建立联系的一种最基本、最常规的方式。介绍分为自我介绍、他人介绍、集体介绍 3 种基本类型。

1. 自我介绍

（1）自我介绍的方式　自我介绍大体有两种方式，一是主动式自我介绍，就是自己主动地向交往对象介绍自己的情况；二是被动式的自我介绍，这是应交往对象的要求进行自我介绍。

在一般社交场合，自我介绍主要介绍自己的姓名、工作单位、身份。例如：“我是某某某，在某单位或地方工作。”如果与新结识的朋友谈得很投机，双方都愿意更多地了解对方，介绍的内容可以适当增加。

（2）自我介绍的程序　自我介绍的基本程序是先向对方点头致意，得到回应后再向对方介绍自己的姓名、身份和单位，同时递上准备好的名片。自我介绍时，表情要坦然、亲切，注视对方，举止庄重大方，态度镇定而充满信心，表现出渴望认识对方的热情。

（3）自我介绍的时机　在社交场合中遇到你希望结识的人，又找不到适当地对人介绍。这时自我介绍应谦逊、简明，把对对方的敬慕之情真诚地表达出来。对方若对你感兴趣，这时再适当做进一步介绍。

在朋友家做客，如正好有自己不认识的客人，朋友又顾不上替你介绍时，这时自我介绍一下自己的姓名、工作单位（或就读学校）、与主人的关系即可。

电话约某人，而又从未与这个人见过面。这时要向对方介绍自己的基本情况，还要简略谈一下要约见对方的事由。

在演讲、发言前对听众作自我介绍，最好既简明扼要，又有特色，利用首因效应，给听众一个良好的第一印象。

求职应聘或参加竞选时更需要自我介绍，而且自我介绍的形式可能不止一种。既要有书面介绍材料，还要有口头的自我介绍。

（4）自我介绍的注意事项

①控制时间：进行自我介绍一定要力求简洁，尽可能地节省时间，一般半分钟左右，至多不超过一分钟。进行自我介绍，最好选择在对方有兴趣、有空闲、情绪好、干扰少、有要求之时。

②内容适度：作自我介绍应根据不同的交往对象、不同的交际需要来决定内容繁简。自我介绍总的原则是简明扼要。在非正式场合，如一般聚会、沙龙，只需告诉对方自己的姓名、工作单位及职业（或职务），使对方在听完你的介绍后能正确地称呼你就可以了。

③讲究措辞：自我介绍时要把握用词的分寸，少用“最”“极”“特别”“第一”等表示极端的词语，也不需要为了显示谦虚而故意贬低自己。

2. 他人介绍 他人介绍是经第三者为彼此不相识的双方引见、介绍的一种介绍方式。他人介绍通常是双向的，即将被介绍者双方各自均做一番介绍。

（1）介绍人的礼仪规范 在为他人做介绍时，不能背对任何一方，应面带微笑，目视对方，手势动作优雅，手心朝上，手背朝下，四指并拢，拇指张开，指向被介绍的一方，并向另一方点头微笑。语言清晰明了，以便让双方记住对方的姓名及简单资料。介绍人不能用手拍被介绍人的肩、胳膊和背等部位，更不能用食指或拇指指向被介绍的任何一方。

（2）介绍的规则 根据“尊者优先了解情况”的规则，为他人做介绍时的礼仪顺序有以下几种：

①介绍上级与下级认识时，先介绍下级，后介绍上级。把下级人员介绍给上级人员，首先称呼上级人员，然后再将被介绍者介绍出来。

②介绍长辈与晚辈认识时，先介绍晚辈，后介绍长辈。介绍晚辈给长者，最后再对长辈做介绍。

③介绍女士与男士认识时，应先介绍男士，后介绍女士。

④介绍已婚者与未婚者认识时，先介绍未婚者，后介绍已婚者。

⑤介绍同事、朋友与家人认识时，应先介绍家人，后介绍同事、朋友。

⑥介绍来宾与主人认识时，应先介绍主人，后介绍来宾。

⑦介绍与会先到者与后来者认识时，应先介绍后来者，后介绍先来者。

（3）为他人介绍的场合

①与家人外出，路遇家人不相识的人士，而对方又跟自己打了招呼。

②本人的接待对象遇见了其不相识的人士，而对方又跟自己打了招呼。

③在家中或办公地点，接待彼此不相识的客人或来访者。

④打算推荐某人加入某一方面的交际圈。

⑤受到为他人做介绍的邀请。

⑥陪同上司、长者、来宾时，遇见了其不相识者，而对方又跟自己打了招呼。

⑦陪同亲友前去拜访亲友不相识者。

（4）介绍时的注意事项

①介绍者为被介绍者介绍之前，一定要征求一下被介绍双方的意见。

②介绍人和被介绍人都应起立，以示尊重和礼貌；待介绍人介绍完毕后，被介绍双方应微笑点头示

意或握手致意。

③在宴会、会议桌、谈判桌上，视情况介绍人和被介绍人可不必起立，被介绍双方应微笑致意。如果被介绍双方相隔较远，中间又有障碍物，可举起右手致意，点头微笑致意。

④介绍完毕后，被介绍双方应依照合乎礼仪的顺序握手，并彼此问候对方。

3. 集体介绍　集体介绍是指在双方和多方人员共同参与聚会或活动时，为使参与人员之间相互认识进行的介绍。

（1）集体介绍的场合

①大型的公务活动，参加者不止一方，而且各方不止一人。

②涉外交往活动，参加活动的宾主双方皆不止一人。

③规模较大的社交聚会，有多方参加，各方均可能不止一人。

④家庭型私人交往，主人的家人与来访者双方均可能不止一人。

⑤正式的大型宴会，主持人一方人员与来宾均不止一人。

⑥婚礼、生日晚会，当事人与来宾双方均不止一人。

⑦举行会议，应邀前来的与会者往往不止一人。

⑧演讲、报告、比赛，参加者不止一人。

⑨会见、会谈，各方参加者不止一人。

⑩接待参观、访问者，来宾不止一人。

（2）集体介绍的顺序　“少数服从多数”。集体介绍时，若被介绍者双方地位、身份大致相似或难以确定时，应遵循“少数服从多数”的原则，即先介绍人数较少的一方或个人，后介绍人数较多的一方。在介绍人数较多一方时，仍应由尊而卑逐一介绍。有时，只介绍前者，而不必再向前者一一介绍人数较多的一方。

①强调地位、身份：若被介绍者双方地位、身份之间存在明显差异，特别是当这些差异表现为年龄、性别、婚否、师生以及职务有别时，则地位、身份为尊的一方，即使人数较少，甚至仅为一人，仍然应被置于尊贵的位置，最后加以介绍，而先介绍另一方人员。

②人数较多双方的介绍：若被介绍双方皆不止一人，则可依照礼规，先介绍位卑的一方，后介绍位尊的一方。在介绍各方人员时，均须由尊而卑，依次进行。

③人数较多各方的介绍：当被介绍者是多方时，应根据合乎礼仪的顺序，确定各方的尊卑，由尊至卑，按顺序介绍各方。如果需要介绍各方的成员，也应按由尊到卑的顺序依次介绍。

（3）集体介绍时的注意事项

①对被介绍者双方一定要平等对待。不论介绍的态度、内容还是其他具体方面，均应有规可循，切忌厚此薄彼。

②介绍集体时，一定要表现得庄重大方，给人以郑重之感。此刻不宜乱开玩笑，或显得过于随意。

3. 握手　握手礼节起源于西方，作为见面和告辞时的礼节。在我国，握手礼不但在见面和告辞时使用，而且还作为一种祝贺、感谢或相互鼓励的表示。

握手时要遵守握手的礼仪规范，注意握手的场合。当出现下列情况时，一般应与别人握手：遇到较长时间未曾谋面的熟人，应与之握手，以示为久别重逢而万分欣喜；被介绍给不相识者时，应与之握手，以示为相识而感到荣幸与高兴；偶然遇上了同事、同学、朋友、长辈或领导时，应与之握手，以示问候与欣喜；在比较正式的场合同相识之人道别，应与之握手，以示自己的惜别之意以及希望对方珍重之心；在领取奖品时，应与发奖者握手以示感谢；向他人表示恭喜、祝贺时，应与之握手，以示贺喜的诚意；应邀参加社交活动，如宴会、茶话会、舞会之后，应和宴请人握手以示感谢；在拜访他人之后辞别时，应握手以示希望再见之意；他人给予自己一定的支持、鼓励或帮助时，应握手以示感谢；邀请客人参加活动，在告别时，主人应和所有的客人握手，以示感谢对方的支持与光临。

活动四　公共礼仪要遵守

案例分享

在2004年5月30日国际女子网球挑战赛女单决赛的赛场上，曾经出现过这样的一幕。主裁判在开赛前就向现场观众呼吁："请各位关掉手机或者调为振动，谢谢合作！"但是比赛开始后，手机铃声仍然此起彼伏，主裁判好几次因此而不得不中断比赛。正在参赛的李娜实在忍无可忍，冲着观众发火："能不能把手机关上？"现场确实安静了很多。但是没过多久，手机铃声再次响起且这种情况一直持续到比赛结束。

在其他赛场上，类似现象也是屡见不鲜。悉尼奥运会期间，在需要绝对安静的射击场内，手机铃声还是不合时宜地响起。尽管为了防止手机铃声干扰选手，场内贴有醒目的"请勿打开手机"的警示，但还是时不时有手机铃声响起。正当运动员屏住呼吸，静气凝神瞄准的那一刻，一声刺耳的手机铃声响了起来。

想一想　作为一位文明观众，应该遵循哪些礼仪规范？

一、行路礼仪

行走是我们日常活动的基本方式，在行走时应自尊自爱、以礼待人，自觉遵守相应的礼仪规范，才能体现出个人的礼貌和修养。行路礼仪主要包括在道路行走、上下楼梯、搭乘电梯时应遵循的礼仪规范。

1. 道路行走

（1）注意安全　步行要走人行道，不要与自行车或机动车抢道，还应让出专用的盲道。无人行道时，应尽量选择走路边。按照惯例自觉走在右侧，不可逆行，以免扰乱交通秩序，造成交通事故。横穿马路时要走斑马线，一定要等绿灯亮后，观察两边无车时才能通过，不可低头猛跑，更不可翻越栏杆。

（2）行走次序　行走次序是指人们在步行中的位次排列顺序。行走原则有：

①两人行：若为前后行，前为尊后为次；若为左右行，右为上左为下；若沿路行，内侧为上，外侧为下。

②三人并行：中为尊，右为次，左为下。

③男女同行：女士在右，男士在左或者是女士在内侧、男士在外侧。

④主客同行：主人应让客人走在内侧，主人走在外侧；若路况不好或路灯不明时，主人应走在客人前面，照顾、提醒客人。

（3）行路注意事项

①四人或多人行走时，不要依仗人多而无所顾忌，高声说笑或横占半条马路，以致影响他人行走，最好前后两两并行。男女同行时，应体现"女士优先"的原则，男士应礼让女士进出大门和走廊。

②路遇熟人和朋友要主动打招呼，但不必高声大喊。若要与朋友停下交谈，应站在不阻碍行人的地

方，不可站在马路中间影响他人行走。在拥挤狭窄的路上行走时，应自觉礼让，尤其是遇到年老体弱者一定要主动让路。

③行走时以中速为宜，不可过慢或过快。如果不小心碰到别人或踩了别人的脚，要主动向对方道声“对不起”，即使对方态度不好，也不要与其发生口角。别人撞了自己或踩了自己的脚，应宽容大度，不要口出怨言。

④不要边走路边吃东西。这样既不卫生，又不雅观，如果确实是肚子饿或口渴了，可以停下来，在路边找个适当的地方，吃完后再赶路。走路时要注意爱护环境生，不要随地吐痰、随手抛弃垃圾。

2. 上下楼梯 上下楼梯时，应当注意的礼仪规范：

（1）靠右行走，左侧留给有急事的人快速通过。

（2）多人同行时应单排行走，不应并排走妨碍后面的人通行。

（3）为人带路上下楼梯时，带路者应走在前面，被引导者走在后面。

（4）上下楼梯时不应停在楼梯口或拐弯处进行交谈。

（5）同行者是长者、宾客或女士，上楼梯时，应让对方走在前面，自己走在后面；下楼梯时，自己则应主动走在前面，以防身后之人有所闪失。

（6）上下楼梯时，既要注意楼梯，又要注意与身前、身后的人保持一定的距离，以防碰撞。

3. 搭乘电梯 搭乘电梯时，需要注意以下几个方面：

（1）要注意安全。当电梯关门时，不要扒门或是强行挤入。在电梯人数超载时，不要心存侥幸，非挤进去不可。当电梯在升降途中因故暂停时，应立即通知检修人员检修并耐心等候，不要惊慌失措或冒险行动。

（2）要出入有序。与不相识者同乘电梯，进入时要讲先来后到，出来时则应由外而内依次而出，不可争先恐后。与熟人同乘电梯，尤其是与尊长、宾客、女士同乘电梯时，为了方便控制电梯，应先进后出。遇有残疾人同时搭乘电梯时，应给予帮助，让他们先进。

（3）进入电梯后，应面朝电梯口，以免造成面对面的尴尬。尽量站成“凹”字形，挪出空间，以便让后进入者有地方站。

（4）在电梯里尽量不要攀谈，以免打扰到别人。若有人和你聊天，应使用时适中的音量。

（5）在地铁、商场、机场或娱乐场所等公共场所乘自动扶梯时，要自觉站在右侧，给有急事的人留出一条通道。

二、乘坐公共交通工具的礼仪

1. 乘坐出租车的礼仪

（1）礼貌乘坐 乘坐出租车时，应礼貌招手，等出租车停稳后再从右门上车，上车后应把门关好，并主动告知目的地。在车上一般应避免跟司机师傅交谈，亦不可在车内吸烟。下车时，应主动付给车费，并向司机师傅道谢。

（2）同乘礼仪 当与长辈、尊者、女士同行时，要主动为其开车门，等对方入座后自己再从车后绕到另一侧上车或于前排就座。出租车到达目的地后，要主动付费，和女士同行的男士更应如此。

2. 乘坐公交车礼仪 等候公交车时，应按先来后到的顺序在站台上排队。车辆进站后，应等车停稳后依次上车，对妇女、儿童、老年人及病残者要照顾谦让。

①上车注意事项：上车后不要抢占座位，不要把物品放到座位上替别人占座；遇到老、弱、病、

残、孕及抱小孩儿的乘客应主动让座；应讲究乘车卫生，不要在车上随地吐痰、乱扔果皮、纸屑；禁止在车上吸烟。

②下车注意事项：应提前做好准备，在车辆到站之前向车门靠近；车内十分拥挤时，需要他人让路，应有礼貌地请前面的乘客让一下或调换一下位置；如果自己暂时不下车，应主动为下车的乘客让路；车到站后，应依次下车，并应照顾、礼让老、弱、病、残、孕和儿童。

3. 乘坐火车礼仪 在候车厅等候时，要爱护候车室的公共设施，不要大声喧哗，携带的物品要放在座位下方或前部，不抢占座位或多占座位，不要躺在座位上使别人无法休息。保持候车室内的卫生，不要随地吐痰，不要乱扔果皮纸屑。

上车后要持票对号就座。如果有人提前坐在你的位子上了，也不要盛气凌人地把人赶开，可以礼貌地告诉他："对不起，这是我的座位，请让一下。"如果你买的是无座票，上车寻位时更应注意礼貌，如"请问，这个座位有人吗？"或"我可以坐这儿吗？"

旅客上车后，应迅速把携带的物品放到行李架上，不应放在过道上或小桌上。往行李架上放行李时，不要穿鞋直接踩踏座位。坐定后，待时机成熟后再与邻座交谈。在交谈时，不要打听对方隐私，不要冒失地所要对方地址、电话，也不要旁若无人地嬉笑打闹。当他人兴致不高或准备休息时，应马上结束谈话。在座位上休息时，不要东倒西歪，不要卧倒在座位上；不要靠在他人身上，或把鞋脱掉，脚放到对面的座位上。在卧铺车厢里，旅客需要脱掉鞋子休息，如果双脚不干净，空气中就会弥漫着脚臭味，影响其他乘客休息。因此，旅客应提前为乘坐火车时脱鞋做好准备，如换上干净的袜子和鞋子。

去餐车用餐时，如果人数过多，应耐心排队等候。在用餐时，应节省时间，不要大吃大喝，猜拳行令。用餐完毕应立刻离开。

下车时，若人较多，乘客应自觉排队等候，不要争先恐后。遇到别人拿不动行李时，应援之以手。

4. 乘坐飞机礼仪 在乘坐飞机时，乘客必须认真遵守乘机礼仪，具体应注意以下几个方面：

（1）提前候机　一般来说，乘坐国内航班应提前 90 分钟到达机场，乘坐国际航班应提前 120 分钟到达，以便办理登机手续。在办理手续时，要耐心等待，听从工作人员的指导。

（2）礼貌登机　登机前要自觉排队检票。进入机舱后，当空中小姐站在机舱的门口迎送，并热情问候乘客时，乘客应向她们点头致意或问好。登机后应对号入座。

（3）遵守规则　乘客应严格遵守飞机上的规章制度，听从乘务员的建议。登机坐下来后就应把安全带系好，等待起飞。如厕要尽量在飞机起飞、降落之前完毕。每个座椅后背部有一个供后面乘客使用的小桌，除用餐时外，不宜长时间放下。需要放低座椅靠背休息时，应礼貌询问后面的乘客是否方便。在机舱内说话声音不可过高，尤其是其他乘客闭目养神或阅读书报时，不要喧哗。

（4）飞机降落　飞机降落后要听从空乘人员的提示再起身整理行李，切忌飞机降落过程尚未完毕，就站立起来，这样极易造成伤害。取行李时应让靠走道和中间的乘客先拿。下飞机时有序通行，相互礼让，不可推搡。

三、特定公共场所礼仪

特定公共场所礼仪是指具体某一场所或场合所需遵守的礼仪规范，下面主要介绍在影剧院、酒店、医院、购物场所、观赛和舞会时需注意的礼仪规范。

1. 影剧院礼仪 到影剧院看电影、戏剧或文艺演出，是一种高尚的娱乐和美的享受，观众在观看的过程中应当遵守影剧院内的公共秩序，讲究文明礼貌。

（1）入场 观看电影、戏剧或文艺演出，都应提前到场，对号入座。若迟到，可在幕间休息时入场；没有幕间休息时，应由服务员引导悄悄入座；穿过座位时姿势要低，脚步要轻，不要影响他人观看，对起身为你让座的观众要致谢。

（2）观看 观看节目时要注意以下礼仪：①要摘下帽子，以免遮挡后面观众的视线。②坐姿要稳，不要经常左右晃动。③自觉遵守场内规则，不吃零食、不随地吐痰、保护场地卫生。④观看节目时保持安静，不要大声谈笑、窃窃私语、附唱或以手拍击，或在演出、放映过程中解说和品评。⑤在观看中应关闭手机。⑥在节目演出、影片放映过程中，不应随便退场，不得已需中途退场时应漫步轻声，并尽可能在幕间休息时退出。

（3）退场 对每位演员的演出都应报以热烈的掌声，不能厚此薄彼。全部节目演出完毕，应向演员热烈鼓掌表示谢意，等待演员谢幕后再行退场。在离去过程中，应按顺序退场的，不得拥挤，更不得多停留，以免造成踩踏事故。

2. 观赛礼仪 体育场是进行体育锻炼和体育比赛的场所。在体育场观看比赛，应遵循以下礼仪：

（1）按序入场 观看体育比赛时尽量提前或准时入场，并在入口处主动出示票证配合工作人员检验。进场后对号入座。如果比赛已开始，应就地入座，待中间休息时再寻找自己的座位。

（2）遵守秩序 观看比赛时，应自觉遵守赛场秩序。文明宣泄情绪，为运动员加油助威的标语、口号，内容应健康。对本方的运动员和另一方运动员都应加油助威，对精彩表演都应掌声鼓励。切忌起哄、吹口哨、怪声尖叫、喝倒彩、扔东西。

拍照不要使用闪光灯，因为闪烁的灯光会分散运动员的注意力，甚至可能造成运动员比赛失误或者受伤。此外，近距离观看某些项目的比赛，如射击、羽毛球、网球、短跑等，要将手机关闭或调成振动状态。

（3）讲究卫生 观看比赛时，要自觉维护体育场内的卫生，不随地吐痰，不乱扔果皮、瓜子壳等废弃物，不要乱踩座位，不可翻越栏杆，不能在室内体育馆吸烟。

（4）礼貌退场 比赛中，若要提前退场，应在不打扰他人的情况下尽快离开。比赛结束时，应向双方运动员鼓掌致意。退场时，应按座位顺序退场，向最近的出口缓行或顺着人流行进。

3. 商场购物礼仪 购物是人们生活中极为普遍的事情，顾客在购物的过程中，应当注意自己的言行，自觉遵守有关礼仪，这样才能获得购物的满足和愉快。

（1）在购物场所不要吸烟，不随地吐痰或乱扔垃圾，浏览商品时要保持安静，不要嬉戏打闹、快跑。使用商场手推车时，要避免碰撞他人或商品。注意停放位置，不要堵塞通道，用完应停放在指定的位置。

（2）在挑选、比较商品时，看完后应放回原位，不要随便摆放，对易碎商品则应轻拿轻放。如果不慎将商品损坏，应主动赔偿。对尚未付款的商品不要随便拆开包装。试穿衣物时，女士应避免将唇膏、睫毛膏等蹭在衣物上。当需要向营业员咨询时，要礼貌地向其招呼，不要“喂喂”地乱叫，也不要用命令的语气说话。

（3）结账时要按照次序排队，并保持间距。购物完毕后，应礼貌地向营业员致谢。营业员出现差错时，应耐心指出，善意提醒，不可得理不饶人。

4. 医院礼仪 医院是救死扶伤的地方，也是一个特殊的公共场所。人们去医院看病或看望病人时，应注意相关的礼仪规范。

（1）就诊礼仪　去医院就诊时，要自觉遵守医院的规定。不要在医院内吸烟，不随地吐痰，不乱扔垃圾，不高声大叫、哭闹，不争抢插队，应按先后次序就诊。若患上了感冒或其他流行性传染病，就诊时要自觉戴上口罩，打喷嚏或咳嗽时要用纸巾捂住口鼻，并回避他人。

他人在接受诊治时，不要围观或站在诊室门口倾听别人的检查结果，也不要偷窥他人的处方或化验单，更不要随意询问陌生人的病情。因病住院的人员要自觉保持病房的卫生，严格遵守作息时间和病房的各项规定，与其他病友友好相处。

如果对医生的诊断有怀疑，可以委婉礼貌地向医生说明原因，请医生再作考虑。如果认为医生对疾病做了不当处理，应认真询问处理依据，不可纠集亲友聚众闹事，而应通过法律的途径来解决问题。

（2）探望礼仪　探望病人时要做到有礼有节，才能对病人的康复有好处。在看望病人时要注意以下几个方面的礼仪规范。

1）探望病人应选好时间，在医院允许的探视时间内进行。要事先了解病人的病情和接受治疗的安排情况，不要在病人刚住院或刚做完手术便去探望，以免影响病人的治疗和休息。此外，不要在清晨、中午、深夜以及用餐时间前往探望。

2）探望时长应根据病人的身体状况来定，不可在病房逗留过久。长时间的交谈，容易使病人劳累，若病人已在康复中，并有较高兴致希望与人交谈时，那么探望者可与之多谈些时候，但要控制、适时告辞。探望时间一般以十几分钟为宜，最多不超过半个小时。告辞时，应该问一下病人是否有什么需要帮助办理的事情，并嘱咐病人安心休养。

3）探望病人时应携带合适的礼品，如鲜花、水果或滋补品等。但要考虑病人的病情和礼品的寓意，不可盲目。例如有呼吸疾病的人对花粉或花香比较敏感，送鲜花就要注意。有些营养品不适合某些疾病，如糖尿病病人忌用含糖量高的食品等。

4）人在患病期间对他人的言谈举止非常敏感，容易产生伤感或不快的情绪。因此探望者要注意细节，不要因自己的行为让病人产生心理负担。具体注意以下几点：①探望时应神态自然、亲切、乐观，不要故作沉重，更不要在病人面前落泪，使病人误解自己的病情。②动作要轻：探望时举止要稳重，走路脚步放轻，轻声关门。不要在病房高声说笑、指手画脚。③话题轻松：和病人交谈时应多谈一些轻松的话题，如时下有趣的新闻、生活趣事等，以转移病人的注意力。④不要把工作或生活中的困难说给患者听，也应避免过于详细地向病人询问病情，或当着病人的面向医生或病人的亲属询问病症。

5. 舞会礼仪　舞会是以跳交际舞为主要活动方式的一种轻松愉快的文娱性活动，是现代社会中一种高雅而又重要的交际联谊活动。参加舞会时，应注意以下几点。

1）舞会是比较正式的场合，因此需要穿着较为正式的服装，做到整洁大方。男士应着西装，女士应选择华丽、色彩稍鲜艳的服装。舞会上不应当众脱掉外衣。参加舞会时还应进行适度的化妆。女士妆面应稍浓一些，但也要讲究自然、美观，男士头发要梳整齐，面部保持干净。

2）参加舞会前不得吃葱、蒜、醋等带有强烈刺激气味的食品，不喝烈性酒，不大汗淋漓或疲惫不堪地进入舞场，患有感冒者最好也不要进入舞场。

3）在舞会上邀请舞伴时，一般由男士邀请女士。在关系很好、很熟的情况下，也可以女士邀请男士。在邀请别人跳舞时，应注意以下几点：

①男士邀请女士跳舞时，男士应主动走至女士面前，含笑致意，然后彬彬有礼地邀请："我可以请你跳舞吗？"或"能否有幸请你跳个舞？"等。

②舞会上，一般讲究第一支舞曲和最后一支舞曲要和自己同来的舞伴共舞。从第二支曲子开始，就

需要交换舞伴去扩大自己的交际面，舞会上，一对舞伴也只宜共舞一支舞曲。

③邀请舞伴跳舞时，邀请者的姿态要自然、大方，举止要文明、有礼，最好不要叼着香烟请人跳舞，这样会影响舞会的良好气氛，也会遭到女士的拒绝。

④特殊情况下，如果是女士邀请男士，男士一般不得拒绝。

跳舞时，注意上场、下场的规矩，给舞伴应有的尊重。上场时，男士应主动跟在女士身后，让对方来选择跳舞地点。下场时，男士应将女士送回其原来的地方，待女士坐下后，男士应说声“谢谢，再会”，然后方可离开。

4）跳舞时，双方舞姿的具体要求如下：

①姿态要端正、大方，整个身体应始终保持平、正、直、稳，掌握好重心，身体不要摇晃。

②双方之间不宜相距过近，应保持一定距离。跳舞时，男女双方都不要目不转睛地凝望对方，也不要表情不自然。

③男士不可把女士的手捏得太紧，不可把整个手掌全贴在女士的腰上。不要在旋转时把女士拖来扯去。

④女士不要把双手套在男士的脖子上，也不把头主动依靠在对方的肩上。

知识链接

手机使用礼仪

随着手机的日益普及，无论是在社交场所还是工作场合放肆地使用手机，已经成为礼仪的最大忌讳之一，手机礼仪越来越受到关注。在国外，如澳大利亚电讯的各营业厅就采取了向顾客提供“手机礼节”宣传册的方式，宣传手机礼仪。

1. 在公共场合，特别是楼梯、电梯、路口、人行道等地方，不可以旁若无人地使用手机。

2. 在会议中、和别人洽谈的时候，最好的方式还是把手机关掉，起码也要调到振动状态。这样既显示出对别人的尊重，又不会打断发话者的思路。相反，如果不将铃声关掉，不断响起的铃声，不但不能反映你“业务忙”，反而显示出你缺少修养。

3. 在一些场合，比如在看电影时或在剧院接打手机是极其不合适的，如果不得已的话，采用静音的方式发送手机短信是比较适合的。

4. 在餐桌上，关掉手机或是把手机调到振动状态还是必要的。不要正吃到兴头上的时候，被一阵烦人的铃声打断。

5. 无论业务多忙，为了自己和其他乘客的安全，在飞机上都不要使用手机。

6. 使用手机，特别是在公共场合，应该把自己的声音尽可能地压低，而绝不能大声说话，以博取路人的眼球。

7. 在一切公共场合，手机在没有使用时，都要放在合乎礼仪的常规位置。无论如何，都不要在并没使用的时候放在手里或是挂在上衣口袋外。

8. 放手机的常规位置有：一是随身携带的公文包里（这种位置最正规）；二是上衣的内袋里。

9. 有时候，可以将手机暂放在腰带上，或是开会的时候交给秘书、会务人员代管，也可以放在不起眼的地方，如手边、背后、手袋里，但不要放在桌子上。

10. 手机短信越来越广泛地使用，使得它也成为手机礼仪关注的焦点。在一切需要手机振动状态或是关机的场合，如果短信的声音此起彼伏，那么和直接接打手机又有什么区别呢？所以，在会议中、和别人洽谈的时候即使使用手机接收短信，也要设定成振动状态，不要在别人能注视到你的时候查看短信。一边和别人说话，一边查看手机短信，能说明你对别人的尊重吗？

11. 在短信内容的选择和编辑上，应该和通话文明一样重视。因为通过你发的短信，意味着你赞同（至少不否认）短信的内容，也同时反映了你的品位和水准。所以不要编辑或转发不健康的短信，特别是一些带有讽刺伟人、名人甚至是革命烈士的短信，更不应该转发。

答案解析

即学即练

两人行时的行走次序是什么？

实践实训

小郑刚参加工作不久，公司举办了一次大型的产品发布会，邀请国内很多知名企业人士参加，小郑被安排在接待工作岗位上。接待当天，小郑早早来到机场，等到前来参加发布会的人时，他便开口说：“您好！是来参加发布会的吗？说一下您的单位及姓名，以便我们安排好就餐与住宿问题。”小郑有条不紊地做好了记录。后来在会场，小郑一路上帮客人引路，他放慢步伐，一直小心翼翼，很注意与客人的距离，确保距离不太远；进出电梯时，小郑一直走在前面，做好带路工作。然而，在小郑看来原本很简单的事情，却没得到上司的认可，几次被批评。

分析小郑为什么被上司批评？如果你是小郑，如何做好接待工作？

目标检测

答案解析　知识回顾

一、单项选择题

1. 仪容是指（　　）

A. 着装、配色

B. 站立行走

C. 外观、外貌

D. 谈吐、举止

2. TPO 原则中 T 指的是（　　）

A. 时间　　B. 地方　　C. 目的　　D. 对象

3. 称呼的功能不包括（　　）

A. 呼唤功能　　B. 关系功能　　C. 情感功能　　D. 礼貌功能

4. 下列（　　）项是谦语。

A. 阁下　　B. 贵方　　C. 家严　　D. 尊夫人

5. 公务交往中最为常见的称呼是（　　）

A. 职务性称呼　　B. 职称性称呼

C. 学衔性称呼　　D. 行业性称呼

6. 下列为他人作介绍时的礼仪顺序，错误的是（　　）

A. 介绍长辈与晚辈认识时，先介绍长辈，后介绍晚辈

B. 介绍女士与男士认识时，应先介绍男士，后介绍女士

C. 介绍上级与下级认识时，先介绍下级，后介绍上级

D. 介绍已婚者与未婚者认识时，先介绍未婚者，后介绍已婚者

7. 在机场、商厦、地铁等公共场所所乘自动扶梯时应靠（　　）站立，另一侧供有急事赶路的人快行。

A. 左侧　　B. 右侧

C. 中间　　D. 无特殊要求

8. 上下楼梯或在楼道行走时应（　　）

A. 靠右侧行走　　B. 靠左侧行走

C. 走中间　　D. 左右都行

9. 握手时长一般为（　　）

A. 3 秒　　B. 5 秒

C. 7 秒　　D. 20 秒

10. 探病者在病房逗留时间不可太长，一般以（　　）左右为宜，时间过长会影响病人的休息。

A. 5 分钟　　B. 10 分钟

C. 20 分钟　　D. 30 分钟

二、多项选择题

1. 化妆原则包括以下几个方面（　　）

A. 美化原则　　B. 自然原则

C. 协调原则　　D. 整洁原则

2. 着装的基本原则有（　　）

A. TPO 原则　　B. 整体性原则

C. 个性化原则　　D. 整洁原则

3. 敬语的运用场合（　　）

A. 比较正规的社交场合　　B. 与师长或身份、地位较高的人交谈

C. 与人初次打交道或会见不太熟悉的人　　D. 会议、谈判等公务场合

4. 下列握手次序正确的是（　　）

A. 长辈与晚辈握手，应由晚辈首先伸出手

B. 老师与学生握手，应由老师首先伸出手

C. 女士与男士握手，应由女士首先伸出手

D. 上级与下级握手，应由上级首先伸出手

5. 交谈时适宜选择的主题有（　　）

A. 轻松的主题　　B. 时尚的主题

C. 高雅的主题　　D. 既定的主题

三、简答题

1. 个人礼仪的运用原则？

2. 集体介绍中“少数服从多数”原则是指？

3. 握手的礼仪规范？

4. 得体的交谈需要注意哪些技巧？

四、案例分析题

小顾有心让朋友老张和自己的新朋友小朱认识，正好一次小朱陪小顾看展览，遇到了老张。小顾马上热情地招呼老张。小顾先对小朱说："这就是我常和你提起的老张，是泥塑高手。"随即对老张说："老张，这是我新认识的朋友，小朱，对泥塑挺有研究的。"人到中年的老张见小朱只是个20多岁的普通青年，不禁感到被介绍给他很丢面子。打个哈哈就走了，不仅没接受小朱这个朋友，把小顾也被冷落到一边儿去了。

问题

请结合所学知识分析，小顾的此番介绍为什么以失败而告终？应如何为彼此不相识的双方引荐？

模块五　茶文化和茶的沟通艺术

习题

学习引导

中国是茶叶的故乡，茶叶被西方人称为“神奇的东方树叶”。茶，是中华民族的举国之饮，它发乎神农，闻于周公，兴起于唐代，如今已经成为风靡世界的三大无酒精饮料（茶、咖啡和可可）之一。

中国素称礼仪之邦，茶是人际交往中重要的媒介之一，“客从远方来，多以茶相待”。茶文化的精神内涵是通过沏茶、赏茶、闻茶、饮茶、品茶等习惯和中华的文化内涵相结合形成的一种具有鲜明中国文化特征的文化现象，也是一种礼节现象。

本模块主要介绍茶的起源和发展；中国的茶文化和茶道精神、茶道的形成和传播；茶、茶具的种类；茶艺知识；茶叶的沏泡方法和常见的奉茶礼仪。

学习目标

1. **掌握**　茶文化的内涵；奉茶礼仪。
2. **熟悉**　茶和茶具的种类；常见茶叶的沏泡方法。
3. **了解**　茶和茶道的形成与发展。

任务一　探究传统茶文化的魅力

PPT

实例分析

实例　一生嗜茶如命的白居易，在苏州做官时，一天夜里，听说好友贾常州和崔湖州两位刺史在顾渚山的境会亭摆设茶宴，但是，自己因坠马受伤不能前往，无奈之际，只能作诗：“遥闻境会茶山夜，珠翠歌钟俱绕身，盘下中分两州界，灯前合作一家春。”可以想象他当时的那种心情，如身临其境。

白居易擅于记录文人的茶事活动。“细啜襟灵爽，微吟齿颊香，归来更清绝，竹影踏斜阳”。生动地描写了品茶时那些情景。从白居易“起尝一瓯茗，行读一卷书”诗句中可以看出他对茶的喜爱，早晨一起来就要品一杯茶，已将茶当作生命中不可或缺的一部分。

问题 1. 通过这个故事谈谈茶文化在我国传统文化中的地位。
2. 为什么中国文人自古以来喜欢以茶会友？

答案解析

活动一　了解茶的起源与发展

一、茶的起源

中国茶的历史悠久，据文字记载，我们祖先在3000多年前已经开始栽培和利用茶树。中国是茶树的原产地，中国西南地区，包括云南、贵州、四川等地是茶树种植的中心。由于地质变迁及人为栽培，茶树开始由此普及全国，并逐渐传播至世界各地。

唐代陆羽《茶经》："茶之为饮，发乎神农氏。"在中国的文化发展史上，往往是把一切与农业、与植物相关的事物起源最终都归结于神农氏。神农氏是个知识渊博的学者，更是一位经验丰富的植物学家，并且有着很高的卫生觉悟。相传，有一天神农在一棵茶树下，支起锅煮水喝，几片嫩叶飘入锅中，锅内的水清澈鲜美，芳香四溢，喝完后神清气爽，茶的作用就被发现了。后人假托神农氏之名所著的《神农食经》载曰："茶茗久服，令人有力，悦志。"另一个传说是"神农尝遍百草，日遇七十二毒，得茶而解之"。相传神农氏吃了一种草后不幸中毒，幸得茶叶汁流入口中才保住性命。从此，茶就成了解毒的良药。

二、茶的发展

中国是茶树的原产地，茶树如图5－1所示。在未知饮茶前，"古人夏则饮水，冬则饮汤"。饮茶改变了人们喝生水的陋习，提高了人们的健康水平。

图5－1　茶树

1. 六朝以前的茶事　晋代常璩的《华阳国志·巴志》记载："周武王伐纣，实得巴蜀之师，茶蜜皆纳贡之。"这一记载表明周朝的武王伐纣时，巴国就已经以茶与其他物品纳贡给周武王了。《华阳国志》中还记载，那时已经有了人工栽培的茶园。

巴蜀是茶叶文化的源产地。关于巴蜀茶叶在我国茶史上的突出地位，在西汉成帝时的王褒《僮约》中，出现"脍鱼炰鳖，烹茶尽具"；"武阳买茶，杨氏担荷"两句。反映西汉时饮茶在成都已成风尚，在富人家还出现了饮茶专门的用具。

在秦汉统一全国后，茶叶随巴蜀与各地经济、文化交流的增强，尤其是茶的加工和种植，开始向东部和南部传播开。如三国时期魏国张揖《广雅》说："荆巴间采茶做饼。"西晋时的《齐民要术》中提到"浮陵茶最好"等。

2. 隋唐五代茶叶的兴起　隋统一了全国并修凿了一条沟通南北的大运河，对促进唐代经济、文化及茶叶的发展有重要作用。唐中期是中国茶叶发展很快，如封演在其《封氏见闻记》（8 世纪末）中所说：“古人亦饮茶耳，但不如今人溺之甚；穷日今夜，殆成风俗，始自中地，流于塞外。”从唐代开始，茶始作书，茶始销边，茶始收税，茶真正成为一种独立和全国性的文化或事业。

案例分享

民间有铁观音的传说：相传安溪尧阳松岩村（又名松林头村）有个老茶农魏荫，勤于种茶，又笃信佛教，敬奉观音，每天早晚一定在观音前敬奉一杯清茶，几十年如一日，从未间断。有一天晚上，他睡熟了，蒙眬中梦见自己扛着锄头走出家门。他来到一条溪涧旁边，在石缝中忽然发现一株茶树，枝壮叶茂，芳香诱人，跟自己所见过的茶树不同。第二天早晨，他顺着昨夜梦中的道路寻找，果然在观音仑打石坑（地方名）的石隙间，找到梦中的茶树。仔细观看，只见茶叶椭圆，叶肉肥厚，嫩芽紫红，青翠欲滴。魏荫十分高兴，将这株茶树挖回种在家中一口铁鼎里，悉心培育。因此茶是观音托梦得到的，遂取名“铁观音”。

想一想 为什么很多名茶品种都有自己的传说？这表达了产茶地人们对该茶的一种什么情感？

3. 宋元茶叶的发展 宋元时期茶区继续扩大，重心向东南移，种茶、制茶、点茶技艺精进，团饼茶向散茶过渡。宋代茶文化发达，出现一批茶学著作，如蔡襄《茶录》、宋子安《东溪试茶录》、黄儒《品茶要录》，特别是宋徽宗赵佶亲著《大观茶论》。刘松年《卢仝烹茶图》、赵孟頫的《斗茶图》等更是中国茶文化的艺术珍品。“斗茶”之风盛行，佛门茶事兴旺，饮茶技艺也随着佛教的传播而迅速走出国门，传至海外。

4. 明清茶事 明太祖朱元璋在 1391 年下诏“罢造龙团，改进芽茶”。即从此向皇宫进贡只要芽叶型的蒸青散茶，并且将煎煮法改为冲泡法，这是饮茶方法史上的一次革命，明朝茶业在技术革新、各种茶类的全面发展以及名茶的种类丰富等方面形成了自己的时代特色。

（1）技术不断完善 据有关资料显示，明清时期在原有的基础上，出现了不少新的茶叶生产加工技术。明末清初方以智《物理小识》中提到“种以多子，稍长即移”。说明在明朝，有的地方除了直播以外，还采用了育苗移栽的方法，到康熙年间的《连阳八排风土记》中，已有茶树插枝繁殖技术；此外，在清代闽北一带，对一些名贵的优良茶树品种，还开始采用了压条繁殖的方法。在茶园管理方面，明清时期在耕作施肥，种植要求上更加精细，在抑制杂草生长上和茶园间种方面，都有独到之处。从制茶技术看，元代《王祯农书》所载的蒸青技术，虽已完整，但尚粗略，明代时，制茶炒青技术发展逐渐超过了蒸青方法。

（2）品类多样化 由于工艺技术的改进，各地名茶的发展也很快，品类日见繁多。宋代时的知名散茶寥寥无几，文献中提及的只有日注、双井、顾渚等几种。到了明代，仅黄一正的《事物绀珠》一书中辑录的“今茶名”就有 97 种之多，绝大多数属散茶。明清两朝在散茶，叶茶发展的同时，其他茶类也得到了全面发展。包括黑茶、花茶、青茶和红茶等。300 年以前，中国茶风靡世界，独步世界茶市，当时出口茶叶的只有中国，工艺以烘青和炒青为主，制作了乌龙茶、红茶、黑茶、花茶、绿茶、白茶。客来敬茶、以茶待客风气更为普及，市井茶馆林立，利用茶馆休闲、谈生意已是平常事，茶馆文化得到发展。

5. 近代茶业的发展 1846 ~ 1886 年是中国茶叶的兴盛时期（茶园面积不断扩大，茶叶产量迅速增递，促进了对外贸易发展）；1886～1947 年，是中国茶叶生产的衰落时期（国际茶叶市场竞争失败）；1950～1988 年，是中国茶叶生产的恢复时期，政府对茶产业予以支持和重视，大力恢复旧茶园，建立新茶园，改进新品种，推行科学种茶，茶叶经济走向稳定发展之路。

三、茶的主要成分

茶叶之所以是一种健康饮料，是因为它有一定的营养价值和医疗作用。茶叶中含有对人体有益的维生素和微量元素。据现代科学研究已发现茶叶的化学成分 700 余种。构成这些化学物质的基本元素已发现有碳、氢、氧、氮、钾、硫、钙、镁、铁等 29 种。茶叶中的有机化合物主要有蛋白质、氨基酸、生物碱、酶、茶多酚、糖类、有机酸、脂肪、色素、芳香物质、维生素等。无机化合物总称灰分，约占干物质的 4%。

1. 茶多酚　茶多酚是茶叶中 30 多种酚类物质的总称，在茶叶内含物中比例最高，易溶于水。茶叶的大部分品质取决于茶多酚的含量、比例以及其转化物的类型。它对茶叶的色香味形成有很大的影响，是考察一款茶叶非常重要的指标。茶多酚可以抗氧化抗衰老，降低胆固醇，抑制血管硬化、抗菌杀菌等，是茶叶的主要保健成分。

茶多酚主要由儿茶素、花青素、黄酮类物质和酚酸素等 4 类多酚物质构成，影响着茶的口感。茶的浓度、刺激性、强度一般都随着茶多酚含量的增加而增加。大叶茶种的茶多酚含量要比小叶茶种的要多，所以普洱、生普的滋味要比绿茶更深更浓。茶多酚在普洱茶中，对刺激生津有一定作用，同时它也可以形成回甘，回甘的快慢和持久度则与这些多酚类物质的含量比例有关系。茶多酚是抗氧化物质，受温度等因素影响很大，夏季茶种茶多酚的含量就要比春秋季要多，因此夏季种的茶会更为苦涩。

2. 氨基酸　茶叶中的氨基酸有 25 种之多，极易溶于水，不少氨基酸有一定的香气（花香、蜜香等）和滋味（甜、香），是茶叶鲜爽口感的重要成分，其中以茶氨酸、谷氨酸、天门冬氨酸含量为高，其中茶氨酸几乎仅存于茶叶中，占茶叶氨基酸的 50% 以上。在茶叶各部分中，嫩芽与嫩茎中氨基酸所占的比例是最高的，而春茶的氨基酸的含量要比其他季节的茶要高。所以绿茶在众多茶种中鲜爽度名列前茅，而春茶的鲜度更高。

高纬度、低气温、弱光照会促进茶氨酸形成，所以高山茶比低海拔的茶氨基酸含量要高，这也是“高山云雾出好茶”的重要原因。茶氨酸对促进 α 脑波的形成、提高智力和记忆力、降血压有很好作用。

3. 生物碱　茶叶中含有咖啡碱、茶碱和可可碱，都能溶于水，其中最主要的是咖啡碱。咖啡碱呈苦涩味，与茶多酚、氨基酸一起是决定茶叶口感品质的三大主要成分。茶叶的嫩芽嫩茎中咖啡碱含量较高，大叶茶种咖啡碱含量比小叶茶种多，夏天高温时也更容易积累。咖啡碱和茶多酚是茶叶苦涩味的重要来源（多酚化合物、茶皂物也能形成苦），但是又有些不同。茶多酚具有收敛性和苦涩感，但它能促进回甘。咖啡碱跟儿黄素、茶黄素等物质结合，可以提升茶顺滑鲜爽的感觉。咖啡碱能兴奋中枢神经、促进血液循环，有利尿、强心和一定的解酒功效。

4. 芳香性物质　茶叶中芳香性物质含量少，但种类很多。主要分为低沸点和高沸点两种。

（1）低沸点物质　如叶绿醇，有强烈的青草气味，茶叶杀青不足时常有青草味。

（2）高沸点物质　如茉莉酮、苯甲醇，有良好花香，一般是加工过程中形成的。

5. 糖类物质　包括可溶性糖和不可溶性糖两部分，茶叶具有的甜香、焦糖香、冰糖香、板栗香、糯米香，就是糖类跟茶多酚氨基酸的等物质作用的结果。果胶藏在叶片和叶梗中，在加工过程中破坏茶叶细胞壁而溢出，并在冲泡过程中随着茶汤流出。它有一定的黏性，可以促进普洱茶、红茶顺滑、黏稠、醇厚的口感，同时在陈化过程中也可以增加茶的滋味。

6. 色素　色素主要分溶脂性色素和水溶性色素两大类。溶脂性色素包括叶绿素、胡萝卜素和叶黄素等，而水溶性色素包括黄酮类物质、花青素、茶黄素、茶红素和茶褐素等。

活动二　感悟茶文化

中国茶文化是中国制茶、饮茶的文化。中国是茶的故乡，中国人发现并利用茶，据说始于神农时代，至少有4700多年了。直到现在，还有以茶代礼的风俗。潮州工夫茶作为中国茶文化的古典流派，集中了中国茶道文化的精粹，作为中国茶道的代表入选国家级非物质文化遗产。日本的煎茶道、中国台湾地区的泡茶道都来源于中国广东潮州的工夫茶。

作为开门七件事之一，饮茶在古代中国是非常普遍的。中华茶文化源远流长，博大精深，不但包含物质文化层面，还包含深厚的精神文明层次。唐代茶圣陆羽的《茶经》吹响了中华茶文化的号角。从此茶的精神渗入中国的诗词、绘画、书法、宗教、医学。几千年来中国不但积累了大量关于茶叶种植、生产的物质文化，更积累了丰富的有关茶的精神文化，这就是中国特有的茶文化。

一、茶文化的形成和发展历史

1. 关于茶文化的定义　中国人饮茶，注重一个“品”字。“品茶”不但是鉴别茶的优劣，也带有神思遐想和领略饮茶情趣之意。在百忙之中泡上一壶浓茶，择雅静之处，自斟自饮，可以消除疲劳、涤烦益思、振奋精神，也可以细啜慢饮，达到美的享受，使精神世界升华到高尚的艺术境界。品茶的环境要求安静、清新、舒适、干净，一般由建筑物、园林、摆设、茶具等因素组成。利用闻名世界的中国园林在自然山水间，用木头做亭子、凳子，搭设茶室，供人们小憩，极富诗情画意，意趣盎然。

茶文化研究者早在20世纪90年代初期就试图给茶文化下个定义，并各自陈述自己的观点。其共识是“茶文化是在茶杯应用过程中或称在品饮活动中、作为饮料在被使用过程中所产生的和形成的文化”。茶文化是中华民族在茶的品饮中所凝聚的文化个性和创造精神，是一种表达民俗风情、审美情趣、道德精神和价值观念的文化。茶文化也是一种生活文化，包括茶饮、茶俗、茶礼、茶艺和茶道5方面内容。

案例分享

周总理的茶之佳话

1972年，美国总统尼克松访华，毛主席将四两大红袍作为珍贵礼物送给尼克松。尼克松有些纳闷，对泱泱大国之“小气”不免心生疑窦。此时，在毛主席身边陪着的周总理察觉到尼克松迷惑不解的神情，马上迎上前解释道：“总统先生，主席把‘半壁江山’都送给您了！”尼克松听了更加困惑不解：“这是怎么回事？”于是，周总理指着装有武夷岩茶大红袍的精美罐子，对尼克松总统说：“总统先生，武夷大红袍是中国历代皇家贡品，一年总产量只有八两，主席送您四两，正好是‘半壁江山’呀！”尼克松总统一听，觉得周总理说得幽默风趣，大家都开心地笑开了。就这样，四两武夷大红袍茶叶作为国礼，成就了一段大国外交佳话。

想一想 茶文化在现代社交中的作用是什么?

2. 茶文化的形成及发展历史

(1)茶文化的形成 茶的饮用起源就是茶文化的历史起点。茶经上说:“茶之为饮,发乎神农氏。”顾炎武在《日知录》中,根据古文献提供的材料指出,是知自秦人取蜀后,始有茗饮之事。即在战国时期,四川一带已有饮茶的习俗。茶饮首先出现在四川一带,也为“茶者,南方之嘉木也”作了最好的注脚。

朱自振在《中国茶酒文化史》中认为,中国茶文化系统在三国两晋和南北朝时期逐步形成,具体表现在“饮茶风俗和扎根中土”。关剑平把“魏晋、南北朝作为中国茶文化的成立期”。综合所述,中国的茶饮起源至少在战国中期至秦汉,茶文化系统的初步构建,即茶文化的形成在魏晋南北朝至初唐。

(2)茶文化的发展史 最早对中国茶文化史做系统概括的是王玲和朱自振两位学者。1992 年王玲《中国茶文化》一书的第一编为“中国茶文化形成和发展的概况”,共列四章,介绍了自两晋南北朝至元明清三代茶文化的出现及形成发展的过程。1995~1996 年朱自振的《中国茶文化史》《茶史初探》相继出版。

3. 当代茶文化的兴起 当代茶文化的兴起始于 20 世纪末 80 年代初。1980 年 9 月,庄晚芳、孔宪乐、唐立新、王加生在《饮茶漫话》一书的后记中说:“茶起源于我国。饮茶文化是我国整个民族文化精华的一部分,也是我国人民对人类做出的贡献的一部分。”王泽农和庄晚芳等最早提出了“饮茶文化”和茶叶文化。1982 年 9 月《茶人之家》杂志创刊,是当代第一本茶文化专业杂志,1983 年陆羽研究会成立,一批有关茶的历史文化书籍陆续出版。

20 世纪 90 年代出现了茶文化发展中极具标志性的茶事:一是茶艺馆由南而北、由沿海城市到内陆城市逐步走热,并与地域文化相融合,带动了茶文化相关产业;二是茶艺师职业列入了国家职业大典,茶艺师职业技能培训和考核鉴定在全国有条件的地区相继展开,“茶博士”进入茶艺馆;三是一批茶文化书籍刊物、影视片、文学作品等出版发行。如陈宗懋主编的《中国茶经》(上海文化出版社 1992),吴觉农主编的《中国地方志茶叶历史资料选辑》(农业出版社,1990),朱自振主编的《中国茶叶历史资料续辑》(东南大学出版社,1991)等。也涌现出了多种茶文化期刊,如《中国茶叶文化专号》《中华茶人》《茶博览》等。

进入新世纪以来,饮茶文化与茶叶经济、茶学科研的结合日益紧密,并继续广泛地走向大众的生活。中国茶叶的产量从 1949 年的 7500 吨发展到 1998 年的 60 余万吨。茶产业物质财富的大量增加为中国茶文化的发展提供了坚实的基础,1982 年,在杭州成立了第一个以弘扬茶文化为宗旨的社会团体——“茶人之家”,1983 年湖北成立“陆羽茶文化研究会”,1990 年“中国茶人联谊会”在北京成立,1993 年“中国国际茶文化研究会”在湖州成立,1991 年中国茶叶博物馆在杭州西湖乡正式开放。1998 年中国国际和平茶文化交流馆建成。随着茶文化的兴起,各地茶艺馆越办越多。各省市及主产茶县纷纷举办“茶叶节”,如福建武夷市的岩茶节、云南的普洱茶节,浙江新昌、泰顺、湖北英山、河南信阳的茶叶节,不胜枚举。

二、茶文化的内涵及社会功能

1. 茶文化的内涵及表现形式 一是广义茶文化论,认为“文化的内部结构包括下列几个层次:物态文化、制度文化、行为文化、心态文化”。(陈文华《长江流域茶文化》)

二是狭义茶文化论，认为“茶文化的发展告诉我们，茶文化总是在满足社会物质生活的基础上，发展成为精神生活的需要，与时俱进，内容得到不断充实和丰富”。茶文化主要体现在物质与精神的结合，高雅与通俗的结合，功能与审美的结合，实用与娱乐的结合。(刘勤晋《茶文化学》)

三是认为中国茶文化的内容包括中国茶艺、茶艺与饮茶的精神内容、礼仪形式。几个方面的内容交融结合，使茶人得其道，悟其理，求得主观与客观、精神与物质、个人与群体、人类与自然、宇宙的和谐统一之道，即茶道。除了茶艺、茶道，茶文化还包括茶的礼仪、精神以及在各阶层人民中的表现和与茶相关的众多文化现象。(王玲《中国茶文化》)

茶文化的表现及存在形式，既有物质形态的，也有精神形态的。表现为物质形态的，诸如茶的历史文物、遗迹、茶书、茶画及各种名优茶、茶馆、茶具、茶歌舞和茶艺表演等等。表现为精神形态的，诸如茶德、茶道精神、以茶待客、以茶养廉、以茶养性等等。无论是历史文人生活中的“琴棋书画酒诗茶”，还是平民百姓生活中的“柴米油盐酱醋茶”，茶都是不可缺少的。

2. 茶文化的社会功能　茶文化发展至现代，茶的社会功能更加突出，归纳其重要功能如下。

以茶会友：客来敬茶向来是中华民族的优良传统。朋友相见，饮茶叙事，亲切祥和。

以茶联谊：各种联谊活动，采用茶话会的形式，既庄重又生动活泼。

以茶示礼：亲友相见、人际交往，无论是多么庄重的高级会谈或是重要会议，每人清茶一杯，显示了一种尊敬的礼仪，如图 5－2 所示。

图 5－2　以茶示礼

以茶代酒：从古至今，以茶代酒者不乏其人，现代人际交往，提倡以茶代酒，实在是高尚之举。

以茶倡廉：清茶一杯，以示清正廉洁，反对铺张浪费，提倡清廉。

以茶表德：中国当代茶人著名茶学专家庄晚芳先生提倡的中国茶德是“廉、美、和、敬”。

以茶为模：以茶的奉献精神为模范，倡导做一个正直清廉的“茶人”。

以茶养性：从古至今不少文人雅士都提倡以茶修心养性，提高人们的道德水准。

以茶为媒：以茶联姻、婚嫁用茶的传统流传至今，已成习俗。

以茶祭祀：民间的丧祭活动，很多仍流传用茶作祭品的习惯。

以茶作禅：自古就有“茶禅一味”之说，寺院茶道的禅茶、普茶、施茶等都是以茶悟道的重要仪式。

以茶作诗：历代诗人作茶诗者很多，内容广泛，形式多样。

以茶作画：历代描绘茶会、烹茶、饮茶等内容的书画有很高的艺术价值。

以茶歌舞：以采茶、饮茶等内容的歌舞，生动活泼。

以茶献艺：各种流派的茶艺表演具有欣赏价值，不少茶类、地区、民族的饮茶习俗艺术化以后，具有较强的感染力。

以茶旅游：茶乡旅游是现代旅游业中的特色旅游项目，游名山、观名寺、饮名茶三位一体，很受欢迎。

以茶做菜：很多地区都有以鲜茶做菜的习俗，茶文化活动频繁之地，以茶做菜的菜谱也是丰富多彩的。

以茶为食：将茶添加于食品饮料中食用，逐渐流行起来，茶叶口香糖、茶叶蛋糕、茶叶面条、茶酒等都已被人们接受。

以茶设宴：各地的早茶、夜茶，以饮茶与吃小点心结合的方式，受到普遍欢迎。

以茶健身：已知茶对人体健康具有多种功效，饮茶健身是很多饮茶爱好者的切身体会。

以茶制药：将茶叶中具有药效功能的物质分离提取出来，制成防病治病的药物，这是茶对人类健康的新贡献。

知识链接

养生茶

黄芪党参茶：黄芪有益气固表、敛汗固脱的功效，是补气首选的药材。党参性味甘、平，具有补中益气、生津养血、健脾镇静的功效，适用于脾胃虚弱、体倦无力等症。

良姜大麦茶：这款茶可起到暖胃、养胃的功效。对于胃寒体质的人有很好的调养作用。早上喝一杯，一天都会觉得暖暖的。

山楂荷叶茶：这款茶具有一定的减肥功效。荷叶、山楂均可消脂去腻，加入决明子可以清热、润肠通便。

活动三　熟悉茶道的形成和传播

一、茶道的形成与发展

茶道，就是品赏茶的美感之道。亦被视为一种烹茶饮茶的生活艺术，一种以茶为媒的生活礼仪，一种以茶修身的生活方式。它通过沏茶、赏茶、闻茶、饮茶以增进友谊，美心修德，学习礼法，领略传统美德，是很有益的一种仪式。茶道精神是茶文化的核心。茶道起源于中国。中国人至少在唐朝就已经在世界上首先将茶饮作为一种修身养性之道，唐朝《封氏闻见记》中记载："茶道大行，王公朝士无不饮者。"，到了宋代，茶道发展到了顶峰。

茶道一词最早见于唐诗僧皎然的《饮茶歌诮崔石使君》诗"越人遗我剡溪茗，采得金牙爨金鼎。素瓷雪色缥沫香，何似诸仙琼蕊浆。一饮涤昏寐，情来朗爽满天地。再饮清我神，忽如飞雨洒轻尘。三饮便得道，何须苦心破烦恼。"

最早、最完善的茶道流程就是唐代陆羽所创的煎茶茶道。陆羽（733—804），字鸿渐，汉族，唐朝复州竟陵（今湖北天门市）人。一生嗜茶，精于茶道，以著世界第一部茶叶专著《茶经》闻名于世，该书对茶的历史源流、地域分布、采集季节、采集方法、加工与煮茶及饮茶的注意事项等，作了全面的论述。对中国茶业和世界茶业发展做出了卓越贡献，被誉为“茶仙”，尊为“茶圣”，祀为“茶神”。陆羽在《茶经》一书中对茶道的规制阐述得十分明确细致，言茶道有五大要旨：鉴茗、辨器、识水、煮膏、品味。

（1）鉴茗　即鉴别茶的优劣、品级高下。凡茶并非均可用。生于“阳崖阴林”者，可采用；而生于“阴山坡谷者”则不堪采掇，因为此茶“性凝滞，结瘕疾”。此外，“采不时，造不精，杂以卉莽”者，不能用，此茶易“饮之成疾”。这里虽然主要是说茶叶采摘的选择，但对能否饮用至关重要，这是茶道中鉴茶的基本功。在茶的可用类中，陆羽又指出：“野者上，园者次”，即山野自然生长的为佳，在园圃中栽种的较差。而在向阳山坡、林荫覆盖下生长的茶树，其芽叶“紫者上，绿者次；笋者上，芽者次；叶卷上，叶舒次”。这就为鉴别茶质的优劣，提出了明确的外形标准。

（2）辨器　即识别、选择煮茶饮茶的器具。在茶道中，陆羽对器具的选择和要求极为严格。煮、饮之器中，共列有二十四器，缺一不可，并各规定有精确的尺寸、形状，且对制器的材料也有明确的要求。如风炉“以铜铁铸之，如古鼎形，厚三分，缘阔九分，令六分虚中，致其圬墁”。对盛茶之碗，陆羽辨识之论尤其精当：“碗，越州上……或以邢州处越州上，殊为不然。若邢瓷类银，越瓷类玉，邢不如越一也；若邢瓷类雪，则越瓷类冰，邢不如越二也。”从美学角度观赏碗中之茶汤色，“邢瓷白而茶色丹，越瓷青而茶色绿”，茶汤色绿者上，故“邢不如越”。这种近乎挑剔的器具观，形成了茶道极为重要的内容，至今仍为发展完善的茶道演示所保留。

（3）识水　是陆羽茶道中的重要规制。水，是煮茶、冲茶、泡茶的关键条件。水亦并非是水皆可饮，尤其用于煮茶之水更是如此。陆羽将当时天下可用煮茶之水分为三类三等。三类，即山水、江水、井水；三等为即山水上、江水中、井水下。而又非所有山水皆为上，“其山水，拣乳泉石池漫流者上”，奔涌湍急的水和停蓄于山谷不流动的水则不宜饮用，饮之不洁；江水，需“取去人远者”方可；至于井水，则“取汲多者”，即常为人取用之井水，此水活，可用。此外，水取为煮，另有辨识之妙。“其沸，如鱼目，微有声，为一沸；缘边如涌泉连珠，为二沸；腾波鼓浪，为三沸。已上，水老，不可食也”。因此，严格地说，煮茶的过程，就是茶道中对动态中的茶进行鉴赏的过程，是从感官到精神均获得细微的且又是极其愉悦的感受的过程。

（4）煮膏　即煮茶。陆羽认为，正确的煮茶方法在于掌握准确的火候，按水量投入适当的茶量。所谓火候，从水沸可看出。“初沸，则水合量，调之以盐味（此乃唐代流行之法）”；“第二沸，出水一瓢，以竹夹环激汤心，则量末当中心而下”。第二沸是放入茶叶末的良好时机，即火候。至第三沸，即“势若奔涛溅沫”，应“以所出水止之，而育其华也”。至此，茶汤不可再煮。

（5）品味　是茶道的高潮。此前的一切识别、鉴赏等行为，皆服务于饮也。而饮者，绝非牛饮、漫饮和消渴之饮。依照陆羽茶道，应是品中有赏，赏中有闻，让茶汤所呈现的形、色、味、香无一遗漏地进入人的感官，使人获得高度愉悦，使精神得到升华。陆羽提出，茶汤煮成，先应嗅其香，即所谓“精华之气”“珍鲜馥烈”之气。次应赏茶之行形色。品尝时，应“乘热连饮之”，因此时“重浊凝其下，精英浮其上”。如冷饮之，则精英随热气散尽，无益。

陆羽茶道从创立到现在，已历1200多年。1000多年来，茶叶的种植和制作方法已有了巨大进步，茶叶的品类之繁多也已非历史可比。人们饮茶的方式、习惯也有了明显变化。作为一种优秀的传统文化，茶道会随着时代的发展更加兴盛。

二、茶道六君子

茶道六君子是泡茶的辅助工具，一共有六件，在茶席、茶桌上常见。茶道六君子通常以竹木材质为佳，竹制品气质清雅，木制品质感纯然，与茶香相得益彰。茶道六君子包括茶匙（图5-3）、茶针（图5-4）、茶漏（图5-5）、茶夹（图5-6）、茶则（图5-7）、茶筒（图5-8）。规范的使用方法：茶夹夹杯子、茶则导入茶叶、茶匙拨茶叶、茶针通壶嘴、茶漏扩大壶口以导入茶叶，茶筒装其他五君子。

图5-3　茶匙

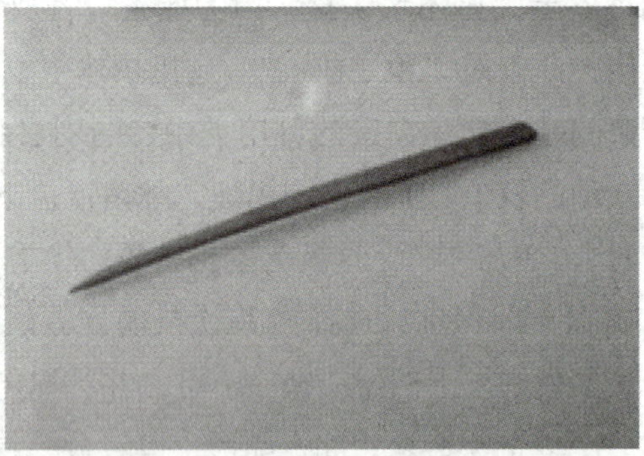

图5-4　茶针

图5-5　茶漏

图5-6　茶夹

图5-7　茶则

图5-8　茶筒

茶道六君子不仅用于茶艺表演，在有仪式感地用心使用这每一件茶具时，心便静了下来，茶的真味也便突显出来。

1. 茶匙　又称“茶扒”，是一种细长的小把子，形状像汤匙，所以称茶匙。茶匙一般与茶则配合使用，避免用手直接抓取茶叶，可用茶匙将准备好的茶叶拨如盖碗或紫砂壶等容器内，从而保持茶叶干净。另一个用途是挖取泡过的茶，壶内茶叶，茶叶冲泡过后，往往会紧紧塞满茶壶，加上一般茶壶的口都不大，用手挖出茶叶既不方便也不卫生，故使用茶匙。又名渣匙，因为可以用来去除茶渣而得名。

2. 茶针　又名“茶通”，茶针的功用是疏通茶壶的内网，以保持水流畅通，当壶嘴被茶叶堵住时用来疏浚。或放入茶叶后把茶叶拨匀，使碎茶在底，整茶在上。

3. 茶漏　置茶时放在壶口上，以导茶入壶，防止茶叶掉落壶外。

4. 茶夹　又名茶镊，用来夹取茶碗的用具，这样一来避免茶碗烫手，二来避免手污染了茶碗。

5. 茶则　又名茶勺，为盛茶入壶之用具。用茶则的目的在于精准控制茶叶的量，确保投茶量，而且可以避免茶叶被污染，多为竹木制品。

6. 茶筒　用来盛装茶则（茶勺）、茶匙（茶扒）、茶夹（茶镊）、茶漏、茶针（茶通）的茶器筒。

在现代人的喝茶习惯中，茶则和茶匙的用法其实大同小异，都可以从茶盒里面舀取茶叶。只不过茶则大而茶匙小。还有更规范讲究的一种用法，先用茶则从茶盒中取多量茶叶，再用茶匙从茶则当中把适量的茶叶拨入茶杯或茶壶中。

案例分享

老舍与茶

谈到饮茶，可以说是老舍先生一生的嗜好。他认为“喝茶本身是一门艺术。”他在《多鼠斋杂谈》中写道：“我是地道中国人，咖啡、可可、啤酒皆非所喜，而独喜茶。”“有一杯好茶，我便能万物静观皆自得。”

老舍先生生前有个习惯，就是边饮茶边写作。据老舍夫人胡絜青回忆，老舍无论是在重庆北碚或北京，他写作时饮茶的习惯一直没有改变过。创作与饮茶成为老舍先生密不可分的一种生活方式，老舍就因为这个习惯在国外发生过一个小故事。有一次，老舍先生去前苏联开会，苏联人也知道老舍先生爱茶，于是准备了一个暖水壶给老舍泡上茶，一杯茶刚泡好没喝几口，就被倒掉了，老舍先生生气地说：“他不知道中国人喝茶是一天从早喝到晚的。”西方人总是习惯把茶分成几个时间段的茶，比如早茶、中午茶、下午茶等，而在中国是想喝就喝，直到现在，虽然街市上各类饮品五花八门，但是人们依然能看到很多端着一杯茶一天不离手的发烧友。

想一想　为什么我国古今名人都喜欢喝茶？

即学即练

中国人为什么喜欢喝茶？

答案解析

实践实训

查阅陆羽的《茶经》，并对茶经的一部分内容进行简述讲解。

目标检测

答案解析　知识回顾

一、单项选择题

1.（　　）被西方人称为“神奇的东方树叶”。

A. 柚子叶　B. 茶叶　C. 柠檬叶　D. 桉树叶

2.（　　）是世界上最早发现茶和利用茶的国家，被称为茶的祖国。

A. 中国　B. 德国　C. 英国　D. 美国

3. 最早最完善的茶道流程就是唐代陆羽所创的（　　）茶道。

A. 煮茶　B. 点茶　C. 煎茶　D. 斗茶

4.（　　）改变了我国人们喝生水的陋习，提高了人们的健康水平。

A. 以茶为饮　B. 喝咖啡

C. 喝牛奶　D. 漆器茶具

5. 从（　　）开始，茶始作书，茶始销边，茶始收税，茶真正成为一种独立和全国性的文化或事业。

A. 明代　B. 宋代　C. 唐代　D. 元代

6. 茶叶中的（　　）成分导致茶叶或茶汤的颜色随之变深。

A. 氨基酸　B. 茶多酚　C. 色素　D. 生物碱

7. 在唐代陆羽的《茶经》中，（　　）是茶道的高潮。

A. 品味　B. 鉴茗　C. 辨器　D. 煮茶

8.（　　）是茶文化的核心。

A. 茶艺　B. 茶道精神　C. 泡茶　D. 茶礼

9.（　　）开始种茶、制茶、饮茶并研制名茶，为中国茶叶生产的发展、茶道的形成立下了功劳。

A. 道家　B. 儒家　C. 佛家　D. 僧人

二、多项选择题

1. 茶文化是一种生活文化，下面属于茶文化的是（　　）

A. 茶饮　B. 茶俗　C. 茶礼　D. 茶艺和茶道

2. 茶的主要成分包括（　　）

A. 茶多酚　B. 氨基酸　C. 生物碱　D. 蛋白质

3. 陆羽在《茶经》一书中对茶道的规制主要包括（　　）

A. 辨器　B. 鉴茗和煮膏　C. 识水和品味　D. 茶礼

4. 以下选项属于茶道六君子的是（　　）

A. 茶匙　B. 茶壶　C. 茶夹　D. 茶则

三、简答题

1. 茶对中国传统文化的影响主要体现在哪些方面？
2. 茶的主要成分包括哪些？
3. 茶艺的内涵有哪些？

任务二　体味茶的基础知识

PPT

实例分析

实例　在淝水之战中立下汗马功劳的谢安与担任吏部尚书的陆纳两人平素交情颇深，谢安在闲暇时常去陆纳家造访。陆纳的与众不同之处就在于每次谢安登门，他都没有大摆筵席，而是以一杯清茶和一些鲜果招待谢安。

陆纳的侄子陆椒对于叔父的这种做法十分不满，认为他小气、不会做人，却碍于叔父的威严而不敢过问。一次，陆椒自作主张，私下准备了丰富的酒菜恭候谢安。谢安来时，陆纳照例拿出茶果，陆椒却为谢安一行人奉上一桌上好的筵席。席间，陆纳始终保持缄默，并没说什么。待谢安离开后，陆纳立即火冒三丈，命人杖责陆椒，怒斥道："你这小儿不能给叔父争光也就罢了，却为何还要玷污我一向谨持朴素的名声呢！"

在陆纳看来，以茶待客是最恭敬的礼节，不仅能够以茶论友，同时还能显示自己的清廉和高雅。因此，陆纳在官场交际中，将奉茶看成是一件举足轻重的大事，即使是在谢安这样的权贵面前，也展示出一种不卑不亢的风范。

问题　为什么陆纳愿意以清茶招待贵客谢安？

答案解析

活动一　了解认识茶具

一、茶具发展的历史

茶具，古代亦称茶器或茗器。据西汉辞赋家王褒《僮约》有"烹茶尽具，酺已盖藏"之说，这是中国最早提到"茶具"的一条文献记载，到唐代，"茶具"一词在唐诗里处处可见，诸如唐诗人陆龟蒙《零陵总记》说："客至不限匝数，竞日执持茶器。"白居易《睡后茶兴忆杨同州》诗云："此处置绳床，旁边洗茶器。"宋、元、明几个朝代，"茶具"一词在各种书籍中都可以看到。北宋画家文同有"惟携茶具赏幽绝"的诗句。南宋诗人翁卷写有"一轴黄庭看不厌，诗囊茶器每随身"的名句等。说明茶具是茶文化不可分割的重要部分。

茶具虽自汉代起就有了，但在唐代以前的很长时间内，仍有混用现象，直到唐陆羽《茶经》总结了前人和唐时的饮茶情况，提出一套陆羽认为值得提倡的饮茶方法而设置的茶具时，才形成了成套的专用茶具。唐代饮茶的陶瓷器具主要是瓷壶和瓷碗。当时有三大著名磁窑，一是浙江余姚的越窑，以烧制青瓷茶碗著名；二是湖南的长沙窑，以釉下彩绘的瓷壶盛名；三是河北的邢窑，以烧制白瓷茶碗取胜，而且普遍采用"茶托子"，即盏托，说明瓷茶具开始配套，专用性更强。宋代烧制的茶具有福建的建窑黑瓷、浙江的处州青瓷、河南的钧窑玫瑰紫釉、河北的定窑白瓷等。宋代蔡襄在《茶录》中指出当时的茶具有“茶焙、茶笼、砧椎、茶钤、茶碾、茶罗、茶盏、茶匙、汤瓶”等。明代在饮具上出现了小茶壶和白盏。另外江苏宜兴用五色陶土烧成紫砂陶，与瓷器争名。清代茶具以陶瓷为主，有景瓷宜陶的说法。康熙时，景瓷除了以生产五彩瓷为主，还创烧了珐琅、粉彩两种新的釉上彩。另出现了脱胎漆茶具、四川的竹编茶具等。

总而言之，茶具狭义的范围是指茶杯、茶壶、茶碗、茶盏、茶碟、茶盘等饮茶用具。中国的茶具，种类繁多，造型优美，除实用价值外，也有颇高的艺术价值，因而驰名中外，为历代茶爱好者青睐。

二、茶具的种类

我国饮茶历史悠久，且茶类繁多，也出现了多种类的茶具。从时间上可划分为古代茶具、近代茶具和现代茶具；从功能上可划分为饮具、煮具、贮具、碾碎具、洁具、水具和辅具等；从性能上可划分为日常茶具、特供茶具、工艺茶具、保健茶具等；从茶具材料上可分为陶瓷茶具、金属茶具、竹木茶具、石茶具、玻璃茶具、塑料茶具、纸茶具等。

1. 根据茶具材料分类

(1) 陶质茶具　陶质茶具是指用黏土烧制而成的饮茶用具，分为泥质和夹砂两大类。由于黏土所含各种金属氧化物的不同比例以及烧成环境与条件的差异，因此呈红、褐、黑、白、灰、青、黄等不同颜色。北宋时，江苏宜兴采用紫泥烧制成紫砂陶器，使陶质茶具的发展在明代走向高峰，成为中国茶具的主要品种之一（图5－9）。

紫砂壶和一般陶器不同，其里外都不敷釉，采用当地矿产紫砂制作、烧制而成。紫砂土质细腻，含铁量高，具有良好的透气性和吸水性。另由于成陶火温较高，烧结密致，胎质细腻，既不渗漏又有肉眼看不到的气孔，经久使用还能吸附茶汁，蕴蓄茶味，且传热不快，不致烫手，若热天盛茶，不易酸馊，即使冷热剧变，也不会破裂。紫砂茶具还有造型简练大方、色调淳朴古雅的特点。用紫砂壶来冲泡散茶，能把茶叶的真香发挥出来，无怪乎文震亨在《长物志》中提到：“茶壶以砂者为上，盖既不夺香，又无熟汤气。”因此紫砂壶一直是明代及以后茶壶的主流。

在陶器烧结过程中，含有石英、绢云母、长石等矿物质的瓷上经过高温焙烧后，会在陶器的表而结成薄釉，釉色也会根据烧制温度的变化而呈现出不同的效果。从而诞生出路质细密，光泽莹润，色彩斑斓的精美瓷器。瓷器质地坚硬、不易洇染，便于清洁、经久耐用、成本低廉。瓷可分为硬瓷和软瓷两大类，硬瓷者如景德镇所产白瓷，软瓷如北方富产的骨瓷。茶具有碗、盏，杯、托、壶、匙等，中国南北各瓷窑所产瓷器茶具有青瓷茶具、白瓷茶具、黑瓷茶具和青花瓷茶具等。

青瓷是在坯体上施含有铁成分的釉，烧制后呈青色而来，发现于浙江上虞一带的东汉瓷窑。白瓷是以含铁量低的瓷坯，施以纯净的透明釉烧制而成，成熟于隋代。唐代民间使用的茶器以越窑青瓷和邢窑白瓷为主，形成了陶瓷史上著名的南青北白对峙格局。

青瓷茶具胎薄质坚，造型优美，釉层饱满，有玉质感。明代中期传入欧洲，在法国引起轰动，至今世界许多博物馆内都有收藏。在瓷器茶具中，青瓷茶具出现得最早。在东汉时，浙江的上虞已经烧制出青瓷茶具，后经历了唐、宋、元三代的兴盛期，至明清时期略受冷落。青瓷茶具主要产于浙江、四川等地，其中浙江龙泉县的龙泉窑生产的青瓷茶具以造型古朴挺健、釉色翠青如玉著称于世，被世人誉为“瓷器之花”。南宋时，质地优良的龙泉青瓷不但在民间广为流传，也成为对外贸易的主要商品（图5－10）。

图 5 – 9　陶质茶具

图 5 – 10　青瓷茶具

白瓷茶具以其色白如玉而得名，白居易曾盛赞四川大邑生产的白瓷茶碗："大邑烧瓷轻且坚，扣如哀玉锦城传。君家白碗胜霜雪，急送茅斋也可怜。"白瓷的主要产地有江西景德镇、湖南醴陵、四川大邑、河北唐山，安徽祁门等，其中以江西景德镇产品最为著名，这里所产的白瓷茶具胎色洁白细密坚，釉色光莹如玉，被称为"假白玉"。明代以来，人们转而追求茶具的造型、图案、纹饰等（图 5 – 11）。

图 5 – 11　白瓷茶具

黑瓷茶具古朴雅致，风格独特，瓷质厚重，保温良好，是宋朝斗茶行家的最爱。据北宋文献《茶录》记载："茶色白（茶汤色）宜黑盏，建安（今福建）所造者绀黑，纹如兔毫，其坯微厚……其青白盏，斗试家自不用。"黑瓷茶具产于浙江、四川、福建等地，其中四川广元窑的黑瓷茶盏，其造型、瓷质、釉色与建瓷不相上下。宋代福建斗茶之风盛行，斗茶者们根据《茶经》认为建宝窑所产的黑瓷茶盏用来评茶最为适宜，黑瓷茶具因而驰名（图 5 – 12）。

（2）金属茶具　金属茶具是指由金、银、铜、铁、锡等金属材料制作而成的器具。历史上有金、银、铜、锡等金属制作的茶具，尤其是用锡做的用来储茶的茶器，具有很多的优点。锡罐贮茶器多制成小口长颈，其盖为圆桶状，密封性较好。金属茶具因造价昂贵，一般百姓无法使用（图 5 – 13）。

图 5 – 12　黑瓷茶盏

图 5 – 13　金属茶具

早在公元前 18 世纪至公元前 221 年，秦始皇统一中国之前的 1500 年间，青铜器就得到了广泛的应用，先人用青铜制作盘盛水，制作爵、樽盛酒，青铜器皿自然也可用来盛茶。

自秦汉至六朝，茶叶作为饮料已渐成风尚，茶具也逐渐从饮具中分离出来。大约到南北朝时，我国出现了包括饮茶器皿在内的金银器具。到隋唐时，金银器具的制作达到高峰。20 世纪 80 年代中期，陕西扶风法门寺出土的一套由唐僖宗供奉的鎏金茶具，可谓是金属茶具中罕见的稀世珍宝。但从宋代开始，古人对金属茶具褒贬不一。元代以后，特别是从明代开始，随着茶类的创新，饮茶方法的改变，以及陶瓷茶具的兴起，才使包括银质器具在内的金属茶具逐渐消失，尤其是用锡、铁、铅等金属制作的茶具，用它们来煮水泡茶，被认为会使“茶味走样”，以致很少有人使用。但用金属制成贮茶器具，如锡瓶、锡罐等，却屡见不鲜。这是因为金属贮茶器具的密闭性要比纸、竹、木、瓷、陶等器具好，具有较好的防潮、避光性能，这样更有利于散茶的保藏。因此，用锡制作的贮茶器具，至今仍流行于世。

（3）玻璃茶具　玻璃茶具一般是用含石英的砂子、石灰石、纯碱等混合后，在高温下熔化、成形，再经冷却后制成。玻璃茶具有很多种，如水晶玻璃、无色玻璃、玉色玻璃、金星玻璃、乳浊玻璃茶具等（图 5－14）。

图 5－14　玻璃茶具

玻璃，古人称之为琉璃，是一种有色半透明的矿物质。用这种材料制成的茶具，能给人以色泽鲜艳、光彩照人之感。中国的琉璃制作技术虽然起步较早，但直到唐代，随着中外文化交流的增多，西方琉璃器的不断传入，中国才开始烧制琉璃茶具。陕西扶风法门寺地宫出土的由唐僖宗供奉的素面圈足淡黄色琉璃茶盏和素面淡黄色琉璃茶托，是地道的中国琉璃茶具。虽然造型原始，装饰简朴，质地显混，透明度低，但却表明中国的琉璃茶具唐代已经起步，在当时堪称珍贵之物。唐代元稹曾写诗赞誉琉璃：“有色同寒冰，无物隔纤尘。象筵看不见，堪将对玉人。”但至清代，虽有琉璃器件生产，且身价名贵，但多以生产琉璃艺术品为主，只有少量茶具制品，始终没有形成琉璃茶具的规模生产。

近代，随着玻璃工业的崛起，玻璃茶具很快兴起，这是因为，玻璃质地透明，光泽夺目，可塑性强，因此，用它制成的茶具，形态各异，用途广泛，加之价格低廉，购买方便，而受到茶人好评。在众多的玻璃茶具中，以玻璃茶杯最为常见，用它泡茶，茶汤的色泽，茶叶的姿色，以及茶叶在冲泡过程中的沉浮移动，都尽收眼底，因此，用来冲泡种种细嫩名优茶，最富品赏价值，不失为家居待客的一种好的饮茶器皿。美中不足的是玻璃茶具质脆、易破碎、比陶瓷烫手。

（4）漆器茶具　主要产于福建一带，自清代开始制作漆器茶具。福州生产的漆器茶具多姿多彩，有“宝砂闪光”“金丝玛瑙”“釉变金丝”“仿古瓷”“雕填”“高雕”和“嵌白银”等品种，特别是创造了红如宝石的“赤金砂”和“暗花”等新工艺以后，更加增添了漆器茶具的鲜丽夺目之感，惹人喜爱，无疑给把玩带来新的乐趣。漆器茶具较有名的还有北京雕漆茶具、福州脱胎茶具、江西鄱阳等地生产的脱胎漆器等，均具有独特的艺术魅力。它具有轻巧美观，色泽光亮，耐温、耐酸的特点，这种茶器具主要发挥着艺术观赏的功用。

（5）竹木茶具　在历史上，包括产茶区在内的很多地区都使用竹或木碗泡茶，但现代已较少采用。隋唐以前，我国饮茶虽渐次推广开来，但属粗放饮茶。当时的饮茶器具除陶瓷器外，民间多用竹木制作而成，物美价廉，经济实惠。陆羽在《茶经·四之器》中列出的 28 种茶具，多数是用竹木制作的。竹木茶具原料来源广、制作方便，对茶无污染，对人体无害，因此，很受茶人的欢迎。但缺点是不能长期使用，无法长久保存，失却文物价值。到了清代，在四川出现了一种竹编茶具，它既是一种工艺品，又富有实用价值，主要品种有茶杯、茶盅、茶托、茶壶、茶盘等，多为成套制作。

竹编茶具由内胎和外套组成，内胎多为陶瓷类饮茶器具，外套用精选慈竹，经劈、启、揉、匀等多道工序，制成粗细如发的柔软竹丝，经烤色、染色，再按茶具内胎形状、大小编织嵌合，使之成为整体如一的茶具。这种茶具不但色调和谐、美观大方，而且能保护内胎，减少损坏；同时，泡茶后不易烫手。因其含艺术欣赏价值，多数人购置竹编茶具，不重其用，重在摆设和收藏。

中国历史上还有用玉石、水晶、玛瑙等材料制作茶具的，因为这些器具制作困难、价格高昂，并无太大实用价值，因此主要用于摆设、装饰。

练一练

你都见过什么材质的茶具?

1. 你家经常用哪一种茶具泡茶?
2. 尝试说出不同茶具的优缺点。

案例分享

茶壶和茶杯

很久以前，有一人心中有困惑，便去寺庙找住持解惑。此人对住持说：“我一心一意要学丹青，但至今没有找到一个能令我满意的老师。”

住持听后一笑，问他：“你真没能找到一个老师吗?”

那人答道：“是的，许多人都是徒有虚名，他们的画技甚至还不如我呢!”

住持说：“老僧的最大嗜好，就是爱品茗饮茶，尤其喜爱那些造型流畅的古朴茶具。施主可否愿意为我画一个茶杯和一个茶壶?”

那人说：“这还不容易?”紧接着，寥寥数笔，就画出一个茶壶和一个茶杯来。

住持看后说：“你画得确实不错，只是把茶壶和茶杯的位置画错了。应该是茶杯在上，茶壶在下。”

那人笑道：“大师为何如此糊涂，哪有茶杯在上，茶壶在下的道理啊?”

住持听了笑道：“原来你懂得这个道理啊！你渴望自己的杯子里能注入那些丹青高手的茶，但你总把自己的杯子放得比那些茶壶还要高，茶怎么能注入你的杯子里呢?”

那人思忖良久，终于恍然大悟。

想一想　这个故事给了我们什么启发?

2. 茶具产地分类　根据我国陶瓷业历史悠久，与茶具关系密切的名窑，有以下几种。

（1）越窑　该名称最早见于唐人陆龟蒙的《秘色越器》一诗，系对杭州湾南岸古越地青瓷窑场的总称。其形成于汉代，经三国、西晋，至晚唐五代达到全盛期，至北宋中叶衰落。中心产地位于上虞曹娥江中游地区，始终以生产青瓷为主，质量上乘。陆羽喜煮饮绿茶，故极推崇越瓷。

（2）邢窑　在今河北内丘、临城一带，唐代属邢州，该窑始于隋代，盛于唐代，主产白瓷，质地细腻，釉色洁白，曾被纳为御用瓷器，一时与越窑青瓷齐名，世称“南青北白”。

（3）汝窑　宋代五大名窑之一，在今河南宝丰清凉寺一带，因北宋属汝州而得名。北宋晚期为宫廷烧制青瓷，是古代第一个官窑，又称北宋官窑。釉色以天青为主，用石灰碱釉烧制技术，釉面多开片，胎呈灰黑色，胎骨较薄。

（4）钧窑　宋代五大名窑之一，在今河南禹州市一带，此地唐宋时为钧州所辖而得名。始于唐代，盛于北宋，至元代衰落。以烧制铜红釉为主，还大量生产天蓝、月白等乳浊釉瓷器，至今仍生产各种艺术瓷器。

（5）定窑　宋代五大名窑之一，在今河北曲阳涧磁村和燕山村，因唐宋时属定州而得名。唐代已烧制白瓷，五代有较大发展，白瓷釉层略显绿色，流釉如泪痕。北宋后期创覆烧法，碗盘器物口沿无釉，称为“芒口”。五代、北宋时期承烧部分宫廷用瓷，器物底部有“官”“新官”铭文。宋代除烧白瓷外，还烧黑釉、酱釉和绿釉等品种。

（6）南宋官窑　宋代五大名窑之一，宋室南迁后设立的专烧宫廷用瓷的窑场。前期设在龙泉（今浙江龙泉大窑、金村、溪口一带），后期设在临安郊坛下（今浙江杭州南郊乌龟山麓）。两窑烧制的器物胎、釉特征非常一致，难分彼此，均为薄胎，呈黑、灰等色；釉层丰厚，有粉青、米黄、青灰等色；釉面开片，器物口沿和底足露胎，有“紫口铁足”之称。

（7）哥窑　宋代五大名窑之一，至今遗址尚未找到。传世的哥窑瓷器，胎有黑、深灰、浅灰、土黄等色，釉以灰青色为主，也有米黄、乳白等色，由于釉中存在大量气泡、未熔石英颗粒与钙长石结晶，所以乳浊感较强。釉面有大小纹开片，细纹色黄，粗纹黑褐色，俗称“金丝铁线”。从瓷器的釉色、纹片、造型来看，均不同于宋代龙泉官窑。

（8）建窑　在今福建建阳，始于唐代，早期烧制部分青瓷，至北宋以生产兔毫纹黑釉茶盏而闻名。兔毫纹为釉面条状结晶，有黄、白两色，称金、银兔毫；有的釉面结晶呈油滴状，称鹤鸽斑；也有少数窑变花釉，在油滴结晶周围出现蓝色光泽。这种茶盏传到日本，都以“天目碗”称之，如“曜变天目”“油滴天目”等，现都成为日本的国宝，非常珍贵。该窑生产的黑瓷，釉不及底，胎较厚，含铁量高达10%左右，故呈黑色，有“铁胎”之称。宋代盛斗茶之风，又视建窑所产茶碗为最佳之器。

（9）景德镇窑　在今江西景德镇。始烧于唐武德年间，产品有青瓷与白瓷两种，青瓷色发灰，白瓷色纯正，素有“白如玉、薄如纸、明如镜、声如磬”之誉。景德镇在宋代主要烧制青白瓷。元代为宫廷烧制青白瓷，上有“枢府”字样，还烧制青花、釉里红等品种。至明代它成为全国瓷器烧制中心，设立了专为宫廷茶礼烧制茶具的工场。釉上彩、斗彩、素三彩、五彩等品种相继出现，还烧造了多种名贵蓝、红釉、甜白釉瓷器。清代时它又创制珐琅彩、粉彩等多种新品种。自宋代开始，景德镇瓷器就远销日本，明清时大量输入欧洲，同时也奠定了“景瓷宜陶”的瓷都地位。

（10）宜兴窑　在今江苏宜兴丁蜀镇。早在汉晋时期，就烧制青瓷，产品造型的纹饰均受越窑影响，胎质较疏松，釉色青中泛黄，常见剥釉现象。于宋代开始改烧陶器，及明代它则以生产紫砂而闻名于世。

三、茶具的挑选与保养

1. 茶具挑选　茶具在中国源远流长的茶文化中是点睛之品，在爱茶之友眼中更是一种艺术。那么应从哪些角度品鉴挑选茶具呢？

（1）美感　茶壶是自己使用的，所以在选择茶壶的造型及外观方面。只要依个人喜好、个人感受选择便可，最重要的是自己看得舒服满意。

（2）质地　泡茶用的壶，一般是以砂为主，因为砂器具有很好的吸水率和气孔率，泡茶色香味都好，还不烫手，另外表面光洁，透气性也好，所以砂壶比瓷壶受欢迎。至于茶壶的质地，主要是以胎骨坚、色泽润为佳。

(3) 壶味　在选购新壶时，应嗅一嗅壶中味，新壶有些也许会略带瓦味，这倒还可选用，但若带火烧味或其他杂味，如油味或人工着色味则不足取了。

(4) 精密　壶的精密度是指壶盖与壶身的紧密程度，密合度愈高愈好，否则茗香散漫。

2. 一般茶具的保养

(1) 彻底将壶身内外清洗干净　无论是新的茶壶还是旧壶，保养之前都要把壶身上的油、蜡、茶垢等清洗干净，这样才能让保养事半功倍。

(2) 多泡茶　泡茶的次数越多，壶吸收的茶汁就越多，当吸收到一定的程度时候，就会发现茶壶表面会发出润泽如玉的光泽。

(3) 切忌沾到油污　茶壶是最忌沾到油污的，如果不小心沾到油污，必须立刻清洗，否则茶壶不但吸收不到茶水，反而会留下油痕。

(4) 擦与刷要适度　当壶表面淋到茶汁后，用软毛小刷子，将壶中积茶刷洗，用开水冲净，然后再用清洁的茶巾稍加擦拭即可，切忌用力搓洗。

活动二　学习茶的分类

一、茶叶分类的历史

1. 唐时蒸青饼茶，陆羽就以烹茶方法不同而分为粗茶、散茶、末茶、饼茶。

2. 宋朝蒸青散茶从外形不同分片茶、散茶、腊茶。

3. 元朝散茶大发展，分芽茶和叶茶，主要以鲜叶老嫩不同来分。

4. 明朝制法大革新，由制法和品质分绿茶、黄茶、黑茶和红茶。

5. 清朝又出现了白茶、青茶、花茶。建立了若干不同的分类系统：有以产地分的平水茶、武夷茶；有以销路分的内销茶、外销茶；以制法分的发酵茶和不发酵茶；以品质分的红茶、绿茶、青茶、白茶；以季节分的春茶、夏茶。

二、茶叶的基本分类

现代茶叶按其不同的标准可分为不同的种类。

1. 根据制造方法和品质上的差异分为加工茶和再加工茶。

(1) 加工茶（基本茶类）　包括绿茶、红茶、乌龙茶（青茶）、白茶、黄茶和黑茶六大类。

(2) 再加工茶　包括花茶、紧压茶、萃取茶、果味茶、药用保健茶、含茶饮料等。

2. 按生产季节分为春茶（明前茶、雨前茶）、夏茶、秋茶和冬茶。

3. 按加工过程分为毛茶和成品茶。

4. 按销路分为外销茶、内销茶、边销茶和侨销茶。

5. 按发酵程度分为不发酵、部分发酵、半发酵、全发酵、后发酵。

三、基本茶类

1. 绿茶 绿茶有大宗绿茶和名优绿茶之分。大宗绿茶是指除名优绿茶以外的炒青、烘青、晒青等普通绿茶，大多为机械制造，产量较大，品质以中、低档为主。大宗绿茶要求鲜叶嫩度适中，一般以采一芽二叶为主，兼采一芽三叶和幼嫩的对夹叶。这种采摘标准，茶叶品质较好，产量也较高，经济效益也不差，是中国目前采用最普遍的采摘标准。名优绿茶是指造型有特色、内质香味独特、品质优异的绿茶，一般以手工制造，产量相对较小。如高级西湖龙井、洞庭碧螺春、黄山毛峰、庐山云雾等，对鲜叶嫩度要求很高，一般是采摘茶芽和一芽一叶，以及一芽二叶初展的新梢。前人称采“旗枪”“莲心”茶，指的就是这种。这种采摘标准，花工夫，产量不多，季节性强，大多在春茶前期采摘（图 5－15）。

绿茶是不经过发酵的茶，即将鲜叶经过摊晾后直接下到 100～200℃的热锅里炒制，以保持其绿色的特点，是我国产量最多的一类茶叶。绿茶较多地保留了鲜叶内的天然物质，其中茶多酚、咖啡碱保留鲜叶的 85% 以上，叶绿素保留 50% 左右，维生素损失也较少，从而形成了绿茶“清汤绿叶，滋味收敛性强”的特点。科学研究结果表明，绿茶中保留的天然物质成分对防衰老、抗癌、杀菌、消炎等均有特殊效果，为其他茶类所不及。中国茶叶中，绿茶名品最多，不但香高味长，品质优异，且造型独特，具有较高的艺术欣赏价值。

图 5－15　绿茶

绿茶的基本工艺流程分杀青、揉捻、干燥 3 个步骤。根据杀青方式的不同，有加热杀青（即炒青）和热蒸汽杀青（蒸青）两种。以最终干燥方式不同有炒干和晒干之别，最终炒干的绿茶称“炒青”，最终烘干的绿茶称“烘青”，最终晒干的绿茶称“晒青”。绿茶分类如下。

（1）炒青绿茶　①眉茶炒青：特珍、凤眉等；②珠茶：雨茶、贡熙等；③细嫩炒青：龙井、大方、碧螺春、雨花茶、松针等。

（2）烘青绿茶　①普通烘青：闽烘青、浙烘青、徽烘青、苏烘青等；②细嫩烘青：黄山毛峰、太平猴魁、华顶云雾、高桥银峰等。

（3）晒青绿茶　滇青、川青、陕青等。

（4）蒸青绿茶　煎茶、玉露等。

2. 红茶 红茶与绿茶相反，是一种全发酵茶（发酵程度大于 80%）。红茶的名字得自其汤色红。红茶在加工过程中发生以茶多酚酶促氧化为中心的化学反应，鲜叶成分变化较大，茶多酚减少 90% 以上，产生了茶黄素、茶红素等新成分和香气物质，具有红茶、红汤、红叶、香甜味醇的特征，红茶品种以祁门红茶最为著名（图 5－16）。红茶性温，不伤脾胃，能帮助消化、促进食欲，可利尿、消除水肿。

红茶有工夫红茶和红碎茶之分，但对鲜叶质量的要求一致。生产红茶首先要有适制红茶的品种，如云南大叶种，叶质柔软肥厚，茶多酚类化合物等化学成分含量较高，制成的红茶品质特别优良。福建政和、福鼎大白茶、储叶种、海南大叶、广东英红一号以及江西宁州种等都是适制红茶的好品种。红茶的鲜叶的等级是由鲜叶的嫩度、匀度、净度、鲜度四个方面决定的。

红茶的特点是经冲泡后呈红色汤汁，味甘性温，含有丰富的蛋白质，具有提神益思、解除疲劳等作用。冬季北风凛冽，寒气袭人，人体阳气易损。此时，以选用味甘性温的红茶为好，以温育人体的阳气，尤其适用于女性。红茶、红叶、红汤，给人以温暖的感觉。

红茶有红条茶和红碎茶之分。红条茶是我国的传统红茶，因其制作方法不同，红条茶又有功夫茶和小种茶之分。红条茶一般要求滋味醇厚带甜，汤色红艳明亮。红茶分类如下：

（1）红条茶　①小种红茶：正山小种、烟小种等；②工夫红茶：滇红、祁红、川红闽红等。

（2）红碎茶　叶茶、碎茶、片茶、末茶等。

3. 乌龙茶　乌龙茶是内容丰富、多姿多彩的一类茶，它既有绿茶的清香又有红茶的醇厚，素有“美容茶”之称，具有很好的分解脂肪的功效，还能增加肠胃蠕动，帮助消化，是深受年轻人喜爱的一种茶（图5－17）。

图5－16　红茶

图5－17　乌龙茶

乌龙茶，亦称青茶、半发酵茶，是中国六大茶类中独具鲜明特色的一种茶叶品类。乌龙茶是经过采摘、萎凋、摇青、杀青、揉捻、干燥等工序后制出的品质优异的茶类。品尝后齿颊留香，回味甘鲜。乌龙茶由宋代贡茶龙团、凤饼演变而来，创制于1725年前后。乌龙茶为中国特有的茶类，主要产于福建的闽北、闽南以及广东、台湾。近年来，四川、湖南等省也有少量生产。现在乌龙茶除了内销广东、福建等省外，主要出口日本、东南亚。乌龙茶综合了绿茶和红茶的制法，其品质介于绿茶和红茶之间，既有红茶的浓鲜味，又有绿茶的清香，并有“绿叶红镶边”的美誉。

乌龙茶采摘要求新梢形成驻芽，即当顶叶驻芽形成时，采摘驻芽开面的二三叶或三四叶，也叫“三叶开面采”。闽南采摘驻芽二三叶，闽北采摘驻芽三四叶。

乌龙茶鲜叶采摘标准要求有一定的成熟度，芽梢大小大体一致，不老也不嫩，这既符合乌龙茶特殊的工艺要求，也具备了形成乌龙茶品质的良好的内含物质基础。乌龙茶分类如下：

（1）闽北乌龙　武夷岩茶、水仙、大红袍、肉桂等。

（2）闽南乌龙　铁观音、奇兰、水仙、金桂等。

（3）广东乌龙　凤凰单丛、凤凰水仙、岭头单丛等。

（4）台湾乌龙　冻顶乌龙、包种乌龙等。

4. 白茶　白茶素为茶中珍品，历史悠久，其清雅芳名的出现，迄今已有800余年。白茶有“绿妆素裹”之美感，且芽头肥壮，汤色黄亮，滋味鲜醇，叶底嫩匀。白茶还具有外形芽毫完整或形态自如花朵，满身披毫，毫香清鲜，汤色清中显绿，滋味清淡回甘的品质特点。冲泡后品尝，滋味鲜醇可口(图5－18)。

白茶是我国特产，属轻微发酵茶。它对茶树鲜叶原料有特殊要求，即要求嫩芽及其以下1～2片嫩

图 5－18　白茶

叶都满披白毫，这样采制而成的茶叶外表满披白色茸毛，使其色白隐绿，汤色浅淡，滋味醇和。白茶主要产于福建省的福鼎、政和、松溪和建阳等县。

白茶因采用原料不同，分为两大种类：白芽茶（银针等）和白叶茶（白牡丹、贡眉等）。白牡丹因其绿叶夹银白色毫心，形似花朵，冲泡后绿叶托着嫩芽，宛如蓓蕾初放，故得美名。而采自大白茶树的肥芽制成的白茶称为“白毫银针”，因其色白如银，外形似针而得名，是白茶中最名贵的品种。

5. 黄茶　黄茶的品质特点是“黄叶黄汤”，这种黄色是制茶过程中进行闷堆渥黄的结果。黄茶的产生属于炒青绿茶过程中的妙手偶得，人们发现由于杀青、揉捻后干燥不足或不及时，茶叶的色泽会变黄，于是产生了新的茶类品种——黄茶。

黄茶是中国特有的茶类之一，自唐代蒙顶黄芽被列为贡品以来，历代有产。黄茶的制法需要经过 8 道工序：杀青、摊凉、初烘、摊凉、初包、复烘、再包、焙干。制法上的特点是：杀青、烘焙都用较低温度，杀青动作轻而快，须避免芽断毫脱；烘包发酵是形成黄茶品质特性的关键，两次以双层皮纸包裹的发酵，历时长达 60 小时，形成味醇甘爽，汤黄澄亮，茸毫呈黄的特色。

黄茶依据所用的原料不同，可分为黄芽茶、黄小茶和黄大茶。黄芽茶所用原料细嫩，常为单芽或一芽一叶，如著名的君山银针、蒙顶黄芽；黄小茶采用细嫩芽叶加工，如平阳黄汤、沩山的毛尖等；黄大茶则采用一芽多叶（两三叶至四五叶）为原料，如黄山大茶、广东大叶青。

6. 黑茶　黑茶一般原料较粗老，加之制造过程中往往堆积发酵时间较长，因而叶色油黑或黑褐，故得名。黑茶属后发酵茶，主产区为广西、四川、云南、湖北、湖南、陕西、安徽等地。传统黑茶采用的黑毛茶原料成熟度较高，是压制紧压茶的主要原料。黑茶主要供边区少数民族饮用，又称边销茶。黑毛茶制茶工艺一般包括杀青、揉捻、渥堆和干燥 4 道工序。

黑茶因产区和工艺上的差别，可分类如下：①湖南黑茶：安化黑茶等。②湖北老青茶：薄圻、老青茶等。③四川边茶：南路边茶、西路边茶等。④滇桂黑茶：普洱茶、六堡茶等。

普洱茶为黑茶中的一种，被称为“能喝的古董”，既可喝亦可存，甘、醇、滑、厚是人们对普洱茶的评价，普洱茶有产地优越、品种优良、越陈越香、饮法多样，可供收藏鉴赏、有益健康等特点。

普洱茶属云南大叶种茶，原产于云南普洱府，并在普洱集散，是由地名命名的一种茶叶。其性状特点是：芽长而壮、白毫特多、银色增辉，叶片大而质软，茎粗节间长，新梢生长期长，韧性好，发育旺盛。

普洱茶是以符合普洱茶产地环境条件的云南大叶种晒青茶为原料，采用渥堆工艺，经后发酵（人为加水提温促进细菌繁殖，加速茶叶熟化，去除生茶苦涩，以形成入口顺滑、汤色红浓之独特品性）加工形成的散茶和紧压茶。后发酵的途径有两种：一种是自然存放，经过长时间的缓慢自然发酵变成的普洱茶，叫传统普洱茶；一种是用晒青毛茶经过人工促成后发酵生产的普洱茶及其压制成型的各种紧压普洱茶，叫现代普洱茶或熟普。普洱茶的品质特征为：汤色红浓明亮，香气独特陈香，滋味醇厚回甘，叶底红褐均匀（图 5－19）。

普洱茶除散茶外，紧压成型的普洱茶有各种形状，如小药丸、圆球、象棋、沱茶、圆饼、南瓜、巨型饼、树筒、屏风、大匾等。普洱茶有越陈越香的特点，如储存保管得当。可储存百年。普洱茶是非常耐泡的一种茶，如用盖碗或紫砂壶冲泡陈年普洱，可泡20泡左右。由于普洱茶制作的方法不同，一般分为生普洱茶和熟普洱茶。生普洱茶的制作过程是：采摘云南大叶种茶鲜叶——萎凋——杀青——揉捻——晒干——蒸压——干燥。熟普洱茶的制作过程是：生茶毛茶——湿水——反复翻堆——出堆——解块——干燥——分级——蒸压（类似生茶蒸制过程）——干燥摊凉。

普洱茶依据干茶外形可分为饼茶、沱茶、砖茶、金瓜贡茶、千两茶、散茶等。

图5－19　普洱茶

四、再加工茶种类

将前文所述的绿茶、红茶、乌龙茶、白茶、黄茶和黑茶等基本茶类作为原料进行再加工，所得产品统称再加工茶类。主要包括花茶、紧压茶、萃取茶、果味茶、药用保健茶、含茶饮料等。

1. 花茶　由茶叶和香花拼和窨制，利用茶叶的吸附性，使茶叶吸收花香而成。有茉莉花茶、珠兰花茶、白兰花茶、玫瑰花茶、桂花茶等。窨制花茶的茶坯，主要是烘青绿茶及少量的细嫩炒青绿茶。加工时，将茶坯及正在吐香的鲜花一层层地堆放，使茶叶吸收花香。待鲜花的香气被吸尽后，再换新的鲜花按上法窨制。花茶香气的浓淡，取决于所用鲜花的数量和窨制的次数，窨次越多，香气越高，市场上销售的普通花茶一般经过1～2次窨制。花茶香气浓郁，饮后给人以芬芳开窍的感觉。其茶性凉温都有，具备茶的营养成分，花本身可以养颜，香气较浓，饭前饮用可增加食欲，有益人体健康。

2. 紧压茶　明代以前，我国饮用的团饼茶就是茶树鲜叶经蒸青、磨碎，用模子压制成型烘干而成的紧压茶。现代的紧压茶以绿茶、红茶或黑茶的毛茶为原料，以蒸压成圆饼形、砖块形、圆柱形等形状，其中以用黑茶制成的紧压茶为大宗。

3. 萃取茶　是以成品茶或半成品茶为原料，用热水萃取茶叶中的可溶物，过滤去茶渣取得的茶汁，有的经浓缩、干燥，制备成固态或液态茶。主要品种有罐装饮料茶、浓缩茶及速溶茶。

4. 果味茶、香料茶　茶叶半成品或成品加入果汁后制成各种果味茶，这类茶既有茶味，又有果香味，风味独特，颇受市场欢迎。我国生产的果味茶主要有荔枝红茶、柠檬红茶、猕猴桃茶、橘汁茶、椰汁茶、山楂茶等。现在海南出现一种“香兰茶”，是从成熟的香荚兰果荚中提炼出一种香荚兰素，将香荚兰香精添加到茶叶中。

5. 药用保健茶　用茶叶和某些中草药或食品组合调配后制成各种保健茶，使本来就有营养保健作用的茶叶，更加强了某些防病治病的功效。如益寿茶、杜仲茶、抗衰茶、降压茶、菊花茶、保健减肥茶等。

6. 含茶饮料　在饮料中添加各种茶汁是开发新型饮料的一个途径。如茶可乐、茶汽水、牛奶红茶等。

活动三　学习茶艺知识

杯茶在手，既可闻香品味，又可在饮茶环境、茶具的诗情画意的氛围中怡悦情性。品茶玩味，妙趣横生，茶艺之美自然诞生了。茶艺包括茶叶品评技法、艺术操作手段的鉴赏以及品茗美好环境的领略等整个品茶过程，其过程体现了形式和精神的相互统一，其中包含着美学观点和人的精神寄托。茶艺包括选茗、择水、烹茶技术、茶具艺术、环境的选择创造等一系列内容。

不同的人品茶能品出不同的意境。百姓喝茶是一种需要，和尚饮茶是一种禅，道士品茶是一种道，而饮茶对文人来说则是一种文化。品茶有讲究，一杯茶须分三口喝，第一口试茶温，第二口品茶香，第三口才是饮茶。呷茶入口，茶汤在口中回旋，顿觉口鼻生香。毛峰的鲜醇爽口，碧螺春的清和甜润，云雾的香馨浓厚，龙井的馥郁味甘，尽在不言中。品茶需要好心境，静夜独坐静思，从清苦的茶汁，可品尝出茶外的许多人生意味，使心灵复归宁静。

一、我国茶艺的基本内涵

茶艺起源于中国，与中国文化的各个层面都有着密不可分的关系。高山云雾出好茶，清泉活水泡好茶，茶艺并非空洞的玄学，而是生活改善的实质性体现。饮茶可以提高生活品质，扩展艺术领域。自古以来，插花、挂画、点茶、焚香并称四艺，尤为文人雅士所喜爱。茶艺还是高雅的休闲活动，可以使精神放松，拉近人与人之间的距离，化解误会和冲突，建立和谐的关系等。这些都为我们认识和理解茶艺，提出了更高的要求。

1. 茶艺是“茶”和“艺”的有机结合 茶人把人们日常饮茶的习惯，根据茶道规则，通过艺术加工，向饮茶人和宾客展现茶的冲、泡、饮的技巧，把日常的饮茶引向艺术化，提升了品饮的境界，赋予茶以更强的灵性和美感。

2. 茶艺是一种生活艺术 茶艺多姿多彩，充满生活情趣，对于丰富我们的生活，提高生活品味，有积极的作用。

3. 茶艺是一种舞台艺术 展现茶艺的魅力，需要借助于人物、道具、舞台、灯光、音响、字画、花草等的密切配合及合理编排，给饮茶人以高尚、美好的享受，给表演带来活力。

4. 茶艺是一种人生艺术 人生如茶，在紧张繁忙的生活之中，泡出一壶好茶，细细品味，通过品茶进入内心的修养过程，感悟苦辣酸甜的人生，使心灵得到净化。

二、茶艺基本要求

1. 掌握茶叶的基本知识 学习茶艺，首先要掌握茶叶的分类，了解主要名茶的品质特点、制作工艺，以及茶叶的鉴别、贮藏、选购等内容。这是学习茶艺的基础。

2. 茶艺的技术 是指茶艺的技巧和工艺。包括茶艺术表演的程序、动作要领、讲解的内容，茶叶色、香、味、形的欣赏，茶具的欣赏与收藏等内容。这是茶艺的核心部分。

3. 茶艺的礼仪 是指服务过程中的礼貌和礼节。包括服务过程中的仪容仪表、迎来送往、互相交流与彼此沟通的要求与技巧等内容。

4. 茶艺的规范 茶艺要真正体现出茶人之间平等互敬的精神，因此对宾客都有规范的要求。作为客人，要以茶人的精神与品质去要求自己，投入地去品尝茶；作为服务者，也要符合待客之道，尤其是茶艺馆，服务规范是决定服务质量和服务水平的一个重要因素。

5. 悟道 道是指一种修行，一种生活的道路和方向，是人生的哲学，道属于精神的内容。悟道是茶艺的一种最高境界，是通过泡茶与品茶去感悟生活，感悟人生，探寻生命的意义。

三、品茗环境

品茶需要好环境，以简单清幽为上，如图 5 – 19 所示。茶可独酌，也宜共饮。古人讲究以茶会友，佳茗、良辰、美景、知音缺一不可。大自然的松涛里、竹林中、小溪旁、翠岩下处处都可成为品茶的佳境。唐代诗僧皎然认为品茶伴以花香琴韵最好不过。他在《晦夜李侍御萼宅集招潘述、汤衡、海上人饮茶赋》中说："晦夜不生月，琴轩犹为开。墙东隐者在，淇上逸僧来。茗爱传花饮，诗看卷素裁。风流高此会，晓景屡裴回。"诗中描述了几位高人逸士以茶相会的情景。但对于现代都市人来讲，内部环境则显得更加现实和重要。窗明几净、格调高雅、气氛温馨，使人有亲切感和舒适感的茶会所应该是不错的选择。饮茶也是很多人家庭生活中必不可少的事情，可以利用家里现有的条件，自己创造出适合饮茶的环境，例如阳台上、一个小墙角、书房等都是可以利用的地方。家庭饮茶环境总体的要求是安静、清新、舒适、干净。

图 5 – 19　品茗环境

1. 书房　书房是读书、学习的场所，本身就具有安静、清新的特点，自古茶和书籍都有密不可分的关系，在书房中更能体现出饮茶的意境。

2. 庭院　如在庭院中种植一些花草，摆上茶几、椅子，和大自然融为一体，饮茶意境立刻就显现出来了。

3. 客厅　可以在客厅的一角辟出一个小空间，布置一些中式家具或是小型沙发等，营造饮茶的氛围，和家人一起饮茶聊天。

四、茶的欣赏

茶人欣赏茶叶，重在从茶叶中去发掘文化美、艺术美、工艺美和自然美。茶在中国茶人的眼里是得天地之和气的灵物。茶以名山秀水为宅，以明月清风为伴，"性洁不可污，为饮涤尘烦"。在真正的茶人眼里，茶具有无限的美感。陆羽把茶称为"南方之嘉木"，卢仝把茶饼称为"月团"，黄庭坚把茶称为"云腴"，苏东坡把茶比作"佳人"，乾隆皇帝把茶比作"润心莲"。茶包含着大自然的信息，可使人联想到高尚的品质，可从中看到历史的缩影。茶人对茶的欣赏可概括为：五品、三看、三闻、三品和三回味。

五品：是指调动人体的所有感觉器官用心地去品味、欣赏茶。即"耳品"—注意听主人（或茶表演者）的介绍；"目品"—用眼睛观茶的外观形状、茶的汤色等；"鼻品"—用鼻子闻茶香；"口品"—用口舌品鉴茶汤的滋味韵味；"心品"—对茶的欣赏从物质角度的欣赏升华到精神层面。

三看：头一看是看干茶的外观形状，即看是芽茶，还是叶茶；是珠茶，还是条索茶，以及看干茶的色泽、质地、均匀度、紧结度、有无显毫等。二看是看茶汤的色泽，即看茶汤是否清澈鲜艳明亮并具有该品种应有的色彩。三看叶底，即看冲泡后叶片是否充分展开或叶芽是否细嫩、均齐、完整，有无花杂、焦斑、红筋、红梗等现象，乌龙茶还要看是否"绿叶红镶边"。

三闻：即干闻、热闻、冷闻。干闻主要闻干茶的香型，以及有无陈味、霉味和吸附了其他的异味。热闻是指开泡后乘热闻茶的香味，茶香有甜香、火香、清香、花香、栗香、果香等不同的香型，每种香型又分为馥郁、清高、鲜灵、幽雅、辛锐、纯正、清淡、平和等表现形式。冷闻是指温度降低后再闻茶盖或杯底留香，这时可闻到在高温时因茶叶芳香物大量挥发而掩盖了的其他气味。

三品：茶要细细品啜。头一品主要是品火功，春茶的加工工艺是老火、足火、生青或有日晒味。第二品是品滋味，这时应让茶汤在口腔内流动，与舌根、舌面、舌侧、舌端的味蕾充分接触，看茶味是浓烈、鲜爽、甜爽、醇厚、醇和还是苦涩、淡薄或生涩。第三品是品茶的韵味。清代大才子袁枚曾讲："品茶应含英咀华，并徐徐体贴之。"即将茶汤含在口中，像含着一朵鲜花一样慢慢咀嚼，细细品味，吞下去时还要注意感受茶汤过喉时是否爽滑。带着对茶的深厚感情去品茶，才能欣赏到好茶"香、清、甘、活"，妙不可言的韵味。

三回味：三回味是茶人在品茶之后的感受，品了真正的好茶后，一是舌根回味甘甜，满口生津；二是齿颊回味甘醇，留香数日；三是喉底回味甘爽，气脉畅通，五脏六腑如得滋润，使人心旷神怡。

五、饮茶方法

我国历来很讲究用茶方法。客来时，宾主双方相互寒暄，表示欢迎或打扰之意。客人就座后，主人应根据客人的爱好、年龄、性别选择茶具和茶类。

1. 饮茶方法的历史演变 我国历史上茶的烹饮方法不断发展变化。大体说来，从西汉至今，有煮茶、煎茶、点茶、泡茶四种烹饮方法。

（1）煮茶法（唐代以前） 在神农时代，古人开始咀嚼鲜叶，后又用鲜叶煮做羹饮，饮用或解百草之毒。如《晋书》中记载："吴人采茶煮之，日茗粥。"到了春秋时期，人们就把鲜叶晒干后像中药一样贮藏、利用。到了三国时期，人们开始将茶叶制成茶饼，饮用时碾碎煮饮，这就是制茶的开始。后来饼茶发展成团茶，使茶叶从解毒、饮用发展成为饮料。在此之前，人们将茶叶或茶膏与其他佐料混在一起，煮熟后食用。茶的混煮羹饮，在国人利用茶的历史上存续了相当长的时间，我们可以把它看作是茶从食用到饮用的过渡阶段。

（2）煎茶（唐代） 唐人饮茶，已开始注重品饮艺术，从以茶为羹饮再逐渐演变到以茶为品饮的煎茶法，这与唐之前茶主要作为药用或者是粗放型的解渴的饮用形式相比，其烹煮技巧、作料内容及烹饮器皿等都更加讲究。唐人饮茶讲究鉴茗、品水、观火、辨器。在饮茶方式上，唐代有煎茶、庵茶、煮茶等方式。唐中叶盛行煎茶。唐代茶有粗茶、散茶、末茶、饼茶四种。煎茶法用的茶是饼茶。饼茶须经炙、碾、罗三道工序，将饼茶加工成细烘干燥，谓之"炙茶"。待到茶饼变软或透发出香气时趁热放在纸袋子里，等到茶叶冷了，再取出打碎，碾成粉末状。碾成的茶末还要经过箩的细筛，筛下的茶即成待烹的茶末，存放在茶盒里备用。另外，烤茶的燃料用炭最好，木炭要用炭挝打碎，再投入风炉烧水。煎茶包括烧水与煮茶。先将水放到两侧有方形耳的大口锅中烧开。水的选择，以山水最好，其次是江河的水，井水再次之。煮茶分为三个阶段，即"三沸"。当水煮到出现鱼眼大的气泡，并微有沸声时，是第一沸，这时根据水的多少加入适量盐调味，当锅边缘连珠般的水泡向上冒时，是第二沸，舀出一瓢开水，用竹夹在水中搅动形成水涡，使水沸度均匀，用量茶小勺量取茶末，投入水涡中心，再加搅动。过一会儿，水面波浪翻腾着，溅出许多沫子时，也就是第三沸了。将原先舀出的一瓢水倒回去，使开水停沸，生成茶沫。将茶叶先碾碎，再煎熬、烤干、舂捣，然后放在瓶子或细口瓦器之中，灌上沸水浸泡后饮用的，称为庵茶。煮茶法，即把葱、姜、枣、橘皮、薄荷等物与茶放在一起充分煮沸，或者使汤更加沸腾以求汤滑，或者煮去茶沫。现代民间喜爱的打油茶、擂茶等，则为原始煮茶遗风。唐朝是我国饮茶历史上的鼎盛时期，陆羽写出了《茶经》，创制二十四器，还将饮茶分为赏茶、鉴水、列具、烹煮、品饮等若干环节，这就把茶饮的方法程序化，并辅以美学思想，从而形成优美的意境和韵律，将饮茶上升到了艺术的高度。所以说，唐代饮茶开启了品饮艺术的先河，使饮茶成为精神生活的享受。饮茶风俗日盛，茶成为国饮。

（3）点茶（宋代）　宋代是我国历史上茶事最兴盛的时期，宫廷崇尚茶宴，民间盛行斗茶。因此，宋代饮茶方法在唐代基础上又迈进了一步，迅速发展为高雅的点茶法。点茶法比唐代煎茶法更讲究，包括炙茶、碾罗、候汤、焰盏、点茶等一套程序。

宋代点茶用饼茶。饼茶也需炙烤加工后使用，然后将茶饼碾碎成粉末，再用叉罗筛过，茶粉越细越好。候汤则是要掌握点茶用水的沸滚程度，这是点茶成败的关键。掌握水沸的程度，冲点出色、香、味俱佳的茶汤。点茶以茶粉作为原料，再用沸水点冲，所以人们饮用时要连茶粉带水一起喝下。与唐代煎茶相比，宋人更喜爱典雅精致的点茶艺术。

宋代饮茶之风炽盛，风行评比调茶技术和茶质优劣的斗茶，也称茗战。我国斗茶始于唐而盛于宋，宋徽宗赵佶经常在宫中召集群臣斗茶，直至将他们全部斗倒为止。不仅帝王将相、达官显贵，连市井细民也喜斗茶。斗茶之风普及民间，随着贡茶的兴起应运而生。在由于产贡茶而闻名于世的唐代建州茶乡，新茶制成后，茶农们为了评比新茶品质而进行比赛活动。这种活动后来被广泛传播，时间也不再限于采制新茶之时，参加者也不仅限茶农，目的也不限于评比茶叶的品第，而更重视评比斗茶者点汤、击拂技艺的高低。

（4）泡茶（元明清）　元代作为宋明两代的过渡期，散茶的饮用开始流行。饮茶法代之以更为简单的清饮方式。明代，随着茶叶加工方法的简化，茶的品饮方式也走向简单化。宋元时期的斗茶之风已衰退，明太祖朱元璋下令贡茶（饼茶）改制散茶，由朱权倡导的简约的饮茶风气影响后人而形成了瀹饮法。即以沸水直接冲泡叶茶的方法。明清以来，这种品饮方式广泛深入到社会各个阶层，成为整个社会的生活常态。

（5）当代饮茶　当代清饮成为我国大部分人的主要饮茶方式，在清饮品尝中欣赏茶的色、香、味、形，慢斟细啜时领略幽雅闲逸、洒脱自然的情趣。除此之外，当代的饮茶出现了一些新形式。①调饮：在茶汤中添加其他食品，如奶酒、水果汁等。一般为现调即饮，也有加冰块冷饮。袋泡茶、罐装茶、冷饮等；②袋泡茶：将茶叶装在滤纸袋中连袋冲泡饮用的一种小包装茶。有红茶、绿茶、花茶、乌龙茶及药用保健茶等；③罐装茶：成品茶经过萃取、过滤、添加保护剂、灭菌、装罐制成的再加工茶。一类是纯茶饮料，有红茶、绿茶、乌龙茶、花茶等；另一类是添加香料或果汁的混配茶饮料，如薄荷茶、柠檬茶、荔枝茶、奶茶等。

2. 不同地域的饮茶习俗　茶技不论有多少动作、多少程序，其核心都是围绕着洁净、火候、和谐、优美。只要心里有这几个意识，无论怎样冲泡品饮，都不为过。例如，工夫茶是南方广东、福建等地饮茶的习俗，也是最为讲究、复杂的。其要点，有所谓“十法”，即火候、虾须水、拣茶、装茶、烫杯、热壶、高冲、低斟、盖沫、淋顶。头遍茶直接冲杯，称为洗茶，然后有所谓“关公巡城”“韩信点兵”“凤凰三点头”。饮毕，还要把茶叶取出，供大家欣赏舒展开来的叶片色泽和形态。

当然，茶技绝非工夫茶一种。大致可分北方风格、江浙风格、西南风格、西北风格，都自成一体。论传统当首推西南茶技。成都茶馆名满天下，以盖碗茶冲泡为主，茶博士大铜壶挥洒自如，功夫也端的了得；北方人，尤其是京津保等地喝茶亦是盖碗，冲泡时动作简单明了，干净利索；江浙一带，则是用紫砂小壶，青瓷小碗，也没多少花活；西北风格，则近乎西南与华北风格的变种，也是盖碗茶，但是内容有所不同，用“三炮台”沏泡的主要是“八宝茶”。又如，广东兴起的“以指叩桌”表示的是对倒茶者的谢意。当别人为你倒茶时，曲指轻敲桌面，既表示注意到了热茶正倾入茶杯，“但倒无妨”，又含有致谢之意，相当于说“这厢有礼了”。

以茶的剂量为例，不同地方的人，口味不同，甚至同一地方的人，对不同的茶也有不同的口味爱好。所以，该在壶里放多少茶叶，其实并无定规，全看饮者的意思。初尝新茶，不妨多试几种剂量，找到自己最中意的那一款，然后作为标准固定下来。沏茶倒水，是有遍数限制的，大抵花茶、绿茶、红茶以三遍为度，而乌龙系列则可多达八九遍，因为茶叶占到壶体积的2/3。普遍的看法，二遍茶是最佳的，尽得茶叶之神韵。

六、茶宴与斗茶

茶宴又称茶会，茶社、汤社等，是以茶代酒作宴，宴请款待宾客之举。茶宴始于南北朝，兴于唐代，盛于宋代。早在三国时代，我国就有“密赐茶以当酒”之说，即以茶待客。这种形式可能就是茶宴或茶会的前身。“茶宴”一词最早出现于南北朝山谦之的《吴兴记》一书，其中指到“每岁吴兴、毗陵二郡太守采茶宴会于此”。到了唐代，茶宴已纪正式化。唐代的钱起在《与赵莒茶宴》中写道：“竹下忘言对紫茶，全胜羽客醉流霞。尘心洗尽兴难尽，一树蝉声片影斜。”反映了唐代茶宴与会者代酒欢宴的感慨之情。其中湖州和常州交界处的顾渚山茶宴规模最大，最为有名。当时，湖州的紫笋茶和常州的阳羡茶均已被列为贡茶，每年早春采茶时节，两州太守都要在顾渚山举行隆重的茶宴，邀请名流专家共同品尝和审评贡茶，并可领略优美的环境和精美的茶具。这种茶宴历代不绝，到了宋代，随着茶叶产区的扩大和制茶方法的革新，茶宴之风更为盛行。

寺院里的茶宴多在僧侣间进行，仪式开始时，众僧围坐在一起，由该寺主持法师按一定程序泡沏香茗，以表敬意，再由近侍献茶给众僧品尝。僧客接过茶，打开盖碗闻香，举碗观色，接着品味，并发出“啧啧”声，用以赞赏主人的好茶和泡沏技艺。随后进行茶事评论，诵佛论经，谈事叙谊。三两好友之间自行发起的品茗谈天，也可称为茶会或茶宴，如宋代的大学生茶会就属于这种形式。据北宋朱的《萍洲可谈》记载，当时“大学生每有茶会，轮日于讲堂集茶，无不毕至者，因以询问乡里消息”，堪称学生会或同乡联谊会。

斗茶，即比赛茶的优劣，又名斗茗、茗战。始于唐，盛于宋，是古人的一种雅玩，具有很强的竞技色彩，富有趣味性和挑战性。斗茶者各取所藏好茶，轮流烹煮，品评分高下。古代茶叶大都做成茶饼，再碾成粉末，饮用时连茶粉带茶水一起喝下。斗茶，多人共斗或两人捉对“厮杀”，三斗二胜。

七、茶馆

茶文化的发展与茶馆有着密不可分的联系，茶馆随着饮茶的兴盛而出现，又随着茶文化的兴盛而发展。从古到今，茶馆在不同时期都烙印下了自己独特的印记，这也使得茶馆慢慢衍生出了饮茶外的诸多功能。

1. 茶馆的萌芽 茶馆最初的形态是茶摊，茶摊出现于晋代，此时茶摊只是贩卖茶水以供路人解渴休息，并不是真正意义上的亲馆。

2. 茶馆的兴起 唐朝开始出现了茶馆的雏形，大唐中期国家政治稳定，社会经济空前繁荣，加之陆羽《茶经》的问世，使得茶馆开始于市井之中流行。

3. 茶馆的兴盛 至宋代，便进入了中国茶馆的兴盛时期。宋时茶馆所具有的功能也开始多样化，如供人们喝茶聊天、品尝小吃、谈生意，进行各种演艺活动、行业聚会等。也是这个时期，茶馆中的文化气质开始酝酿。

4. 茶馆普及　到明清之时，品茗之风更盛。社会经济的进一步发展使得市民对各种娱乐生活的需求加剧，而作为一种集休闲、饮食、娱乐、交易等功能为一体的多功能大众活动场所，茶馆成了人们的首选，因此，茶馆业得到了极大的发展，形式日益多样，茶馆功能也愈加丰富。

5. 茶馆衰微　近现代，中国经历了战争，贫困和一些非常时期，人们也难有闲情雅致坐在茶馆品茗，这个时期的茶馆也就一度衰微。

6. 茶馆复兴　茶馆发展至今已经被人们赋予了更多的寓意，已经不单单是品茶，在如今快节奏的城市生活中，茶馆更像一块难得的宁静之地，好友谈心、静坐品茗、体会初心，越来越多的人愿意来到茶馆体会茶文化带给他们喧闹中的宁静。

答案解析

即学即练

药茶的功效有哪些？

实践实训

1. 5~6 人为一组，收集某一类别的茶，如西湖龙井茶、武夷山大红袍茶等茶的基本资料。
2. 各组用 PPT 展示收集的基本资料。
3. 小组成员邀请亲朋好友进行该类茶的泡茶、品茶实践。
4. 推荐茶艺比较好的同学在课堂上现场泡茶，邀请同学们品尝，给出建议。

目标检测

答案解析　知识回顾

一、单项选择题

1. 中国最早提到“茶具”的一条史料出现在（　　）

A. 西汉　B. 唐代　C. 明代　D. 三国

2. （　　）茶具经久使用还能吸附茶汁，蕴蓄茶味，且传热不快，不致烫手，若热天盛茶，不易酸馊，即使冷热剧变，也不会破裂。

A. 漆器茶具　B. 玻璃茶具　C. 金属茶具　D. 陶质茶具

3. 中国（　　）开始烧制琉璃茶具。

A. 明代　B. 西汉　C. 唐代　D. 宋代

4. （　　）是以茶鲜叶为原料，经过不同的制造（加工）过程形成的不同品质的茶叶。

A. 再加工茶类　B. 基本茶类　C. 毛茶　D. 成品茶

5. （　　）是不经过发酵的茶，即将鲜叶经过摊晾后直接下到 100~200℃的热锅里炒制。

A. 红茶　B. 乌龙茶　C. 绿茶　D. 白茶

6. （　　）有“绿叶红镶边”的美誉。

A. 乌龙茶　B. 普洱茶　C. 红茶　D. 花茶

7. （　　）茶类用茶叶和某些中草药或食品拼合调配后制成，使本来就有营养保健作用的茶叶，增加了防病治病的功效。

A. 花茶　B. 萃取茶　C. 药用保健茶　D. 果味茶

8. 茶艺起源于（　　）

A. 日本　　B. 中国　　C. 韩国　　D. 英国

9.（　　）是我国历史上茶事最兴盛的时期，宫廷崇尚茶宴，民间盛行斗茶。

A. 宋代　　B. 唐代　　C. 明代　　D. 清代

10.（　　）至明代成为全国瓷器烧制中心，设立了专为宫廷茶礼烧制茶具的工场。

A. 福建建阳　　B. 江西景德镇　　C. 江苏宜兴　　D. 河南许昌

二、多项选择题

1. 茶具挑选主要看（　　）

A. 美感　　B. 耐用　　C. 质地　　D. 精密

2. 宋代五大名窑包括下面（　　）

A. 景德镇窑　　B. 建窑　　C. 南宋官窑　　D. 哥窑

3. 绿茶的基本工艺流程分（　　）三个步骤。

A. 杀青　　B. 揉捻　　C. 干燥　　D. 闷黄

4. 下列属于红茶的是（　　）

A. 西湖龙井　　B. 白牡丹　　C. 正山小种　　D. 滇红和祁红

5. 下列属于绿茶的是（　　）

A. 西湖龙井　　B. 碧螺春　　C. 铁观音　　D. 大红袍

三、简答题

1. 茶具从质地上分主要有哪些种类？

2. 紫砂壶泡茶有哪些优点？

任务三　学会奉茶服务

PPT　　微课

活动一　学会常见茶叶的沏泡方法

泡茶是中国人的发明，带动了茶具、茶道、茶艺、茶文化的发展。泡茶讲究茶具、用水、水温、环境、心境、服装等。喝茶人人都会，但要冲泡得法，并非易事。茶叶冲泡大有学问，同样质量的茶叶，用水不同或冲泡技术不一，泡出的茶水会有不同的效果，差异非常明显。

一、品茗事项

1. 用水　古人知晓泡茶时水的重要性，因此非常重视水的质量。若水质差，茶叶的色香味就会被改变或者被淹没，若水质适宜则会对茶汤品质起到优化作用。古人评水主要从水质和水味两方面给予评价，好的水质必须是清、活、轻，水味须甘、冽。现代科学分析认为，每升水含 8mg 以上的镁离子钙称之为硬水，反之则为软水。软水沏茶，色、香、味俱佳；硬水泡茶，茶汤易变色，色、香、味也会大受影响。不同的矿物质离子，对茶的汤色和滋味有很大的影响。低价铁会使茶汤发暗、滋味变淡，高价铁则影响更大；铝、钙、锰均会使滋味发苦；钙、铅会使味涩；铅会使味酸；镁、铅会使味淡。所以建议选用软性水泡茶。中国古代典籍中关于茶、水、器之间的关系就有很多记述，如明代许次纾在《茶疏》中说："精茗蕴香，借水而发，无水不可与论茶也。"明代张大复《梅花草堂笔谈》："茶性必发于水，八分之茶遇十分之水，茶亦十分矣；八分之水，试十分之茶，茶只八分耳。"陆羽在《茶经》中对饮茶用水的原则是："山水上、江水中、井水下，拣乳泉、石池漫流者上。"古人还总结出了"龙井茶，虎跑水""扬子江心水，蒙山顶上茶"等这类茶、水的最佳组合。

现代人多是用沸腾的自来水泡茶，如果有条件可将自来水静置20小时左右，挥发水中的消毒粉气味后再用较好。水质不佳，可以多煮一会，沉淀杂质，消除异味。纯净水是泡茶的好水，无污染的天然矿泉水也很不错，远离人口密集的江、河、湖水，也不失为沏茶的好水。

2. 泡茶器具的选择　古人曰："一壶侍一茶。"不同的茶具选择对茶汤是有影响的，因此，不同的茶类适合的茶具也是不同的（表5-1）。

表5-1　泡茶器具的选择

茶类	杯泡	壶泡
绿茶	玻璃杯（直筒）、瓷杯	玻璃壶（小容积）、瓷壶、盖碗（青瓷、白瓷）
白茶	瓷杯、玻璃杯	瓷壶、玻璃壶、盖碗、陶壶（茶砂，用于老白茶）
黄茶	瓷杯（青瓷、白瓷）	瓷壶、玻璃壶
乌龙茶	瓷杯（青瓷、白瓷）、陶杯（紫砂）	瓷壶（青瓷、白瓷）、陶壶（紫砂等）、盖碗（青瓷、白瓷）
红茶	瓷杯、陶瓷（紫砂）	瓷壶（青瓷、白瓷）、陶壶（紫砂等）、盖碗（陶或瓷）
黑茶	瓷杯（青瓷、白瓷）、陶杯（紫砂）	瓷壶（青瓷、白瓷）、陶壶（紫砂等）、盖碗（青瓷、白瓷等）

（1）对香气的影响　密度不同的茶具，导热和散热系数也就不同，一般密度高的壶，散热速度快，保温效果差；密度低的壶，散热速度慢，保温效果好。所以，茶具的密度高，泡起来茶香清扬；壶的密度低，泡起来茶香低沉。而我们常见的茶具材质密度排序为：玻璃 > 瓷器 > 陶器。即用玻璃茶具冲泡绿茶比较好，用瓷器茶具冲泡红茶、香片比较好，陶器如紫砂壶适合冲泡黑茶。

（2）对汤感的影响　玻璃茶具表面光滑，茶叶在冲泡过程中容易翻动，导致茶叶内含物不能在稳定的环境下浸出，所以茶汤没那么黏厚；瓷器茶具导热系数低，茶汤浸出环境相对稳定，所以比玻璃茶具冲泡的茶汤要软、厚、黏稠一点。紫砂茶具表面附着能力强，且保温性强，散热慢，所以茶叶内含物能很好地浸出，与水融合，品味的汤感就比较软、厚度和黏稠度也会上升。

（3）对汤色的影响　汤色主要影响视觉的享受，对香气和汤感并无影响。但满足了视觉、嗅觉、味觉的享受，品饮的乐趣才会无限放大。白瓷茶具精致光洁，和绿茶更为搭配；黄泥制成的茶器显得甘怡，可配以黄茶或白茶。紫砂或较深沉陶土制成的茶器显得朴实、自然，配以稍重焙火的铁观音、水仙以及普洱茶比较合适。

3. 科学饮茶的基本要求　科学饮茶首先要能够正确地选择茶叶。要根据季节、气候及个人体质来选择相应茶叶。同时还应注意，选择品质优良又安全卫生的茶叶产品，如绿色食品茶叶或天然有机茶，并了解这两种茶的概念。第二个基本要求是用正确的冲泡方法泡茶。第三个基本要求是正确地品饮一杯茶。空腹饮茶过量会引起"茶醉"，因此只要停止饮茶，喝些糖水、吃些水果，即可得到缓解。

4. 茶点的搭配　茶点一般是指在喝茶的时候搭配食用的小点心，既为果腹，更为呈味载体。茶点在我国很早就有，发展到现在又形成了许多花样不同的茶点类型与风格各异的茶点品种，有些茶点会提取茶叶成分作为部分原料，但大多数是不掺茶的，合理搭配的茶点可使人既享受饮茶的情趣，又满足口腹之欲，可谓一举两得。茶点大体上可以分为四大类。

(1) 瓜果类　瓜子、花生、枣子、栗子、梅子、山楂、橄榄、菱角等。

(2) 糕饼类　雪片糕、马蹄糕、红豆糕、核桃酥、凤梨酥、麻糬等。

(3) 糖果类　贡糖、花生糖、芝麻糖、软糖等。

(4) 点心类　包子、粽子、饺子、豆腐干、肉干、卤品等。

根据茶来选取点心，搭配时可遵循以下原则。

(1) 甜配绿　即甜食搭配绿茶来喝，如各式甜糕、凤梨酥、糖果等。绿茶淡雅轻灵，与口味香甜的茶点搭配，香气相互补充，带来美妙的味觉享受。此外，清淡的绿茶能生津止渴，有效促进葡萄糖的代谢，防止过多的糖分留在体内，享用甜美如饴的茶点如糕饼类、糖果类，不必担心口感生腻和体内脂肪过多。

(2) 酸配红　即酸的食品搭配红茶来喝，如水果、柠檬片、蜜饯等。由于红茶进入西方已经有了很长的历史，经过漫长的摸索和实践，适宜搭配红茶的茶点品类已经逐步成熟、完善和固定下来。从味道上说，酸口味的茶点可以抵消红茶略带苦涩的口感。

(3) 瓜子配乌龙　即咸的食物搭配乌龙茶来喝，如用瓜子、花生米、咸橄榄、开心果、杏仁、腰果以及干豆腐、兰花豆等。乌龙茶是半发酵茶，兼有绿茶的清香气味和红茶的甘甜口感，并回避了绿茶之苦与红茶之涩，口感温润浓郁，茶汤过喉徐徐生津。用淡咸口味或甜咸口味的茶点搭配乌龙，对于保留茶的香气，不破坏茶汤的原滋味最为适宜。

(4) 荤油茶点配普洱　即味重、油腻的食物搭配普洱茶来喝，如蛋黄酥、月饼、酱肉、肉脯以及各种炒制的坚果等。普洱茶是后发酵茶，具有良好的消脂效果。陈化得宜的普洱不苦不涩，独特的陈香醇厚平和，口感爽滑。食用味重、油腻的茶点后，饮用普洱可以减轻口感上的油腻。

(5) 清淡小吃保花香　即用一些口味比较清淡的绿豆沙、面包等搭配花草茶。花草茶多数香气氤氲，鲜灵清爽，且香味持久宜人，可舒缓情绪。因此，饮花草茶时不宜搭配各种炒制的坚果或口味浓重的茶点，以避免食物掩盖了茶水本身的清香。糯米制成的茶点比较适合搭配花茶来食用。

5. 茶叶保存　茶叶具有易碎性、吸湿性、陈化性、吸附异味性等特性。水分、光线、温度等许多因素均对茶叶的保存有影响。

(1) 水分　茶叶水分含量在3%左右时，茶叶成分与水分子呈单层分子关系。因此，可以较有效地把脂质与空气中的氧气隔离开来，阻止脂质氧化变质。当茶叶的水分含量超过5%时，水分就会转变为溶剂作用，引起激烈的化学变化，加速茶叶的变质。

(2) 光线　光线的照射可加速各种化学变化，对储存的茶叶极为不利。光能促进植物色素或脂类的氧化，特别是叶绿素易受光的照射而褪色，其中紫外线破坏效果最为显著。

(3) 温度　温度越高，茶叶品质变化越快。平均每升高10℃，茶叶色泽褐变速度将增加3～5倍。如果将茶叶储存在0℃以下的地方，能较有效抑制茶叶的陈化和品质的损失。

(4) 氧气　茶叶中的多酚类化合物的氧化、维生素C的氧化以及茶黄素、茶红素的氧化聚合都和氧气有关。这些氧化作用会产生陈味物质，严重破坏茶叶的品质。

茶叶保存应遵循低温、避光、密封、冷藏（最好是℃）、无氧（抽成真空或充氮）、避光的原则。

二、绿茶的沏泡方法

1. 绿茶玻璃杯泡法　如表5－2所示。

表5－2　绿茶玻璃杯泡法

操作步骤	操作内容
备具	准备无刻花透明玻璃杯（根据品茶人数而定）、茶仓、随手泡（煮水器）、茶荷、茶匙、茶巾、水方
赏茶	用茶匙从茶仓中轻轻拨取适量茶叶入茶荷，供客人欣赏干茶外形及嗅闻香气，根据需要，可用简短的语言介绍一下即将冲泡的茶叶品质特征和文化背景，以引发品茶者的兴趣
洁具	将玻璃杯一字摆开，或呈弧形排放，依次倾入1/3杯的开水，然后从左侧开始，右手捏住杯身，左手托杯底，轻轻旋转杯身，将杯中的开水依次倒入水方。当面清洁茶具既是对客人的礼貌，又可以让玻璃杯预热，避免正式冲泡时水温下降
置茶	用茶匙将茶荷中的茶叶一一拨入茶杯中待泡。每50ml容量用茶1g
温润泡	将随手泡中适度的开水倾入杯中，水温80℃左右，注水量为茶杯容量的1/3，注意水柱不要直接浇在茶叶上，应打在玻璃杯的内壁上，以避免烫坏茶叶，其目的主要是浸润茶叶
冲泡	提壶以高冲注水，使茶杯中的茶叶上下翻滚，有助于茶叶内含物质浸出，茶汤浓度达到上下一致。一般冲水入杯至七成满
奉茶	右手轻握杯身（注意不要捏杯口）。左手托杯底，双手将茶送到客人面前，放在方便客人品饮的位置。茶放好后，向客人伸出右手，做出“请”的手势，或说“请品茶”

2. 绿茶盖碗泡法　如表5－3所示。

表5－3　绿茶盖碗泡法

操作步骤	操作内容
备具	准备盖碗（根据品茗人数定）、茶仓、随手泡、茶荷、茶匙、茶巾、水方
赏茶	用茶匙拨取适量干茶于茶荷中，供品茗者欣赏茶叶的外形、色泽及嗅闻香气
洁具	右手拇指、中指捏住盖钮两侧，食指抵住钮面，将盖掀开，斜搁于碗托右侧，依次向碗中注入开水，三成满即可，双手持碗身，轻轻旋转茶碗三圈，将盖碗内的水倒出，放回碗托上。洁具的同时可以达到温热茶具的目的，以减少冲泡时茶汤的温度变化
置茶	左手持茶荷，右手拿茶匙，将干茶依次拨人茶碗中待泡。通常1g细嫩绿茶，入开水50～60ml，一只普通盖碗放上5g左右的干茶即可
冲水	用温度在80℃左右的开水高冲入碗，水柱不要直接落在茶叶上，应落在碗的内壁上，冲水量以七八成满为宜，冲入水后，迅速将碗盖稍加倾斜地盖在茶碗上，使盖沿与碗沿之间有一定空隙，避免将碗中的茶叶焖黄泡熟
奉茶	将茶礼貌地奉给贵宾

3. 绿茶玻璃壶泡法　“嫩茶杯泡，老茶壶泡”。中、低档的绿茶，无论是外形、内质，还是色、香、味都较高档绿茶略逊一筹，若用玻璃杯或白瓷杯冲泡，缺点尽现，有些不雅观，所以可以选择使用瓷壶或玻璃壶进行冲泡，如表5－4所示。

表5－4　绿茶玻璃壶泡法

操作步骤	操作内容
备具	准备茶壶、茶杯、茶仓、茶匙、随手泡、茶巾、水方
洁具	将开水冲入茶壶，摇晃茶壶数下，将茶壶内的水依次注入茶杯中，再将茶杯中的水旋转倒入水方，洁净茶具的同时温热器具
置茶	用茶匙将茶荷中的绿茶拨人壶内，茶叶用量按壶大小而定，一般以每50～60ml水冲泡1g茶叶，将茶叶投入茶壶待泡。由于茶叶不具备欣赏价值，赏茶的步骤可以省略
冲泡	将85～90℃的开水先以顺时针方向旋转高冲入壶，待水没过茶叶后，改为直流冲水，最后用水将壶注满
分茶	茶叶在壶中浸泡3分钟左右，将茶壶中的茶汤斟入茶杯。应采用循环倾注法，一般以茶汤入杯七成满为标准
奉茶	应用双手捧杯奉茶，并伸手示意“请用茶”

三、红茶的沏泡方法

1. 清饮红茶 清饮，追求的是茶的真实味道，中国的大多数地方都采用清饮泡法，即不在茶汤中加任何调料，使茶发挥本性固有的香气和滋味。红茶清饮泡法主要包括红茶清饮杯泡法与红茶清饮壶泡法，如表5-5、5-6所示。

表5-5 红茶清饮杯泡法

操作步骤	操作内容
备具	白色有柄瓷杯、茶仓、茶荷、茶匙、随手泡（煮水器）、茶巾、水方
洁具	用开水冲杯，以洁净茶具，并起到温杯的作用
赏茶	用茶匙拨取适量茶叶入茶荷，供宾客欣赏干茶的外形及香气
置茶	用茶匙将茶叶依次拨入茶杯中，每60ml左右水容量需要干茶1g
冲水	90°C左右的开水以高冲入茶杯，七成满即可
奉茶	将冲好的茶，双手持杯托奉给宾客

表5-6 红茶清饮壶泡法

操作步骤	操作内容
备具	紫砂壶或瓷壶；因品饮红茶，观色是最重要内容，因此，盛茶杯以白瓷或内壁呈白色为好，而且壶与杯的用水量须配套；茶仓、茶匙、随手泡（煮水器）、茶巾、水方
洁具	将开水注入壶中，持壶摇数下，再依次倒入杯中，以洁净茶具
置茶	用茶匙取适量茶叶入壶，根据壶的大小，每60ml左右水容量需要干茶1g（红碎茶1g需70~80ml水）
冲泡	将90℃左右开水高冲入壶
分茶	静止3~5分钟后，提起茶壶，轻轻摇晃，待茶汤浓度均匀后，采用循环倾注法一一倾茶入杯
奉茶	将茶奉给宾客品饮

2. 调饮红茶 调饮，是在茶汤中加入调料，以佐汤味。当今的调饮泡法，比较常见的是在红茶茶汤中加入糖、牛奶、柠檬、咖啡、蜂蜜或香槟酒等。红茶调饮泡法主要有冰红茶调饮泡法、奶茶调饮泡法、柠檬红茶调饮泡法，如表5-7、5-8、5-9所示。

表5-7 冰红茶调饮泡法

操作步骤	操作内容
备具	按人数选用茶壶及与之相配的茶杯，茶杯多选用有柄带托的瓷杯，制作冰红茶，也可选用透明的直筒玻璃杯或短脚的玻璃杯；茶仓、随手泡、汤匙
洁具	将开水注入壶中，持壶摇数下，再依次倒入杯中，以洁净茶具
置茶	用茶匙从茶仓中拨取适量茶叶入壶，根据壶的大小，每60ml左右水容量需要干茶1g（红碎茶1g需70~80ml水）
冲泡	将90℃左右开水高冲入壶
分茶	静置3~5分钟后，提起茶壶，轻轻摇晃，使茶汤浓度均匀，滤去茶渣，一一倾茶入杯。随即加入冰块和适量蜂蜜或糖浆，调味品用量的多少可视每位宾客的口味而定
奉茶	持杯托礼貌地奉茶给宾客，杯托上须放1个汤匙
品饮	品饮时，须用汤匙调匀茶汤，进而闻香，尝味

表 5－8　奶茶调饮泡法

操作步骤	操作内容
备具	按人数选用茶壶及与之相配的茶杯。茶杯多选用有柄带托的瓷杯；茶仓、随手泡、汤匙
洁具	将开水注入壶中，持壶摇数下，再依次倒入杯中，以洁净茶具
置茶	用茶匙从茶仓中拨取适量茶叶入壶，根据壶的大小，每 60ml 左右水容量需要干茶 1g（红碎茶 1g 需 70～80ml 水）
冲泡	将 90℃左右开水高冲入壶
分茶	静置 3～5 分钟后，提起茶壶，轻轻摇晃，使茶汤浓度均匀，滤去茶渣，一一倾茶入杯。随即加入牛奶和糖（或蜂蜜），调味品用量的多少，可视每位宾客的口味而定
奉茶	持杯托奉茶给宾客，杯托上须放 1 个汤匙
品饮	品饮时，须用汤匙调匀茶汤，进而闻香，尝味

表 5－9　柠檬红茶调饮泡法

操作步骤	操作内容
备具	按人数选用茶壶及与之相配的茶杯，茶杯多选用有柄带托的瓷杯；茶仓、随手泡、汤匙
洁具	将开水注入壶中，持壶摇数下，再依次倒入杯中，以洁净茶具
置茶	用茶匙从茶仓中拨取适量茶叶入壶，根据壶的大小，每 60ml 左右水容量需要干茶 1g（红碎茶 1g 需 70～80ml 水）
冲泡	将 90℃左右开水高冲入壶
分茶	静置 3～5 分钟后，提起茶壶，轻轻摇晃，使茶汤浓度均匀，滤去茶渣，一一倾茶入杯。随即加入柠檬片和适量蜂蜜，调味品用量的多少，可视每位宾客的口味而定
奉茶	持杯托奉茶给宾客，杯托上须放 1 个汤匙
品饮	品饮时，须用汤匙调匀茶汤，进而闻香，尝味

四、乌龙茶的沏泡方法

1. 乌龙茶沏泡茶具与用具　主泡器主要用具和备水器主要用具介绍，如表 5－10 所示。

表 5－10　乌龙茶冲泡主要器具

名称	用途	名称	用途
茶船	盛放各种茶具	随手泡	盛放开水
紫砂壶	沏泡乌龙茶	茶则	盛茶叶
茶海	盛放茶汤	茶匙	协助茶则拨放茶叶
闻香杯	闻茶汤香气	茶针	疏通壶嘴
品茗杯	品尝汤	茶漏	放在壶口防止茶叶外溢
杯托	摆放闻、品杯	茶夹	夹闻、品杯
盖置	放置壶盖	茶巾	用于擦拭茶具
滤网	过滤茶渣	茶仓	盛放茶叶

2. 乌龙茶的冲泡方法　如表 5－11 所示。

表 5－11　乌龙茶冲泡法

操作步骤	操作内容
备具	准备茶则、茶匙、茶夹、茶漏、茶针、茶仓、茶船、茶垫、闻香杯、品茗杯、茶海、盖置、紫砂壶、滤网、随手泡、茶巾
介绍茶具	向客人点头示意，表示对来宾的欢迎；依次介绍茶具的名称及用途
摆放茶垫	将茶垫摆放在茶船前
翻杯	将闻香杯、品茗杯翻转摆放在茶船上
温壶	将随手泡的热水注入紫砂壶中，提高紫砂壶的温度
温盅	将紫砂壶中的水注入茶海中
温滤网	用茶海中的水冲洗滤网
精品鉴赏	用茶则从茶仓中轻轻将茶叶盛出，供客人欣赏干茶外形，根据需要，可用简短的语言介绍一下即将冲泡的茶叶品质特征和文化背景，以引发品茶的兴趣
佳茗入宫	将茶叶拨至壶中，将茶仓盖盖好
润泽香茗	将随手泡的开水注入壶中，润泽茶叶
荷塘飘香	将温润泡的茶汤注入茶海中，留作温杯用
旋律高雅	第一泡茶汤冲水
沐淋瓯杯	将温润泡的茶汤分别倒入闻香杯中，再茶夹温杯，将温杯的水倒入茶船
茶熟香温	将泡好的茶汤注入茶海中
茶海慈航	用茶海将茶汤分别倒在闻香杯中，七成满
热汤过桥	将闻香杯中的茶汤倒入品茗杯中
幽谷芬芳	左手握闻香杯闻香气
杯里观色	右手端起品茗杯观赏汤色
听味品趣	右手端起品茗杯品茶
品味再三	一杯茶分三口，慢慢细品
各敬清寂	静坐回味，品味无穷

五、黄茶的沏泡方法

黄茶沏泡法如表 5－12 所示。

表 5－12　黄茶沏泡法

操作步骤	操作内容
备具	准备无刻花透明玻璃杯（根据品茶人数而定）、茶仓、随手泡、茶荷、茶艺用具、茶巾、水方
赏茶	用茶匙从茶仓中轻轻拨取适量茶叶入茶荷，供客人欣赏干茶外形，根据需要，可用简短的语言介绍一下即将冲泡的茶叶品质特征和文化背景，以引发品茶者的兴趣
洁具	将随手泡的热水依次倾入杯的 1/3 处，然后从左侧开始，左手捏住杯身，右手托杯底，轻轻旋转杯身，将杯中的开水依次倒入水方中。当面清洁茶具既是对客人的礼貌，又可以让玻璃杯预热，避免杯的温度下降
置茶	用茶匙将茶荷中的茶叶一一拨入茶杯中待泡，每 50ml 容量用茶 1g
冲泡	将随手泡的热水注入杯中，使茶杯中的茶叶上下翻滚，有助于茶叶内含物质浸出，茶汤浓度达到上下一致。一般冲水入杯至七成满为止
奉茶	右手轻握杯身，左手托杯底，双手将茶送到客人面前，放在方便客人品饮的位置。茶杯放好后，向客人伸出右手，做出“请”的手势，或说“请品茶”

六、白茶的沏泡方法

白茶沏泡方法如表 5-13 所示。

表 5－13　白茶沏泡法

操作步骤	操作内容
备具	准备无刻花透明玻璃杯（根据品茶人数而定）、茶仓、随手泡、茶荷、茶艺用具、茶巾、水方
赏茶	用茶匙从茶仓中轻轻拨取适量茶叶人茶荷，供客人欣赏干茶外形，根据需要，可用简短的语言介绍一下即将冲泡的茶叶品质特征和文化背景，以引发品茶者的兴趣
洁具	依次倾入 1/3 杯的开水，然后从左侧开始，左手捏住杯身，右手托杯底，轻轻旋转杯身，将杯中的开水依次倒入水方。当面清洁茶具既是对客人的礼貌，又可以让玻璃杯预热，避免冷热悬殊
置茶	用茶匙将茶荷中的茶叶一一拨入茶杯中待泡。每 50ml 容量用茶 1g
冲泡	高冲注水，使茶杯中的茶叶上下翻滚，有助于茶叶内含物质浸出，茶汤浓度达到上下一致。一般冲水入杯至七成满为止
奉茶	右手轻握杯身（注意不要捏杯），左手托杯底，双手将茶送到客人面前，放在方便客人品饮的位置。茶放好后，向客人伸出右手，做出“请”的手势，或说“请品茶”

七、黑茶的沏泡方法

普洱茶冲泡宜选腹大的壶，因为普洱茶的浓度高，使用腹大的壶可避免茶沁过浓，建议材质宜选陶壶、紫砂壶或盖碗。此处以黑茶中的普洱茶为例，介绍用陶壶沏泡普洱茶的方法，如表 5－14 所示。

表 5－14　陶壶沏泡普洱茶法

操作步骤	操作内容
准备茶具	准备随手泡、茶仓、茶船、陶壶、品茗杯、茶荷、茶艺用具
精品鉴赏	请客人观赏茶荷的茶叶
温壶	将随手泡的开水注入壶内，将壶温热，避免冷热悬殊
温盅	将壶中的水注入茶海中，温热茶海
佳茗入宫	将茶荷中的茶叶放入壶中
润泽香茗	温润泡。先将紧结的茶叶泡松，可使未来每泡茶汤汤色维持同样的浓淡
荷塘飘香	将温润泡的茶汤注入茶海中，以便温杯用
旋律高雅	第一泡茶冲泡
沐淋瓯杯	用温润泡的茶汤温杯，使杯底留有茶的余香，温润泡的茶汤一般不作饮用
茶熟香温	将壶中的茶汤注入茶海中
茶海慈航	分茶入杯，将茶汤倒人品茗杯中，约七成满
敬奉香茗	将泡好的茶汤双手递送给客人

八、花茶的沏泡方法

花茶的茶具与绿茶、红茶大致相同，但主要的沏泡器皿为盖碗，花茶泡茶步骤与技巧如表 5－15 所示。

表 5 – 15　花茶沏泡法

操作步骤	操作内容
恭迎嘉宾	准备盖碗（根据品茶人数而定）、茶仓、随手泡、茶荷、茶艺用具、茶巾、水方
鉴赏佳茗	用茶匙从茶仓中轻轻拨取适量茶叶入茶荷，供客人欣赏干茶外形，根据需要，可用简短的语言介绍一下即将冲泡的茶叶品质特征和文化背景，以引发品茶者的兴趣
温盏洁具	将盖碗依次倾人 1/3 杯的开水，然后从左侧开始，双手捏住杯身，摇晃杯子，使茶杯里面受热均匀，最后将杯中的开水依次倒入水方
佳茗人盏	用茶匙将茶荷中的茶叶一一拨入茶杯中待泡。每 50ml 容量用茶 1g
静温香芽	将随手泡的开水注入杯中，约放杯的 1/3，目的是温润茶叶
悬壶高冲	冲水至杯的七成满
敬奉香茗	双手将茶送到客人面前，放在方便客人提取品饮的位置。茶放好后，向客人伸出右手，做出“请”的手势，或说“请品茶”
盖碗的品饮	右手揭盖闻香；欣赏茶汤颜色；拨去茶末细品香茗
回味余韵	品茶要细品、静品

活动二　学会奉茶礼仪

微课

一、奉茶文化

为了更好地体现茶叶的灵性，展示茶文化之美，演绎茶文化的丰富内涵，在进行奉茶服务时要体现出以下特点。

1. 礼　在服务过程中，要注意礼貌、礼仪、礼节，以礼待人，以礼待茶，以礼待器，以礼待己。

2. 雅　茶乃大雅之物，尤其在奉茶服务中，服务人员的语言、动作、表情、姿势、手势等要符合雅的要求，努力做到言谈文雅，举止优雅，尽可能地与茶叶、茶艺、茶艺馆的环境相协调，给顾客一种高雅的享受。

3. 柔　在服务时，动作要柔和，讲话时语调要轻柔、温柔、温和，展现出一种柔和之美。

4. 美　主要体现在茶美、器美、境美、人美等方面。茶美，要求茶叶的品质好，货真价实，并且要通过高超的茶艺把茶叶的各种美感表现出来。器美，要求茶具的选择要与冲泡的茶叶、客人的心理、品茗环境相适应；境美，要求茶室的布置、装饰要协调、清新、干净、整洁，台面、茶具应干净、整洁且无破损。人美，体现在服装、言谈举止、礼仪礼节、品行、职业道德、服务技能和技巧等方面。

5. 静　主要体现在境静、器静、心静等方面。境静，指饮茶场所最忌喧闹、喧哗、嘈杂之声，音乐要柔和，交谈声音不能太大；器静，即奉茶者在使用茶具时，动作要娴熟、自如、柔和，要轻拿轻放，尽可能不使其发出声音，做到动中有静，静中有动，高低起伏，错落有致；心静，就是要求心态平和，心平气和。奉茶者的心态在泡茶时能够表现出来，并传递给顾客，表现不好，就会影响服务质量，引起客人的不满。

6. 微笑　奉茶者的脸上最适宜的表情就是微笑。有魅力、发自内心的、得体的微笑十分重要。真诚的微笑发自内心，才会光彩照人。奉茶者用语应该是轻声细语。但对不同的客人，应主动调整语言表达的速度。对善于言谈的客人，可以加快语速，或随声附和，或点头示意；对不喜欢言语的客人，可以放慢语速，增加一些微笑和身体语言，如手势、点头。总之，与客人步调一致，才会受到欢迎。

二、奉茶的仪容仪表要求

礼仪是一个宽泛的概念，它是人们在共同生活和长期交往中约定俗成的社会规范，它是指导和协调个人或团体在社会交往过程中实施有利于处理相互关系的言行举止。

1. 仪容仪表的要求　仪表所指的是人的外表，它包括容貌、服饰、姿态等各个方面。端庄、美好、整洁的仪表在接待过程中能够使客人产生好感，从而有利于提高工作的效率。谈到茶艺，泡茶的人与泡茶的过程、所冲泡的茶叶已融成一体，这时泡茶者的服装仪容心态，应与环境相配合。

（1）得体的着装　服装，大而言之是一种文化，它反映着一个民族的文化素养、精神面貌和物质文明发展的程度；小而言之，服装又是一种“语言”，它能反映出一个人的职业、文化修养、审美意识，也能表现出一个人对自己、对他人以至对生活的态度。着装的原则应是得体和谐，如图 5－21 所示。

泡茶时所着的服装不宜太鲜艳，要与环境、茶具相匹配。品茶需要一个安静的环境和平和的心态。如果奉茶者服装颜色太鲜艳，会破坏和谐、优雅的气氛，使人有浮躁不安的感觉。春天到来，穿着新鲜的淡色衣服；寒冷的冬天，穿着看来温暖的深色衣料等，都是合适的选择。另外服装式样应以中式为宜，袖口不宜过宽。否则会沾到茶具或水，给人一种不卫生的感觉。服装要经常清洗，保持整洁。

（2）整齐的发型　作为奉茶人员，发型的要求与其他岗位有一些区别，如图 5－22 所示。主持操作的人员，头发应梳洗干净、整齐，而且避免头部向前倾时，头发散落到前面来，这样既影响操作又会挡住视线。泡茶时，如果有头发掉落到茶具或操作台上会很不卫生。原则上发型要根据自己的脸形设计，要适合自己的气质，给人舒适、整洁、大方的感觉。

（3）优美的手形　作为奉茶人员，首先要有一双纤细、柔嫩的手，平时注意适时的保养，因为在泡茶的过程中，客人的目光始终停留在茶艺人员的手上，看泡茶的全过程，因此茶艺人员的手极为重要。

图 5－21　奉茶的着装礼仪

图 5－22　奉茶的发型礼仪

奉茶人员的手上最好不要戴饰物，因为如果佩戴太夸张的手饰，会有喧宾夺主的感觉，显得不够高雅，而且体积太大的戒指、手链也容易敲击到茶具，发出不协调的声音，甚至打破茶具。手指甲不要涂上颜色，否则给人一种夸张的感觉。操作过程中，手部担任主角的地位，主持者双手操作一切，比如拿茶壶或其他茶具，如果手没洗干净，很可能会污染茶叶与茶具。指甲要及时修剪整齐，保持干净，不留长指甲。

（4）姣好的面部　茶是淡雅的事物，奉茶人员脸部的化妆不要太浓，也不要喷味道强烈的香水，否则茶香被破坏不说，还会与茶叶给人的感觉不一致。为客人泡茶时，可化淡妆。奉茶人员的面部平时要注意护理、保养，保持清新健康的肤色。在为客人泡茶时面部表情要平和放松，面带微笑。

（5）优雅的举止　举止是指人的动作和表情，日常生活中人的举手投足、一颦一笑都可概括为举止。举止是一种不说话的“语言”，它反映了一个人的素质，奉茶时举止应优雅，如图5－23所示。

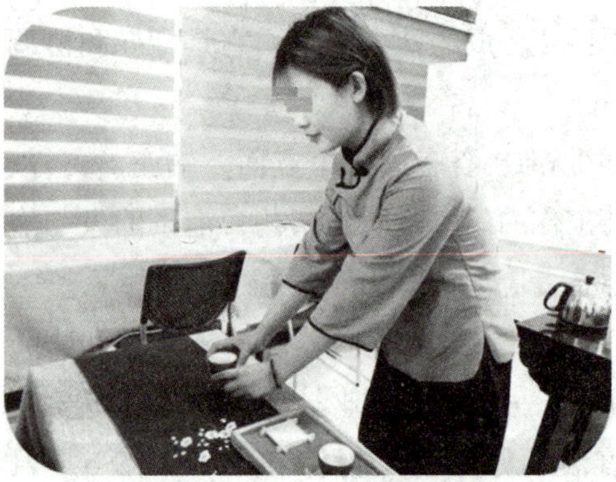

图5－23　奉茶的优雅举止

对于奉茶人员来说，在为客人泡茶过程中的一举一动尤为重要。就拿手的动作来说，如果左手支在桌上，右手泡茶，看起来人显得很懒散；右手泡茶，左手不停地动，给人一种紧张的感觉；一手泡茶，一手垂直吊在身旁，从对方看来，就像缺了一只手的样子，故而不操作的手最好自然放在操作台上。在放置茶叶时，为了看清茶叶放了多少，把头低下来往壶内看会显得不够安详；有时担心茶泡过头，放着客人不管，瞪着计时器看，也是不好的动作；弯着身体埋头苦干，会显得个性不够开朗，待客不够亲切；泡茶时，身体应尽量不要倾斜，不给人以失重的感觉。

泡茶时要注意两点：第一，将各项动作组合的韵律感表现出来；第二，将泡茶的动作融进与客人的交流中。

泡茶时，茶的味道尤为重要，但泡茶人得体的服装、整齐的发型、姣好的面部和优美的动作也会给人一种赏心悦目的感觉，使品茶真正成为一种享受。

2. 奉茶人员的服务姿态

（1）站姿　优美而典雅的站姿，是体现奉茶人员自身素养的一个重要方面。也是体现服务人员仪表美的起点和基础。站姿的基本要求：站立时直立站好，从正面看，两脚脚跟相靠，脚尖开度在45°～60°；身体重心线应在两脚中间向上穿过脊柱及头部；双腿并拢、挺胸、收腹、梗颈；双肩平正，自然放松；双手自然交叉于腹前；双目平视前方，嘴微闭，面带笑容。

（2）坐姿　由于工作内容所决定，奉茶人员在工作中经常要为客人沏泡各种茶，有时需要坐着进行，因此工作人员良好的坐姿也显得尤为重要。正确的坐姿是：泡茶时，双腿并拢，挺胸、收腹、头正肩平，肩部不能因为操作动作的改变而左右倾斜。双手不操作时，平放在操作台上。面部表情轻松愉悦，自始至终面带微笑。

（3）走姿　人的走姿是一种动态的美，奉茶人员在工作时经常处于行走的状态中。每个服务员由于诸多原因，在生活中形成了各种各样的行走姿态，或多或少地影响了人体的动态美感。因此，要通过对工作人员的正规训练，使他们掌握正确优美的走姿，并运用到工作中去。走姿的基本要求是：上身正直，目光平视，面带微笑；肩部放松，手臂自然前后摆动，手指自然弯曲；行走时身体重心稍向前倾，腹部和臀部要向上提，由大腿带动小腿向前迈进；行走线迹为直线。步速和步幅也是行走姿态的重要要求。茶艺馆工作的性质决定服务员在行走时要保持一定的步速，不要过急，否则会给客人不安静、急躁的感觉。步幅是每一步前后脚之间的距离，一般不要求步幅过大，否则会给客人带来不舒服的感觉。

总之，正确的站姿、坐姿、走姿是提供良好服务的重要环节和基础，也是使客人在品茶的同时，得到感观享受的重要条件。

三、奉茶礼仪

中国是礼仪之邦，自古以来都有客来敬茶之礼。随着茶文化的传播与普及，茶道、茶礼、茶艺已经通过不同的表现渗透到了寻常百姓家。特别是南方一些省市，很多家庭在家里不仅开辟了别致典雅的茶室，而且工夫茶具、各类名茶、特色茶点也一应俱全，俨然就是一个小茶楼。有些家庭虽然没有专用的茶室，也结合自身条件，配备有茶具和茶叶。

1. 奉茶步骤　敬茶步骤大致有如下几点。

（1）嗅茶　主客坐定以后，主人取出茶叶，主动向客人介绍该茶的品种特点，客人则依次传递嗅赏。

（2）温壶　先将开水冲入空壶，使壶体温热。然后将水倒入各种茶盘中。

（3）装茶　用茶匙向空壶内装入茶叶，通常按照茶叶的品种决定投放量。切忌用手抓茶叶，以免手上的或杂味混淆影响茶叶的品质。

（4）请茶　茶杯应放在客人右手的前方。请客人喝茶，要将茶杯放在托盘上端出，并用双手奉上。当宾主边谈边饮时，要及时添加热水，体现对宾客的敬重。客人则需善“品”，小口啜饮，满口生香，而不能作“牛饮”姿态。

（5）续茶　往高杯中续茶水时，左手的小指和无名指夹住高杯盖上的小圆球，用大拇指、食指和中指握住杯把，从桌上端下茶杯，腿一前一后，侧身把茶水倒入客人杯中，以体现举止的文雅。

（6）茶艺　茶艺是指在茶事活动中的以茶叶为中心的全部操作形式的总称；其表现形式已经成为中国文化的一个组成部分，有其严格的操作程序。

2. 奉茶礼仪程序　以茶敬客时，最重要的，是要注意客人的嗜好、上茶的规矩、敬茶的方法、续水的时机等几个要点。

（1）客人的嗜好　俗语说：“众口难调”，饮茶其实也是如此。有人喜欢喝绿茶，有人喜欢喝红茶；有人喜欢喝热茶，有人喜欢喝凉茶；有人喜欢喝糖茶，有人喜欢喝奶茶。在以茶待客时，若有可能，应尽可能照顾来宾，尤其是主宾的偏好。

如条件允许应多备几种茶叶，使客人可以有几种选择。在上茶之前，应先询问一下客人喜欢用哪一种茶，不要自以为是，强人所难。当然，若只有一种茶叶，则务必实事求是地说清楚，不要客套过了头。若客人点出自己没有的茶叶品种，可就难以下台了。

与此同时，也应考虑到，有一些人出于各种原因不喜欢饮茶。因此，如有可能，在上茶前，应征询一下来宾个人的意见：“请问您想喝一点什么饮料？”并为之提供自己力所能及的几种选择，如白开水、矿泉水、咖啡、麦乳精、果汁、可乐等。

一般认为，饮茶不宜过浓，否则极可能使饮用者“醉茶”，即因摄入过量的咖啡因而令人神经过分兴奋，甚至惊厥、抽搐。所以，若客人没有特殊要求，为之所上的茶水不应过浓。通常，民间以茶待客讲究要上热茶，而且还有“茶满欺人”“七茶八酒”之说。其含义是斟茶不可过满，以七分满为佳，这样，热茶便不会从杯中溢出来烫伤人了。

（2）奉茶的规矩

1）奉茶之人的选择：以茶待客时，由何人为来宾奉茶，往往涉及对来宾重视的程度问题。在家中待客时，通常可由家中的晚辈或家庭服务员为客人上茶。接待重要的客人时，则应由女主人或男主人亲自奉茶。

在工作单位待客时，一般应由秘书、接待人员、专职人员为来宾上茶。接待重要的客人时，则应由在场的本单位职位最高者亲自为之上茶。

3）奉茶顺序：若来访的客人较多时，上茶的先后顺序一定要慎重对待，切不可肆意而为。合乎礼仪的做法应当是：①先为客人上茶，后为主人上茶；②先为主宾上茶，后为次宾上茶；③先为女士上茶，后为男士上茶；④先为长辈上茶，后为晚辈上茶。

如果来宾甚多，且彼此之间差别不大时，可采取下列四种顺序上茶：①以上茶者为起点，由近而远依次上茶；②以进入客厅之门为起点，按顺时针方向依次上茶；③在上茶时以客人的先来后到为先后顺序；④上茶时不讲顺序，或是由饮用者自己取用。

（3）奉茶的方法　以茶待客时，一般应当事先将茶沏好，装入茶杯，然后放在茶盘之内端入客厅。如果来宾较多时，务必要多备上几杯茶。以防届时“僧多粥少”，供不应求。在上茶时，应当借此机会，向客人表达自己的谦恭与敬意。标准的上茶步骤是：双手端着茶盘进入客厅，首先将茶盘放在临近客人的茶几上或备用桌上，然后右手拿着茶杯的杯托，左手附在杯托附近。茶杯放置到位之后，杯耳应朝向外侧。若使用无杯托的茶杯上茶时，亦应双手捧上茶杯，将茶杯放在客人右手边。

有时，为了提醒客人注意，可在为之上茶的同时，轻声告之“请您用茶”。若对方向自己道谢，不要忘记答以“不客气”。如果自己的上茶打扰了客人，应对其道一声“对不起”。为客人奉茶时，一定要注意尽量不用一只手上茶，尤其是不要只用左手上茶。同时，双手奉茶时，切勿将手指搭在茶杯杯口上，或是将手浸入茶水，污染茶水。在放置茶杯时，千万不要粗枝大叶，直撞客人，也不要把茶杯放在客人的文件上，或是其行动时容易撞翻的地方。将茶杯放在客人右手附近，是最适当的做法。

（4）续水的时机　为客人端上头一杯茶时，通常不宜斟得过满，更不允许动辄使其溢出杯外。得体的做法，是应当斟到杯深的2/3处，不然就有厌客或逐客之嫌。主人若是真心诚意地以茶待客，最适当的做法，就是要为客人勤斟茶，勤续水。一般来讲，客人喝过几口茶后，即应为之续上，绝不可以让其杯中茶叶见底。这种做法的寓意是“茶水不尽，慢慢饮来，慢慢叙”。

为来宾续水、让茶一定要讲主究随客便，切勿神态做作，再三地以斟茶续水搪塞客人。中国人待客有“上茶不过三杯”一说。第一杯叫作敬客茶，第二杯叫作续水茶，第三杯则叫作送客茶。如果一再劝人用茶，而无话可讲，则往往意味着提醒来宾“应该打道回府了”。因此，在以茶招待较为守旧的老年人时，切勿再三为之斟茶。

在为客人续水斟茶时，仍以不妨碍对方为佳。如有可能，最好不要在其面前进行操作。非得如此不可时，则应一手拿起茶杯，使之远离客人身体、座位，另一只手将水续入。在续水时，不要续得过满，也不要使自己的手指、茶壶或者水瓶弄脏茶杯。如有可能，应在续水时在茶壶或水瓶的口部附上一块洁净的毛巾，以防止茶水“自由泛滥”。

（5）奉茶注意事项　奉茶时应注意茶不要倒得太满，以七分满为宜。水不宜太烫，以免客人不小心被烫伤。有两位以上的访客时，用茶盘端出的茶色要均匀，并要左手捧着茶盘底部，右手扶着茶盘的边缘。如有茶点，应放在客人的右前方，茶杯应摆在点心右边。以咖啡或红茶待客时，杯耳和茶匙的握柄要朝着客人的右边，此外要替每位客人准备一包砂糖和奶精，将其放在杯子旁或小碟上，方便客人自行取用。当然，喝茶的客人也要以礼还礼，双手接过，点头致谢。品茶时，讲究小口品饮，一苦二甘三回味，其妙趣在于意会而不可言传。另外，可适当称赞主人茶好。壶中茶叶可反复浸泡3~4次，客人杯中茶饮尽，主人可为其续茶，客人散去后，方可收茶。总之，敬茶是国人礼仪中待客的一种日常礼节，也是社会交往的一项内容，不仅是对客人、朋友的尊重，也体现自己的修养。

知识链接

中西方泡茶之不同

当今世界有两大主流泡茶方式，即中式和西式。中式最常见的泡茶器具有盖碗、紫砂壶等，冲泡方式是一泡一泡出茶汤，小杯啜饮。西式常见的泡茶器具是骨瓷壶，冲泡方式是冲泡时间久一些，一次冲泡一些出来，一般会准备两把壶，一把壶用来泡茶，一把壶用来把茶汤过滤出来，慢慢倒进茶杯享用，或者做成各式调饮，加牛奶、柠檬、糖等。

清代才子袁枚是乾隆、嘉庆时期的代表诗人之一。他所著的《随园食单》一书是清代一部系统地论述中国烹饪技术和南北菜点的重要著作。《随园食单》中记载了享受工夫茶的过程："杯小如胡桃，壶小如香橼，每斟无一两。上口不忍遽咽，先嗅其香，再试其味，徐徐咀嚼而体贴之。果然清芬扑鼻，舌有余甘，一杯之后，再试一二杯，令人释燥平矜。怡情悦性。"

西方有一句很有名的古谚语："当时钟敲响四下时，世上的一切瞬间皆为茶而停。"

答案解析

即学即练

简述奉茶的礼仪。

实践实训

学生以小组为单位，去茶艺馆体验饮茶或参观茶叶博物馆，以茶为媒，在轻松愉快的识茶、品茶、沏茶、奉茶中，了解中国茶历史、茶文化和茶礼等待人处事的精神。体验中国源远流长的茶文化。然后每个人根据所看、所学和所得写一篇"中国茶文化之我观"的随笔，字数在1500字以上。

目标检测

答案解析　知识回顾

一、单项选择题

1. 就茶具质地而言，（　　）茶具更适合泡绿茶。

A. 瓷器　　B. 陶器　　C. 玻璃　　D. 金属

2. 对于中、低档的绿茶，可以选择使用进行泡茶。

A. 玻璃杯　　B. 白瓷杯　　C. 盖碗　　D. 玻璃壶

3.（　　），即不在茶汤中加任何调料，使茶发挥本性固有的香气和滋味。

A. 清饮泡法　　B. 调饮泡法　　C. 奶茶　　D. 玻璃壶泡法

4．花茶的主要沏泡器具是（　　）

A. 玻璃杯　　B. 盖碗　　C. 玻璃壶　　D. 漆器茶具

5. 以茶待客时，（　　）往往涉及对来宾重视的程度问题。

A. 何人泡茶　　B. 何人奉茶　　C. 何人介绍茶　　D. 何人续茶

6．（　　）被称为"能喝的古董"，即可喝亦可存。

A. 乌龙茶　　B. 普洱茶　　C. 红茶　　D. 花茶

7. 民间以茶待客讲究要上热茶，而且还有"茶满欺人""七茶八酒"。其中的"七茶"是指（　　）

A. 七种茶叶种类　　B. 七杯茶

C. 茶要七分满　　D. 七点喝茶

8. 在奉茶顺序中，应当优先奉茶给（　　）

A. 主人　　B. 尊者　　C. 男士　　D. 晚辈

9. 泡茶时，众口难调的意思是（　　）

A. 客人嗜好不同　　B. 水的温度　　C. 奉茶顺序　　D. 座次安排

10. 冲泡一般红茶，适宜的水温是（　　）

A. 80℃　　B. 90℃　　C. 70℃　　D. 60℃

二、多项选择题

1. 古人评价泡茶的水，主要从（　　）方面进行考虑。

A. 水质　　B. 水温　　C. 水味　　D. 水色

2. “看茶配茶点”，遵循的原则有（　　）

A. 喝酒　　B. 瓜子配乌龙　　C. 甜配绿　　D. 酸配红

3. 茶叶保管注意事项有（　　）

A. 易碎性　　B. 吸湿性　　C. 陈化性　　D. 吸附异味性

4. 进行奉茶服务时要体现出以下特点（　　）

A. 礼雅　　B. 柔美　　C. 安静　　D. 微笑

5. 奉茶时的注意事项有（　　）

A. 水不宜太烫　　B. 量不要太满　　C. 茶色要均匀　　D. 将茶杯放在客人右手边

三、简答题

1. 不同的茶具选择对茶汤有什么影响？

2. 奉茶的步骤包括哪些？

参考文献

[1] 袁锦贵．沟通与礼仪［M］.2 版．北京：电子工业出版社，2016.
[2] 董君，刘智平．人际沟通教程［M］．北京：高等教育出版社，2017.
[3] 位汶军，夏曼．人际沟通［M］．北京：中国中医药出版社，2018.
[4] 张捷，高祥福．医患沟通技巧［M］．北京：人民卫生出版社，2019.
[5] 丁选胜．药学服务概论［M］．北京：人民卫生出版社，2016.
[6] 王锦帆，尹梅．医患沟通［M］.2 版．北京：人民卫生出版社，2018.
[7] 蓝戈．茶道［M］．长春：吉林美术出版社.2020.
[8] 陈丹．职场（不仅仅是做好本职工作高效沟通篇）［M］．北京：清华大学出版社，2016.
[9] 吴晓雯，钟淑杯．职场沟通技巧［M］.2 版．北京：清华大学出版社，2018.
[10] 万兆阳.5 分钟职场心理学［M］．北京：清华大学出版社，2020.
[11] 杜晓昕，李茜萍．组织沟通障碍形成的原因及克服方法［J］．辽宁大学商学院，2016，(27)：11.
[12] 崔晓莉，杜琼．职场沟通技巧与礼仪［M］．成都：电子科技大学出版社，2016.
[13] 高凡．职场沟通暖心话术［M］．北京：中国纺织出版社，2016.
[14] 罗布·杨．自信力，成为最好的自己［M］.3 版．北京：人民邮电出版社，2018.
[15] 奥利维亚·福克斯·卡巴恩．魅力［M］．南京：译林出版社，2016.
[16] 李建峰．社交礼仪实务．［M］.4 版．北京：北京理工大学出版社.2018.
[17] 杜巍．职业礼仪与形象设计．［M］．北京：北京理工大学出版社.2019.
[18] 张金霞．茶艺指导教程．［M］．北京：清华大学出版社.2018.
[19] 路雅丽．浅谈儒家的“中和”哲学与茶道精神［J］．福建茶叶，2020，06.
[20] 杨文，李捷．中国茶艺基础教程．［M］北京：旅游教育出版社.2013.
[21] 赵德贵．古今名人茶文化趣闻．［J］．烹调知识，2020，12.